ミヒャエル・パーモンティエ
眞壁宏幹・訳

ミュージアム・エデュケーション

MUSEUMSPADAGOGIK : Das Museum als Bildungsort

感性と知性を拓く想起空間

慶應義塾大学出版会

日本語版に寄せて

ミュージアムは、その来館者数の増大にもかかわらず、ミュージアム史的に見て重大な時期にさしかかっていると言えます。ミュージアムが世間の注目と歓心を競い合っている相手はテーマパークや娯楽産業だけではなく、潤沢な制作費でつくられた質の高い映画やテレビ番組、CD－ROM、そしてなによりも人類史上もっとも膨大な記憶量を誇るインターネットと競合関係にあるからです。ミュージアムが二一世紀を生き抜くためには、ミュージアムという制度は根本からまったく新しくその社会的機能を考え直さねばならないと思います。そうした根本的反省なくして、どんな新しい試みも一過性で虚しいモデルチェンジでしかないでしょう。

もっとも、すこし前から新しいミュージアムに対する意識が各所で見えはじめてきたことも確かです。しかし、それは、ミュージアムの決定にあずかる者たちからは、言ってみれば、彼らがより高い「視聴率」という短期効果の方を好むために無視されてきました。この無視がもたらした結果が、いわゆるイヴェント文化であり、気晴らしに役立ち、目覚ましい収益を約束する娯楽産業への道なのです。多くのミュージアムは、この派手な見世物の自己喪失状態を反省するという理論的にたいへんな課題から逃げています。グッゲンハイム・コンツェルンのモットーである「われわれはエンターテイメント・ビジネス」に従っているのです。しかもミュージアムは、洗練された娯楽テロリズムが、想起と陶冶という古い理想を押しつぶしている状況を甘受しているのです。ミュージアムはますますイヴェント化の可能性に賭け金を投じるようになり、帳簿をマーケティングのエキスパートに委ねるようになってきています。そうなると、古く価値あるコレクションはたんなる添え物に貶められてしまいます。コレクションは眼前でまったく別なことが演じられてしまうたんなる書き割りの役に留まらざるをえなくなります。

もちろん、すべてのミュージアムがこの水準に低下してしまったわけではありません。しかし傾向としては、どのミュージアムもこの水準で問題の解決策を見つけ出そうとしています。けれども、そうして見いだされた解決策は見せかけの解決策でしかないでしょう。イヴェント文化の内容のなさは、現実に解決策をもたらさないばかりか、問題をより深刻なものにしてしまいます。ミュージアムはイヴェント文化の一部として、自身の経験と尊厳を金に換え、モードや自動車の見本市、晩餐会やどんちゃん騒ぎに近づこうと試み、そうすることで自身のもっとも大切な資本、すなわち信頼性を損ねてしまっているのです。

イヴェント文化の行きつく先は袋小路です。しかし、それに変わる代案は何なのでしょうか。われわれのミュージアムは、情報の遍在性と氾濫に特徴づけられる時代にあって、どんな役割を果たすことができるのでしょうか。私の提案はそれほど独自なものではありません。私が支持する提案は、ミュージアムを現代的条件の下で陶冶施設として再生するというものです。その場合の陶冶（Bildung《ビルドゥング》）とは、しかし、経営学的思考の影響で縮減され、測定可能な情報と能力の伝達という意味、すなわちインストラクションの技術にまで落ちぶれてしまった意味での陶冶ではありません。私が考える陶冶とは啓蒙という意味での陶冶です。ミュージアムはふたたび、市民社会がみずからの存在条件について、市民社会の内部や外部の異質なものについて、自身の歴史や他者の歴史について、生み出した産物や自然的基盤の歴史について了解し合う場にならなければなりません。ミュージアムは、われわれを成り立たせているものやその成り立たせ方、そしてどのような存在にわれわれは成りたいのかを論じ合う「常設会議」（ヨーゼフ・ボイス）であるべきなのです。社会的合意形成を行う他の場所と違って、ミュージアムでの合意形成に特徴的なのは、伝来の具体的な資料に肌で接し、モノを媒体としながら、オリジナル史料や遺物をじっくり見るなかで行われる点です。

ここに上梓された諸論稿は、ミュージアムのこの社会的機能、すなわち、ミュージアムが伝統的に担ってきた、オリジナルに接しながら合意形成を目指すという陶冶課題に誘おうとする内容をもっています。私はこのことを以下の三点から、すなわち、まず、ミュージアムの歴史的再構成［第Ⅰ部］という観点から、次に理論的考察［第Ⅱ部］という観点から、そして最後に、フンボルト大学（ベルリン）で数年前に実践されたミュージアム・エデュケーションのある実験的試みを事例として紹介すること［第Ⅲ部］で行いました。

最後に私は、訳者である眞壁宏幹氏に感謝いたします。眞壁さんなしにこの本は完成しなかったことでしょう。真壁さんはさまざまな機会に発表された私の論稿を一冊の本にまとめる構想を私に持ちかけ、翻訳し、そして出版社と交渉してくれました。私は、自分の考察がこうして広い範囲の人々に知ってもらえることをたいへんうれしく思っています。陶冶施設としてのミュージアムの行く末を心配する日本の読者にとっても、この本が刺激に満ちたものであるよう願っております。

二〇一二年六月、ゲッティンゲンにて

ミヒャエル・パーモンティエ

訳語解説「Bildung」について

「陶冶」と訳した原語 Bildung は、以下、本書を読んでいく上で鍵となる概念なので、ここで簡単な解説を加えておきたい。もっとも、著者自身が第Ⅲ部第二章で「小補論」（二三二頁以下）を設け、本書に即した内容解説を行っているので、そちらの方を主として参照してほしいのだが、ここではそこで述べられていない概念史的背景に触れながら、なぜ Bildung を「陶冶」と訳したのか、その理由を説明しておきたい。このことでドイツの教育学や哲学でこの語がもつ特有な意味が読者に伝われば幸いである。

この語が現代ドイツ社会で一般的に使用される場合、ほとんど「教育 Erziehung」と変わらない意味で使われる。たとえば Bildungspolitik と言えば「教育政策」、Bildungssystem と言えば「教育システム」と訳す。しかし、文化が問題となる、より限定された言説空間では、「教養」と訳されることもある。学校や大学で教育を受けた結果を、すなわち英語で言うところの educated という意味を中核に持つが、それとともに、制度的学習によってではなく自らさまざまな経験を積みながら文化（文学、音楽、美術など）を受容・変革することで達した人格を含意する概念でもある（その意味で cultivated と近い）。しかし、獲得した結果としての学歴や知識や人格性よりも、それへのプロセス自体を文脈上示している場合、「人間形成」や「自己形成」に近い意味を持つ。したがって、Bildung の自己の確立に向けて主体的に文化と関わっていくプロセスを強調する（ここで「教育」と異なる）文脈であれば、「人間形成」「自己形成」、そのプロセスの結果、達した（知的道徳的）状態を強調する文脈であれば、「教養」と訳すのが適切だと言える。そして、こうした、社会・文化と個人が互いに規定し合いながら進むプロセスとして Bildung を捉える考え方は、本書でも各所で触れられているが、一八世紀後半から一九世紀前半、ヘルダーやフンボルト、シラーやゲーテ、初期ロマン派、ドイツ観念論哲学（フィヒテやヘーゲル）によって形作られた。だが、「人間形成」「自己形成」にせよ、「形成」がつくと、日本語的に少々漠然とした意味内容を持つ訳語になってしまう難点をもつ。そこで、本書では、このプロセスとしての **Bildung** を、日本語で人間性育成のプロセスを意味する「陶冶」で訳すことにした。

もっとも、「陶冶」も、「陶器をつくる」（場合によっては「鋳型にはめる」）という型にはめる強い教育作用を想起させる弱点を持つ。その意味では、この教育作用による鋳型にはめるイメージを現代においてあまり強調すべきではないが、**Bildung** の概念史的背景を考慮すると、やはり、訳語として「陶冶」を採用する積極的な理由があることに気づく。

すなわち、名詞 **Bildung** は動詞 **bilden**（形成する、成す、産み出す）の名詞形であり、この **bilden** に含まれる **bild** は名詞で「像（およびイメージ）」を意味する。したがって、**Bildung** は語義的には「像へ形成する」ことを意味する。そしてこの「像」とはキリスト教世界では伝統的に「神の像 **imago Dei**」を意味していた。創世記冒頭で述べられているように人間は「神の似姿」として創造された。しかし、原罪によってこの「像」は損傷ないしは破壊されることになった。このとき以来、「キリストのまねび」に基づきつつ（たとえばトマス・ア・ケンピス）、この「像」を復元すること、すなわち自らを「神の像へ形成する」こと、これがキリスト教者の課題となった。**Bildung** とはこうした伝統を背景にしている概念なのである。

もっとも、その後、社会の世俗化とともに、キリスト教の人間形成への影響力は弱まっていく。それに替わって前面に出てくるのが、ルネサンス以来、人間観に関してキリスト教と競合し合って展開してきた人文主義である。ここでは、ルネサンス期であればラテン語文学、一八世紀後半のドイツにおいては古代ギリシア語の哲学・文学や古代ギリシア芸術を通じての「魂の耕作 **cultura animi**」（キケロ）が **Bildung** の意味内容となる。しかし、この場合も「像へ形成する」という意味は失われてはいない。この場合の「像」

は、ルネサンスの場合であれば、キケロやキケロらの文章で具体的には示される「人間性 humanitas」であり、一八世紀末であれば古代ギリシア人となる。

キリスト教の伝統、古典古代の文化に依拠する人文主義的伝統、目指すところは異なるが、いずれの場合も、「像へ形成する」ことで現実の自分を醇化しようとする点ではなんら変わりない。もっとも、現代において規範性の強い「像」の存在は安易に認められないものの、このような理由から、人間の形成に関するヨーロッパの長い歴史が堆積しているこの Bildung の訳語として、陶器イメージを痕跡としてもつ「陶冶」を採用することにした。

目次

凡例

一　本書は、Michael Parmentier がさまざまな機会にさまざまな雑誌に掲載した諸論文の邦訳である。論文の選択や構成は Michael Parmentier と訳者の話し合いにより決定した。それぞれの初出は各論文の開始ページに側注として記した。

二　訳文中の（　）は原文の（　）を示す。また、訳文中の〔　〕は文章の理解を容易にするために訳者が適宜挿入した補足説明である。

三　訳文中の引用文の末尾にある数字、人名、書名は、それぞれ、引用文献の該当ページ、著者名、書名を示す。

四　原語の読みをカナ書きする場合は、原音にできるかぎり近い表記を心がけた。ただし、慣習的に日本で定着している固有名詞については、そちらを優先することがある。

五　Muesum は基本的には「ミュージアム」と訳した。しかし、固有名詞の場合、訳語が定着しているので、美術館ないしは博物館と訳した（たとえばルーブル美術館や大英博物館）。また、一般名詞であっても、日本語としてミュージアムと訳すことが不自然な場合は博物館と訳した（たとえば郷土博物館、技術博物館）。

六　Museumspädagogik は通例、「美術館教育」ないしは「博物館教育」と訳すことになっているが、Museum を伝統に依拠しながらも新しい発想で捉え直そうという本書の趣旨を考慮し、また Museum を「ミュージアム」と訳した関係からも、「ミュージアム・エデュケーション」という訳語を採用した。ちなみに、この訳語は最近の英米系のミュージアム実践紹介で使用されるようになってきている。

七　本書を理解する鍵概念である Bildung は基本的には「陶冶」と訳した。その理由については「日本語版に寄せて」に付した訳者解説を参照。だが、文脈によっては、「人間形成」や「自己形成」と訳したところもある。

ミュージアム・エデュケーション——感性と知性を拓く想起空間

序論　教育学から見たミュージアムの危機*

――誤解された目的

ミュージアムの危機の本当の理由は、現今の文化状況で猛威を奮っている資金削減や部署削減にあるのではありません。それらは一過性の表面的現象です。理由はより深いところにあります。最近ではヘルマン・リュッベ〔一九二六～。専門は思想史・概念史を踏まえた社会哲学・政治哲学。補償理論のリッター学派に近い。Historisches Wörterbuch der Philosophie の編者の一人〕がもっとも徹底してその理由を暴き、さまざまな機会で発表しています（Lübbe 1982, 1989, 1992）。

リュッベの時代診断的関心からなされる議論は、激しさを増しつつある技術革新の速度とその技術が時代遅れとなる速度が同期する事態の観察から始まります。それによれば、新しいもののアクチュアリティの持続性は、単位時間あたりの量が増えれば、それと比例して落ちていくといいます。換言すると、

*初出：Neue Sammlung 36. Jg. H.1. 1996, S. 49-59.

新しいものはますます速い速度で出現してきていることは確かですが、まさにそれゆえ、古くなる速度も増してきている、ということです。すぐ古くなる速度がどの程度まで達してしまっているかは、コンピュータ・テクノロジーの分野における畳みかけるような発展を見ると明らかです。今日最新だったPCは翌日の朝には化石なのです。このダイナミックな動きを構成している破壊的要素は、おそらく都市の建造物にもっともはっきりと現れています。新しい施設、都市拡大、交通網拡張などは、慣れ親しみ思い出のつまった商業地や公園を含む旧市街の破壊に結びつくことがますます頻繁になってきています。計算によると、一年間に古い建造物の二~三パーセント以上が取り壊される状況にありますが、このような今日においてはわずか一〇年いないだけで自分の故郷を認知できないという事態が生じてくるのも驚きではありません。

加速する千変万化のプロセスが結果として社会生活に課してくる負担はかなりのものです。リュッベはそれを親密性の消失と現在の収縮というキーワードで記述します。親密性の消失とは思い出のイメージが永続的に裏切られることを意味します。もし現実で思い出されるものとまったく別の事柄が自分に立ち向かってくるなら、自分自身の一生と歴史への信頼は時とともに消えていきます。そのつど新しいものが提供されねばならないとする現代の意識は伝統との連関を引き裂きます。それだけではありません。新しいものがますます速度を上げて古くなっていくならば、時間的に言うと、現在の過去化がより進展するということになります。現在は縮んでいく。収縮していくのです。このことはもちろん直接的に歴史意識の発展を促進するわけではありません。逆です。加速化が極まった段階では、意識は点状の地平へと縮減していきます。意識を支配するのは虚しさであり、歴史を想起しようとするどんな動機も失ってしまいます。また未来の計画への動機も同様です。つまり、われわれの現在の決断がおよぶ遠い未来への影響と向き合うとき生じてくる計画と予測への強制が増せば増すほど、その客観的可能性も減少していくのです。発展の未来予測は、発展の回転数が上昇すればするほど計算不能となります。投資の結果生まれた多くの廃墟がこのことを示しています。それらは、計画は必要ではあるものの、しかしすでにそれは不可能であるという歴史的状況を劇的に表現しています。リュッベが名づける計画のジレンマのなか、「未来はない no future」というモットーで計画をまったく放棄し、古代から伝わる「今を楽しめ carpe diem《カルペディエム》」という格言を引き合いに出すことで、現在の瞬間の享受に身を捧げる風潮が広がっています。

このとくに望ましいわけではない文明の動的傾向がもたらす帰結すべてに対し、社会は今や「過去を現在化する補償作用」で対応するようになるとリュッベはその考察を締めくくります。これは歴史との連続性をダイナミックな技術革新という困難な条件の下で経験可能とし、集合的および個人的想起のなかで現在と過去を結びつけるものを未来のため残しておく必要が出てきます。過去を現在化する補償作用という課題をわれわれの社会で担う機関、それがミュージアムであり、文化遺産保護や歴史的諸科学なのです。この公共的な想起の機関は、目下、変化によって条件づけられた親密性の消失を補償する機関として、以前になかったほど問題にされています。リュッベは倦むことなくこのことを新しい事例と調査結果で明らかにします。その第一位にランキングされるのが、いわゆる「進展するミュージアム化」、すなわち社会の加速化に比例して拡大するミュージアム施設の拡大現象です。動的な文明化が最新のものを最終的に古くさいものへと貶める速度が増せば増すほど、破損したものや役に立たなくなった遺物を受け入れ保存するミュージアムがいっぱいとなり、増える速度も増していきます。リュッベが教えるところによれば、一九〇〇年頃、たとえばスイスには一二の郷土ミュージアム(musees terroir)しかありませんでした。第二次世界大戦直前には二〇ちょうどでしたが、その三〇年後である六〇年代の終わりになると、その数は爆発的に増えてその六倍にもなりました。同様のことがスイスとは遠く隔ったドイツ語圏北西部の端からも報告できます。ここでは第二次世界大戦の終戦後の三〇年間に、その前の一〇〇年間における東フリースランドでは六倍の数のミュージアムが設立されました。すなわち一八五二年にただ一つのミュージアムがあっただけでしたが、一九五〇年にはすくなくとも四つに、一九八二年には八つの風車を改造したミュージアムも含め、二九のミュージアムが登録されています。この種の地域的な証拠物件は示そうとすれば好きなだけ増すことができます。たとえば、バーデン・ヴュルテンベルク州ではミュージアム供給はほとんどその限界に達しています。一一〇〇の地方自治体のうち一〇〇〇以上の自治体が一つのミュージアムを持っているのです。それは、シュトゥットガルトの国立絵画館の規模拡大から、考古学や技術のための州立ミュージアムの設立、脱穀用のから棹や貯蔵用漬物瓶を納めた村立ミュージアムにまでおよびます。すなわちミュージアム化が地を覆っているのです。

それにもかかわらず、このブームがようやくゴールにたどりついたことを裏づける証拠はありません。おそらく最近の経済政策の隘路にはまって、いったん停滞傾向にあるだけなのです。拡大の余地はまだあります。おそらくドイツ連邦共和国は、スイスの「ミュージアム飽和状態」に達するためには、ミュージアムの数を二・五倍以上増やさなければならないのではないでしょうか。そしてたとえそれが成功したとしても、発展のゴールはまだ遠く、視野に入ってくることはないでしょう。というのも、ミュージアムの増殖は「進展するミュージアム化」の一側面にすぎないからです。他の側面は、社会的に拡大しているしばしば脅迫的でもある欲求、すなわち、ただ「古いのもの」をすべてなんとか破壊から守ろうとする欲求、たとえばもう稼働停止した工場、虫食いだらけの糸つむぎ車、余計なものとなった無線アンテナ、お払い箱になった水道塔や木製の熊手を保存し、それらに修理と化粧直しを施すことで、変化の激しさゆえに起こる親密性消失を補償しようとする欲求にはっきり現れています。保存への意志は居住区や工業地域を超えて広がり、素朴な生活形式をまえにしてもまったくやむ気配はありません。最近ではなんと村落全体が村の住民丸ごと含めてミュージアム化される始末なのです。こうなってくるとここからアンリ・ピエール・ジュディ〔一九四五〜。フランスの社会学者。専門は文化社会学〕が言う「世界のミュージアム化」へ遠くはありません。この見通しは、本当はさらに思考を先へ促してくれるはずです。というのも、もし世界がミュージアムになってしまうならば、その時、特別な制度としてのミュージアムは消滅するからです。これが、リュッベによって「進展するミュージアム化」のタイトルで記述された展開の想定可能な帰結と思われます。この展開が密かに目指すところはミュージアムの終焉です。

驚くべきことですが、もしリュッベの議論の出発点を単純に逆転させてみると、この目的に至ります。リュッベの考察のすべてが立脚している技術革新のダイナミズムは、新しいものを一段と早く古いものにしていくだけでなく、なんと、古いものを若返らせていくことになるからです。社会の循環過程から切り取られミュージアムとアーカイヴへ運ばれてくる事物や知識の記録は、たいていの場合、まだ完全に新鮮なままです。その多くは使用痕跡を残していませんが、にもかかわらず、使いものにならなくなったものでもあります。進歩の先端にあったものが、いまやお払い箱なのです。古くさくなったものを若返らせる結果、リュッベが論じるように現在が縮んでいくだけではなく、逆に現在がますます過去に拡大していくことにもなります。この高速回転でなされる加速化がもたらす帰結を指摘しているのが、アレクサンダー・クルーゲの『現在の過去と未来への攻撃』と題された著作です。クルーゲはこの本のなかで「現在が未来と過去のすべてを圧倒する情勢である」（Kluge 1990, S. 33）と主張しています。

美術工芸ミュージアムやデザイン・ミュージアムへ足を踏み入れてみれば、この主張を証明するわかりやすい事例を見ることができます。われわれはそこで日常使っている事物を展示品のなかに再発見します。腎臓型テーブル〔一九六〇年代に流行した〕、ブラウンのラジオ、フロカティ絨毯〔一九七〇年代に流行した毛足の長い絨毯〕、八ミリカメラなど。自分の生活世界がミュージアムに出現しています。アップル・コンピュータとCD－ROMドライブでさえすでにあるかもしれません。したがって、かつて過去が家にあった場所で、現在が幅をきかせている。これはアート・ミュージアムでも観察できます。アート・ミュージアムとアート・ギャラリーのあいだの境界がますます不明瞭なものになります。現代アートを扱う多くのミュージアムは、最新の製品を陳列するショーウインドウにほかなりません。アート・ミュージアムはもはや想起の機関であることを止めてしまっています。このことはたしかに局所的現象であり、まだ自力で処理可能な問題なのかもしれません。あちこちにあるサイエンス・センターの歴史的なナイーヴさもまさに同じです。ただ事態はもっと複雑なのです。現在の過去への攻撃は、攻撃が予想される場所の上空で破壊的になされています。その一つが保存という実践です。保存はそのつどそのつど現在の実践です。保存行為は過去の事物をかつてあったとおりに修復するのではなく、現在の保存実践の基準に従えば過去そうであったにちがいないように修復します。それゆえ、歴史的事物の真正性はここでは問題になりません。さもなければ場違いの話となるでしょう。ミュージアムはいつもそのつどの現在の視角から過去を展示し伝えていきます。つまり現在の構成としてなされます。古い遺物の保存はたしかに、都市・村落保存の領域では完全な新術語である「建て戻し Rückbau」を用いて言及されていることとなんらかの形で関係しています。そのいくつかの事例はよく知られています。たとえば、再開墾された荒地で再開された馬の水飲み場からはじまり、かつて採算が取れず廃止された蒸気船航路の再開にいたるまでさまざまあります。しかしいずれの場合もかつてあったように復元されることはありません。「建て戻し」とは逆説に満ちた技であり、新しいものを最新の視点と最新の手段に従ってふたたび古さを回復することなのです。要するにこれはどんな保存・修復にも見られる逆説です。保存・修復は、欲する欲しないにかかわらず、つねに己の現在を過去へと延長します。

この再修復の実践と歴史的フィクションの確立のあいだの境界線は、この場合流動的でもあります。コルフが確認しているように（Korff 1990, S. 62）、「民俗化する傾向」が、遺物のようにまだ存在する習俗に対しなされる酸素吸入にとどまらず、それを超えて、ノスタルジーを演出するツーリズムで儲けようと計算しつつ、歴史的小道具や絵のように美しい衣装を新たに発見する段階に至ってしまうと、再活性化された過去は擬制と化してしまいます。この瞬間、現在は最終的に過去に勝利します。この勝利がミュージアムの社会的役割にもたらす帰結は明らかです。擬制化され現在によって余すところなく克服されてしまった歴史という条件のもとでは、完全にミュージアム化され過去に支配された現在というこれとは反対の条件下と同様、想起の機関たるミュージアムは不必要なものとなるからです。どちらのケースにおいても、かつてあったものと今あるものの差異が消えてしまいますし、同時に、われわれの文化においては部分的にはすくなくともミュージアムのなかで表明されている個々の記憶や集合的記憶の存立のための前提条件が消えてしまうでしょう。

幸いなことに、このミュージアムの終焉は信頼できる実証的な記述によって支持されてはいません。これは思考実験でなされた極端な予想でしかないのです。まだ現実は違っているように見えます。現実は、一般に堅固であるミュージアムの論理が予定していることへとは向かっていません。このリュッベの思考実験はミュージアムが文明のダイナミックな加速化の帰結において陥ってしまった深刻な危機を十分明るみに出してはいます。しかし、新しいものがますます早く古くさくなるのか、古いものがますます若返るのか、すなわち現在が縮んでいるのか、広がっているのか、いずれのケースであってもミュージアムにもたらす結果を判断することは難しいでしょう。この施設の存在は直接的にまだ危機にさらされてはいないのです。しかし、その社会的機能はすでに消滅へと向かっています。とりわけこのことを感じているのがミュージアムに関わる人々、すなわちミュージアム・エデュケーター、専門研究者、博物館学に関わる人々、そしてミュージアムを管轄する文化官僚たちです。彼らは皆、ミュージアムとみずからのミュージアムへの関わり方に関して方向性を失い、途方に暮れ、多かれ少なかれ非常に強く、だがしばしば迷いながらではあるものの、出口を求めています。しかし残念ながら、彼らがそうして見いだす出口は、あまりに局所的もしくはつけたし的な解決法でしかないこともしばしばで、それゆえ説得力を持たなくなっていることが多いのです。

もっとも単純に事にあたったのが国際ミュージアム連盟（International Council of Museum＝ＩＣＯＭ）に加盟するミュージアムです。たぶんこの加盟ミュージアムはただ当たり障りのないことを行おうとしただけなのでしょう。いずれにせよ、彼らはミュージアムの公的定義とその社会的役割を規定する際、かなり古くさい、そして理論を伴わない機能の羅列で満足してしまいました。すなわちミュージアムは、「社会とその発展に仕える非営利で永続的な制度」として、収集し、保存し、研究し、媒介し、維持すべしとされました。誰もそんなことは知っています。このみすぼらしい役割の羅列とそれへの期待に、現今のミュージアムの悲惨な状況のすべてがはっきり現れています。これでは誰もが好きなように振舞えてしまいます。重みづけと関連づけが一貫して放棄され、恣意だけが優勢となります。

以上のことは客観的に見ればミュージアム内部の専門家の関心と折り合います。彼らはこの施設においてすでに早い段階からもっとも強い立場を占有し、これからも当然ながら漠然とした関係性や機能上の階層秩序のもと、その立場をもっとも容易に主張できるでしょう。なるほど、専門家はミュージアムの社会的役割とそのために果してきた貢献ゆえに、他のミュージアム関係者のなかでももっとも問題のない人々といえるかもしれません。しかし事態が怪しくなると、いつも彼らは自分のかつての専門分野の基準へと引きこもり、ミュージアム全体を一種の研究部門として取り扱おうとします。専門に疎い者はこうした態度からするとただの厄介者でしかなくなってしまいかねません。ウィーン自然史博物館のようなミュージアムは、フィードルが伝えるように、なんのこだわりもなくみずからを「本来は公衆と何の関係も持とうとしない学問施設」と定義します。しかし逆説的なことに、このミュージアムこそ同時に全オーストリアでもっとも大きなミュージアム・エデュケーションの部門を持っているのです。フィードルは言います。「ミュージアムが公衆と何の関係も持とうとしないので、その仕事を委譲するのである」（Liebelt 1990, S. 24/25 からの引用）。

文化を経営する側はそう簡単に事態を乗り切ることはできません。彼らはミュージアムの危機から逃れるためミュージアムを経済活動と割りきります。こうして、伝統あるこの施設にまずは「コーポレイト・アイデンティティ」が割り当てられることになります。この「アイデンティティ」の本質が何であるかはその場合どうでもよいのです。重要なのは「コーポレイト・アイデンティティ」があるということなのです。これはそのミュージアムがある地域の魅力を高め、スポンサーや観光客を魅惑し、公的補助金の「還流収益率」を上げます。そしてこれこそが行政当局にとって重要なことなのです。文化部門の責任者は文化関連予算をもっぱら次のような議論で実施しなければならなくなっています。すなわち、文化領域への投資は経済的にも労働市場的にも効果的な影響力を持つという議論です。それゆえブレーメンではたとえばブレーメンの外から来た訪問者のためだけの特別展を企画するのです。というのもミュージアム来館者は、その出身地が遠ければ遠いほど、多くのお金を出すことがわかったからです。市の文化政策の目指すところは遠来の客の財布であることは明らかです。こうした事態を超克し、ミュージアムが何を目標として改善を図るべきかという問題は、政治家たちをいつもながらの困惑に陥れます。政治家たちはこの問題をあたかもないものとみなすか、選挙キャンペーンでアイデンティティ、創造性、繊細さ、そして最近では国民性などといった美辞麗句をもてあそびます。しかしこの大雑把なレトリックの下に隠れているのは、たいてい、加速していくミュージアムの危機によって引き起こされた混乱だけです。

もっとも混乱していると思われるのは文化に関わる政治家たちではなく、ミュージアム・エデュケーターたちです。たとえば、ヒルデスハイム大学のミュージアム・エデュケーション担当教授であるヨーゼフ・ノルテはすでに「ミュージアム・エデュケーションという領域名ないしは職業名」に「不幸」を見ています。とくに、ミュージアムを「〈教育学〉という大きな負荷がかかる課題領域および教育領域と関係づけること」がノルテにとっては「煩わしく誤解を招くもの」と思えるのです。彼の信じるところによれば、この関係づけに「教え込みと教育への脅迫観念」が認められるのであり、それゆえ、彼はミュージアム・エデュケーションをいわゆる「統合的ミュージアム学」(Nolte 1993, S. 8) へ変換することを提案します。豊かな伝統を持つ教育実践・研究領域の廃止に賛同する、このかなりあからさまな意見表明が出てくる理由は、たしかに彼の同僚たちが自分の活動領域を述べる際に示す主観的な諸問題ばかりではありません。それはかつてミュージアムと結びついていた教育学的理念とミュージアム自体の客観的危機状況についての極端な表現でもあるのです。疑いなくノルテの大げさな反応は極端な個別事例ではあります。たいていのミュージアム・エデュケーターたちは自分たちに向けられた役割や期待の危機状況に対し、自己抹殺ではなく自己限定で答えています。彼ら多くの者たちは、不当なほどの謙遜さで自分たちの仕事を低く見積もり、学校の生徒たちに美術館を案内する教師代わりの仕事か、ふさわしいアニメーションで視聴率ならぬ来館者数を高めようとするエンターテイナー的仕事を行っています。ちなみに後者の仕事はノルテも彼の「統合されたミュージアム学」の卒業生にまだ認めている仕事です。「広い意味での来館者に奉仕すること、とくに来館者を獲得しにいく」べきことが言われています (Nolte 1993, S. 8)。ですが、娯楽芸術家と大道商人の役回りにしろ、学校の援助役にしろ、いずれの場合もミュージアムの危機によって産み出されたミュージアム・エデュケーターの消滅という最終段階が問題となっています。こうした堕落形態を放棄し、上記の問題状況への解答として新しく現実的で時代に沿ったミュージアムとミュージアム・エデュケーターの役割への理解を求める時代になってきています。

私の提案はそれほど独自ではありません。それはミュージアムを陶冶施設として再建することを主張する、まったく地味な提案です。これはすでに一八〇〇年頃に計画されたものです。他のいくつかの事例と同じように、このプランは時代の激流になんとか耐え抜いたというだけでなく、思うに、やっと今日になって現実問題となったものです。陶冶という古い理念は、社会変動のおかげで予想に反し装いを新たに登場しつつあります。近代ミュージアム施設の設立者にとってこの理念は、多くの理念の中の一つだったのではなく、決定的に重要なものでした。少なくてもヴィルヘルム・フォン・フンボルト〔プロイセン王国の首都ベルリンではじめてのミュージアム、現在の「アルテス・ムセウム」を古典主義建築家フリードリヒ・シンケルと設立した言語学者にして官僚〕以来、ミュージアムのこの陶冶機能に競合する、芸術家養成とか学問研究といった他の目的はすべて徹底して従属的な地位に落とされることになりました。それゆえ、フンボルトはミュージアムのなかにもっぱらオリジナル作品のみを展示しようとしたのです。フンボルトは興味深いことに、学問研究や実践的芸術家養成のためならば「石膏像」やコピーで十分としました。しかし、陶冶活動を作動させるのはオリジナルがもつ唯一性だけだと考えました。こうした理由からフンボルトは、石膏像にはそのためだけの場所を設けさせ、大理石像と石膏像を空間的に分離し展示させたのです。こうしてシラーの美学思想で言われる悟性と感情の諸力が自由に遊戯しあう、反復不可能でまさに一回性の陶冶作用が、緊張的なそれであれ融解的なそれであれ、可能になり強化されねばならないとしました。

ミュージアムの陶冶機能について指摘すると、きっとミュージアム専門家はただ力なく微笑するだけかもしれません。しかし少なくとも反論を引き起こすことはないでしょう。この指摘はかなり前からすでに専門家同士の言説にではおなじみのレトリックに属しています。ですが、このレトリック、正確に見ると、空虚です。どこに陶冶機能の本質があるのか、たいていの場合不明瞭なのです。その理由はまず陶冶（Bildung《ビルドゥング》）という概念の多義性と不確定性、そしてそのもつれた歴史にあります。今日、我々がこの概念で一般に理解していることは、人が所有したり所有していなかったりするもの、あるいは中途半端な教養の場合、いいかげんにしか所有していなかったりするものなのです。陶冶は一種の所有財産のように、そしてピエール・ブルデューならこういうでしょうが、家庭や学校、そしてひょっとしたらミュージアムでも獲得されたり伝達されたりする一種の文化資本とみなされます。これに属するものはすべていわゆる陶冶規範のなかに固定されています。たしかに教養規範の境界線は明確ではないし、時とともに変化もします。しかしそれは、人が「教養がある」と認められるために身につけなければならない能力や知識のおおよその、そしてぎりぎりの線を示しています。たとえばこのように陶冶概念は公衆の意見によって簡単に歪められて理解されます。だが、陶冶概念が古典的思想家たちによってこのように理解されたことは一度たりともありませんでした。カント、フィヒテ、シラー、フンボルト、シュライアマハー、ヘルバルト、彼らは皆、陶冶と呼んだものにまったく異なる観念を抱いていました。このまったく異なる観念に私は接続したいのです。それはミュージアムの陶冶機能の優先性（！）を弁護する私の主張を正当化してくれるはずのものです。

しかし、事柄を簡単にするため、この古典的陶冶概念をさまざまな原典から再構成するのではなく、アドルノがその諸著作でとっている見解に注釈を加えるかたちで論じようと思います。「精神科学と陶治に関する覚書」に決定的な文章が見られます。そこでテオドール・アドルノはフンボルトとその同時代人を引き合いに出し、「主体と客体に関わる内へ向かうプロセス」として「陶冶の弁証法」を語っています（Adorno 1977, S. 496）。その際、以下の諸点が重要であると思います。

1．アドルノは陶冶を明らかに所有やある状態としてではなく、プロセスと捉えます。したがって、別な箇所で言われているように、「陶冶とはそもそもファウストの台詞に反し努力して獲得できるようなものではない。この場合、習得は悪しき所有と同じものになってしまう」（Adorno 1990, S. 107）。陶冶とはアドルノにとって利用したり使用したりする財ではなく、活動なのです。

2．陶冶と呼ばれるこの活動はたしかに弁証法的運動です。しかし主体と客体のあいだの活動ではなく、はっきり強調されているように、主体と客体が「関わる」活動です。陶冶活動はそれゆえ明らかに、主体と客体がそのつど交互にお互いへ影響をおよぼし合い、そのことで変化していく過程なのです。こうも言えるかもしれません。陶冶とはアドルノの場合、古典的思想家たちとまったく同様に、産出的活動なのであって、陶冶財が置かれる商品棚ではないし、なんらかの発達論的な自然的展開でもないのです。

3．産出的活動とはアドルノにとって、「内へ向かうプロセス」を意味しますが、これこそ決定的に重要なことだと思われます。これは何を意味しているのでしょうか。私の考えによれば、これはまず、産出的活動は主体の内側から始まり、それゆえ主体の活動として、すなわち「自己活動」として記述できることを意味します。主体が「陶冶の弁証法」に従属しているのではなく、すなわち陶治活動は主体の頭上や背後でなされるのではなく、主体によってなされるのです。「内へ向かう」はこのことを意味します。

4.「内へ向かう」とは、しかしまた、主体の活動が物自体に、すなわちそのもの自体としての世界に向かっているのではなく、活動する主体に現象してくるものとしての世界に向かうことを意味します。つまり現象として世界は私の外部ではなく内部にあるのです。このことはふたたび今日いわゆる極端な構成主義によって強調されています。陶冶活動のなかで主体は、主体に現象してくるものとしての世界に向かいます。したがってこれを厳密にとれば、自己自身へ向かっていることになります。それゆえ次のように言うことができるのです。すなわち、陶冶とはアドルノにとって反省的(「内へ向かう」)なものであり、その経過のなかで活動する主体はこれまでの世界像を変えていくし、したがって自己像を変えていくことにもなるのです。主体が世界に付与する秩序は自分自身の秩序となります。古典的思想家たち、たとえばフィヒテもまったく同じように見ていました。アドルノはとりわけ精神分析的カテゴリーの影響下でその論述を展開し、この古典的な立場とはたしかに異なってはいます。つまりアドルノはこの過程を「動物的人間の調教」であり同時に「自然的なものの救済」と記述する一方で、文化の占有であると同時に物象化された秩序への抵抗としても記述するからです。しかし古典的なエッセンスはまだ残っています。陶冶、それは、サルトルの適切な言い方によれば、人が作り出した物を使って主体が何物かを作る小さな活動なのです。

この、自我と、自我の世界への立ち位置を変えていく陶冶活動のための前提条件は、自己主張への強制から免れた教育実験室がもつ相対的自律性です。アドルノが「陶治が必要とするのは、押し寄せる外界の圧迫から保護されている状況であり、ある確かな個々の主体へのいたわりであり、もしかしたら社会化が不備であることでさえあるかもしれない」（Adorno 1990, S. 106）と述べたとき、このことを考えていたのです。軽減された現実というこの条件下でしか主体は距離を獲得できません。この距離は、「閑暇」（Adorno 1990, S. 99）のなかで、すなわち自分の社会的・歴史的・生物学的規定性との自由かつ遊びに満ちた関わり合いのなかで、主体が自分自身を他なるものとして生成するために必要なものなのです。ミュージアムとは、その古典的構想に従えば、まず厳密に言って、そうした自己形成が生じる場なのであり、ウィニコット〔ドナルド・ウィニコット。一八九六〜一九七一。イギリスの小児精神科医でフロイト派とクライン派の中間に属し、多くの臨床経験から子どもの成長には支持的環境や安心感を与える毛布のような「移行対象（transitional object）」、可能性を自由に試してみる遊びの空間である「潜在空間（potential space）」が必要だとした〕が言うところの、行為への強制を免れた可能性の空間、すなわち「潜在空間」なのです。われわれの文化にはさまざまなそうした保護された自己形成空間があります。ミュージアムはたしかにそのなかの一つでしかありません。しかしそれはまったく特別なものでもあります。ミュージアムは学校から、たとえば出入りの自由さという点、決まった教授方式とカリキュラム秩序を放棄しているという点、言葉ではなく事物が優勢であるという点で区別されます。また、ミュージアムは学校外で展開される余暇教育の領域からは、歴史的奥行きの次元や資料の質という点、そこで提供されるものの恒常性や動作性が中断されるという点で区別されます。さらに比較を続けていくことはできますし、より多くの区別の指標を数え上げることもできるかもしれません。しかし、ここでそれは求められてはいないでしょう。自己形成の場としてのミュージアムの唯一性は疑う余地のないものだと思われます。

ミュージアム・エデュケーターの役割を定義するため述べられた構想が帰着するところは明白です。ミュージアムを前で言われた意味での自己形成の場として奪還しようとする者は、コレクション構築と多くの場合コレクションの展示形式に関しても統括権を要求する専門家と、このようにすべてが決まった後ようやく媒介役と社会と関わる役だけが残されるミュージアム・エデュケーターとのあいだで習慣となっている分業体制をまず解消しなければなりません。ミュージアムが開かれた陶冶の場になるべきだとしても、それが成功するのは、陶冶論的視点が、建築設計や空間アレンジの段階から始まって、少なくともコレクションの調達や修復や保存でもそうなのですが、そうした積み重ねの上でまさに展示において前面に出てくる時です。すなわち、モノは来館者を「内へ向かう」すなわち反省活動へ誘うように選び抜かれ、保存準備され、展示されねばなりません。反省活動の進展とともに、来館者は、昔の人間や他の文化圏の人間がどのように何を使って生きてきたのかを確認するのみならず、さらに先に進んで、こうしたものすべてが来館者自身と来館者の生活を形作り解釈するうえでどんな意味を持つのかを問うことになります。ミュージアムは来館者が自分に触れる経験を提供しなければなりません。

以上のことがどのようになされるか、その基準を前もって言うことはできません。物質文化の何を選び出すかに関しても、展示に関してもすべてに妥当する規則はありません。ミュージアムの歴史的知識や関心に比較的親和的だった有力市民層は第二次世界大戦までほとんど独占的なミュージアム利用者でしたが、その崩壊以降、市民の自己形成過程に方向づけられたミュージアム構築は、実験的に進められるしかありません。大衆の曖昧で予測しがたい期待の姿勢を考慮すると、端的に言えば、今日ミュージアムは実験室であらねばならないのです。ミュージアムは選定されたモノと展示形式の陶冶論的意義を、公衆の変化し続ける知識や動機づけの現状と密接に接触しながら、試行的に調査するしかありません。言語を連想させるので誤解を招くメタファーかもしれませんが、ヨーゼフ・ボイスが要求したように、ミュージアムがミュージアム側と来館者側のあいだでなされる「常設会議」の場として己を理解し、確立するとき、ミュージアムは陶冶の場としてふさわしく機能するものとなります。

対話や実験への方向性、そしてみずからの優位性を改めて考え直す準備や可能性がないところでは、ミュージアムは多かれ少なかれ徹底的にシステム化に走るアーカイヴに硬直化してしまうか、骨董室のような恣意性へと堕してしまいます。この二つの場合に欠けているのは陶冶論的課題です。専門科学的分類学の厳密さも、ミュージアム的フェティシズムも、昔の状態を懐かしむノスタルジーも、もはや公的陶冶施設の存在理由とはなりません。それ以上のものが必要なのです。まず選択の順序として第一にくるのが資料の陶冶作用を考慮した演出展示です。この点でもっとも適切なやり方と思われるのは、初期ロマン派の詩学以来繰り返し記述され、芸術実践で試みられたやり方です。すなわち、ポエジー化、コントラスト・モンタージュ、反復法、列挙法、神秘化、異化などです。こうした美的近代によって仕上げられた展示法、具体化の仕方を使うことで、もっともありふれた日用品でさえまだ陶冶作用を発揮することができるのです。それはしばしばスキャンダルなしにはすまされません。ヴァルター・ベンヤミンが記したように「大衆は教えられることを好まない。大衆は、ただ体験を内面に打ちつける小さい衝撃で知識を内に取り込むことしかできない」。こうした衝撃を引き起こす展示演出の事例は十分存在します。それは、マルセル・デュシャンのレディメイド作品（たとえば「瓶掛け」一九一四年）から、ヌーヴェル・レアリスムのアンサンブラージュやウイーンＭＡＫ〔ウィーン応用美術館〕の研究コレクションにある椅子の列挙的展示を経て、オルターナティヴな生活モデル（モンテ・ヴェリタ展）や日常的な生の記録（「私の祖父」展）に捧げられたハラルド・ゼーマン〔スイス出身の著名なキュレーターで第五回カッセル・ドクメンタの総合芸術監督を務め話題となった〕の作家展示に至る事例が示しています。分解や再配置という補完操作によって、そして光や色彩や建築という変数すべてを用いて、過去の事物に現代の人間のため未来を指し示す効果をもたせること、これがミュージアム・エデュケーターのもっとも重要な課題であると思われます。ミュージアム・エデュケーターは最初から、そして重要な場所で影響力を行使し、ミュージアムで学問やキュレーター個人の私的強迫観念だけが支配するのではなく、また、市の金庫を豊かにするだけではなく、市民の自己形成も促進されるよう努めねばならないのです。

文献

—Adorno, Th. W.: Notiz über Geisteswissenschaft und Bildung. In: Gesammelte Schriften Bd. 10-2, Frankfurt am Main, 1977.（「精神科学と教養についての覚書」、Ｔ・Ｗ・アドルノ『批判的モデル集Ⅰ——介入』大久保健治訳、法政大学出版局、一九七一年、六五〜七〇頁）

—Adorno, Th. W.: Theorie der Halbbildung. In: Gesammelte Schriften Bd. 8, Frankfurt am Main, 1990.（「半教養の理論」、Ｔｈ・Ｗ・アドルノ『ゾチオロギカ　社会学の弁証法』三光長治／市村仁訳、イザラ書房、一九七七年、四九〜九五頁）

—Jeudy, H. P.: Die Welt als Museum. Berlin, 1987.

—Kluge, Alexander: Der Angriff der Gegenwart auf die übrige Zeit, Frankfurt am Main, 1990.

—Korf, Gottfried: Aporien der Musealisierung. In:Zacharias, W.（Hg.）: Zeitphänomen Musealisierung. Das Verschwinden der Gegenwart und die

Konstruktion der Erinnerung. Edition Hermes Bd. 1, Essen: Klartext, 1990.

—Liebelt, Udo（Hg.）: Museum der Sinne: Bedeutung und Didaktik des originalen Objekts im Museum. Hannover: Sprengel-Museum, 1990.

—Lübbe, Herrmann: Der Fortschritt und das Museum. In: Lübbe, Hermann（Hg.）, Die Aufdringlichkeit der Geschichte. Herausforderung der Moderne vom Historismus bis zum Nationalismus, Graz, Wien, Köln, 1989, S. 13f.

—Lübbe, Hermann: Der Fortschritt und das Museum. Über den Grund unseres Vergnügens an historischen Gegenständen, London, 1982.

—Lübbe, Hermann: Im Zuge der Zeit. Verkürzter Aufenthalt in der Gegenwart. Berlin/ Heidelberg/ New York/ London/ Paris/ Tokyo/ HongKong/ Barcelona/ Budapest: Springer, 1992.

—Nolte, Josef: Museumspädagogik. Ein Studienvorkommnis zwischenWissenschaften. In: Standbein Spielbein, Museumspädagogik aktuell, Nr. 36/ 37, Oktober 1993, S. 6-10.

第Ⅰ部

ミュージアムとは何か
——その歴史的再構築

Historishe Rekonstruktionen

第1章　世界をもう一度*

――普遍的に再現するというミュージアムの要求はいつ始まり、いつ終わりを迎えたのか

　同僚の皆さん、そして学生諸君。世界を包括的に再現する（Repräsentation）可能性を問うこと、これは教育に関わる理論家や実践家たちが、コメニウスの時代からルソー、ヘルバルト、フレーベルを経てクラウス・モレンハウアーの時代に至るまで携わってきた問題ですが、この問いは、もはや現代の学校改革論議からすでに消えてしまっています。結果志向の能力モデルの設計者たちは、もはやこの問いに悩まされることは、いずれにせよ、もはやありません。

　しかし、教育学からないがしろにされてはいるものの、近代の陶冶施設として学校を補完してきたミ

*これは二〇〇八年七月八日にフンボルト大学でなされた最終講義の原稿である。これはその後以下の雑誌に掲載された。初出：Pädagogische Korrespondenz. Zeitschrift für kritische Zeitdiagnostik in Pädagogik und Gesellschaft, Heft 41, Februar 2010, S. 5-21.

ュージアムでは少し事情が異なります。ここでも新自由主義の時代精神が笛を吹いて先導し、いくつかのミュージアムではすでに教育活動を市場獲得の具にすることが始まっていますが、神さびたこの施設のなかで陶冶を目的に、細部に至るまで選び抜かれた事物の助けを借りつつ、世界をもう一度再現しようとする企てが完全に消滅してはいません。この企ての起源は古く、コレクションの歴史を遡ります。

もっともコレクションの歴史ではなく、ノアをこの重要任務のパイオニアとみなす人も多いでしょう。なんといってもノアは家財道具や大きな動物も網羅的に保存し、大洪水後に世界をもう一度完全に新しく創ることができたのですから。しかし、このことでノアが陶冶という目的を意識的に追求したのでないことは周知の事実です。しかも、ノアの事例には議論も多く、立証困難な史料を典拠としています。それゆえ、提起されたミュージアムの展示問題の歴史を、少し後の時代まで下り、歴史的に実証しうる事物展示の問題で始めるのがよいと思われます。このモノの展示とは、一六世紀と一七世紀初期に短期間とはいえたいへん注目すべき最盛期を経験したもので、その多様な形態はユーリウス・シュロッサーの画期的な一九〇八年の研究によって「驚異の部屋 Kunst-und Wunderkammer」という類型にまとめられたもののことです。

この「驚異の部屋」が過去を顧みるまなざしにどんなに奇妙で謎に満ちて現れようとも、その要求しているものは明確です。それは、世界の鏡、ミクロコスモスのなかのマクロコスモスであろうとしています。当時、この要求はとくに正当化される必要のないものでした。さまざまな種類の記録物件が証しているように、この要求は至るところいつでも存在しました。最初の「驚異の部屋」とほぼ同時期、文字や絵で表現された百科事典がたいへん多く編まれています。『世界書誌 Bibliotheca universalis』(一五四五年）とその動植物関係の書物で「世界の在庫調査」を行うべく努力したコンラート・ゲスナーから始まり、カンパネッラ、アンドレアス・ベーコン、フランシス・ベーコンらの初期市民のユートピアを経由し、アモス・コメニウスの『世界図絵』に至るまで、ほとんど随意に、本の形をとった百科事典的試みを多く示すことができます。そして、絵についても事情はたいして変わりません。ピーター・ブリューゲル「子どもの遊戯」は、絵によるリストアップの手法を使って九〇を超える遊戯形態をまさに百科事典的関心で証言しています。それと同様に、水に捧げられたジュゼッペ・アルチンボルドの絵は、想像上の肖像画という形を取って、水というエレメントに属するすべてをまとめあげています（図1－1）。

図1－1　ジュゼッペ・アルチンボルト、「水」（1566年）、ウィーン美術史美術館蔵

しかし、絵と文字で成功することがモノでうまくいくとは限りません。疑問形で言い換えれば、「驚異の部屋」は世界をモノで再現するという要求、すなわち、モノで普遍性を示すという要求をいったい実行することができたのでしょうか。

モノの世界全体を説得的にもう一度再現するためには、多くのやり方があります。たとえば、縮尺通り縮小すること、すなわちモデルで示すことや、抽象化や、象徴化や、例示、変換などたくさんあります。しかし、ただひとつうまくいかないやり方があります。すなわち、例外によって連関を表現するやり方です。しかし、まさにこのやり方が、初期近代の「驚異の部屋」では採用されたのでした。「驚異の部屋」は、すべてどれも、世界の鏡、ミクロコスモスのなかのマクロコスモスであろうと欲し、かつ同時に、珍奇なものだけを示そうとしたのであり、普通のモノではなく逸脱したモノを、標準ではなく特異なモノを、実例や日常的なモノではなく驚異を示そうとしました。それはいったいぜんたい、うまくいくのでしょうか？　世界の秩序、すなわちコスモスをどのように部屋のなかで再現するというのでしょうか？　その関心が、同時に、ただエキゾティックなモノ、稀少なモノ、不思議なモノ、すなわち自然から逸脱したモノを蒐集し、陳列することにあったというのに。特異な例外は、その定義からして、まさに連関におかれえず、標準を飛び越え、共通性を無視し、秩序から逸脱するモノです。コスモスの縮小形であると同時に、特異性と稀少性の集積でもあるという「驚異の部屋」の二重性はどうもうまく折り合いません。

しかし、これは歴史的事実ですし、そしてこの事実が許容する結論はただ一つです。すなわち、「驚異の部屋」は深い不一致のなかに置かれています。間違いなく目的に内在する葛藤を指摘できるのです。このタイプのコレクションの根本的統一を求める試みがなぜ水泡に帰せねばならなかったかを説明してくれるし、ザムエル・クヴィヒェベルク〔Samuel Quiccheberg: 1529-1567. アントワープに生まれ苦学の後、フッガー家の蒐集品管理と司書を務める。その後バイエルン大公アルブレヒト五世の侍医および蒐集品管理と図書館司書を務めた。一五六五年に理想のミュージアムを論じた『広壮なる劇場の銘あるいは表題』を刊行。これは史上はじめて著されたミュージアム理論書とみなされている」とその同時代人が一貫性をもった博物館学的コンセプトをなぜ生み出しえなかったのかを説明してくれるのです。[†1] 目的に内在する葛藤の原因は主観的な不十分さにあるのではありません。すなわち偶然の誤りによるのではなく、初期のコレクションに客観的かつ一貫して見られる構成上の特徴にあるのです。私のテーゼは、近代初期のコレクションの統一問題は認識論上の断絶にさらされていたというものです。この断絶は二つの同じレベルにある世界説明モデルの衝突から発しています。この二つのモデルは近代初期のイデオロギー状況において互いに競合し合い、精神的活動のどんな場所でもその両者による戦いの痕跡が認められ、したがって、その時代のコレクションの深層構造においてもその痕跡が認められるものです。すなわち、「驚異の部屋」の分析は、陶冶論的に見て、大きなアクチュアリティを持ちます。近代ミュージアムの歴史的発展の方向性がここで決定されたからです。

　葛藤の発生は一四世紀初頭に遡ります。当時、中世的自然理解は、徐々にその説得力を失ってきていました。この自然理解にしきりに疑問を呈していたのが、もはやモノの背後の世界に関心を持たず、そのモノ自体に関心を寄せる新しい思考でした。この新しい思考にとっては、自然のモノに初めて形を授けるとされていた形而上学的背後世界、すなわち普遍的実体は、もはやその現実性を持ちませんでした。それは抽象物と見抜かれ、単なる声の息でしかないと嘲笑されました。普遍的なものは、共通なもののたんなる記号でしかなく、たんなる名でしかありません。それゆえ、この新しい思考は唯名論と呼ばれます。その代表格であるウィリアム・オッカム（一二八五〜一三四七）が中世的形而上学に対し行った批判は、近代自然科学への道を切り開きました。近代自然科学の立場によれば、形而上学的背後世界に代わって、知覚可能な個々のモノだけが客観的な存在性格を有します。したがって、これだけが全関心を向けるに値します。唯名論者は知覚可能な世界で検証できるものだけに興味を向けるのです。彼らはもはや自然をテクストの補完物、自然という書物として象徴的に読解するのではなく、経験的に探求します。彼らにとって重要なことはモノの実際の連関であり、その類比的意味ではありませんでした。オッカムの自然哲学上の後継者たちはすでに、物体は法則に従って運動するという発見に達していたのです。速度と落下時間の関連さえすでに考察されていました。根本的には純粋な観想的考察ではあったものの、ニコル・オレーム（一三三〇頃～一三八二）はすでに落下法則の考えに至っていました。これはガリレオ・ガリレイによって説明され、ニュートンによって展開された力学の理論構成に直接つながる準備段階ということができます。[†2]

自然物の法則的運動への洞察が深まれば深まるほど、感覚的知覚への信頼がよりいっそう揺らいでいくことになります。コペルニクスが教えるように、地球が太陽の周りを回っているのであって、その逆ではなく、眼で見ているように回っていない以上、人は自分の眼に信頼を寄せてはならないということになります。近代的な自然認識は、人間の知覚可能性の限界を反省し、信頼に足る認識方法を発展させることを強います。それは、モノの関係特性を客観的に、すなわち錯覚を伴うこともある主観的な感覚知覚に依存せずに規定することを助けるはずだとされました。これとともに、統制された実験への道が、そして体系だった観察への道が、ひらかれることになりました。人は、説明されるべき観察対象としての運動と、仮定された過程を概念上で構成することとを区別し始め、適切な工夫で概念上構成されたことを実際に試してみるようになりました。この実験のためには、あらゆることが、さまざまな可能条件のもとで、まさにその探求されるべき連関が正確に把握されるように整えられねばなりませんでした。結果は限定付きのものでしかありませんでした。実験で認識された法則は、自然の断片の一つにすぎませんでした。すなわち、個別的自然現象のある特殊な連関の法則性でしかなかったのです。それは網羅的に世界を説明するものではなかったし、事物全体の存在理由について何も語りませんでした。探求され、認識されたものは、実験においていつも個別的なものでしかなかったのであり、孤立した法則性でしかありませんでした。[†3]

最終的に、この唯名論的方式は、機械論的自然観を含意することになります。デカルト（一五九六〜一六五〇）においてこの意味するところを詳細に検討することができます。「デカルト的自然説明は、その核心において、機械論的な唯物論である。それは世界の全体を力学的法則に従う世界機械と見なす」[†4]。動物や人間の体でさえ、これに従えば、力学的システムなのです。「私は」とデカルトは一六四四年『哲学原理』のなかで次のように言います。「職人が作った機械と自然が構成した複雑な物体の間に違いを認めない。ただ一つの違いを除いて。すなわち、ある一定の管や源や他の装置の作用に依存する機械は、必然的に、その制作者の手と比例関係にあるので、その形と形態は見ることができる大きさをしている。それに対し、自然の物体を駆動させている管や源は、ふつう、見ることができないくらい小さい」[†5]。そして人はそれを見ることができないため、どのようにそれが機能しているのかを認識するためには、それを可視化しなければなりません。それゆえデカルトによれば、自然の物体の機能の仕方を発見することが実験的手法の目的なのです。

実験的な方法による自然への問いかけの進展は、一四世紀の唯名論的哲学に始まり、ガリレオでその最初の実践的頂点に達しましたが、好奇心を新しく評価し直すことにも導きました。アウグスティヌス以来、中世全体を通じ好奇心に対して唱えられてきた留保の声が逆に振れることになったのです。好奇心は転調し、悪徳の最たるものから徳を意味するものへと変化したのです。特殊なもの、尋常でないもの、稀なものへの関心、まさに好奇心をかき立てる珍奇なものへの関心は、学問的自然認識をかき立てるきっかけとみなされるまでになりました。逸脱したものは説明を要求するが、普通のものはそうではない。秩序のもとにないモノだけが、もしくはより適切に言えば、秩序から外れてしまっているものが好奇心をかき立て、認識への欲求を生み出すのです。

さて、こうして見ると、常軌を逸したものへのこの関心は、近代初期のコレクション実践のなかにも現れ、「驚異の部屋」の所蔵品にもはっきり表明されているだろうと推測できます。このコレクションは、近代初期の学問＝科学の貯蔵庫のようなものだったのかもしれません。ここにはその風変わりな現象形態によって好奇心を引きつけ、学問＝科学的な説明を待つ尋常でないものが貯蔵されていたのです。珍奇なもの、不思議なもの、エキゾティックなものは、表面的な感覚的快を満足させるのではなく、真摯で理論的な好奇心を刺激します。すなわち、そうしたものは、その度し難い異様さのため、始まったばかりの学問＝科学的な自然説明のもっとも困難なケースになったのです。

ですが、「驚異の部屋」は単に実証的分析を待ちこがれている謎めいたモノの貯蔵庫であっただけではありません。それはこの実験的問いかけの初期形態の方法意識を記録しているモノも含んでいたのです。ここでまず取り上げねばならないのは、眼の錯覚を非常に巧みに引き起こすモノやその配置の仕方であり、たとえばハプスブルク・コレクションにある「眼の錯覚 trompe l'oeils」（図1－2）や「自然鋳金 Naturabgüsse」です。

これらは感覚知覚のプロセスを主題化しています。「鑑賞者に、見ている事物がすでに現実ではないことに注意を向けさせることによって感覚知覚を主題化しようとしている」、あるいはこう言えるかもしれません。眼の錯覚は教育的な予防措置なのだと。すなわち、眼の錯覚は、自然認識の場合、たんに眼に映る現象を信じてはならないことと同時に、間接的にですが、方法的に統制された方式を擁護しています。

図1－2　眼の錯覚「壁の棚」

このような方式に必要とされる測定機器や観察器具もコレクションのなかで展示されます。時計、天球儀（図1－3）、羅針盤、アーミラリー天球儀、望遠鏡、顕微鏡、天体観測器（図1－4）などです。在庫目録や当時の書物での言い方に従えば、こうしたスキエンティフィカは、信頼に足る世界の探求という活動を準備してくれます。これらの物は感覚器官を補助し、観察結果を比較可能にしてくれます。こうした機器類のほかに、多くのコレクションではさらに、個々、もしくは統合された形で、実験室や解剖室、化学や薬学の実験室、

図1－3　ゲオルク・ロル「天球儀と地球儀を持った天文学時計」（1584年）（出典：Palast des Wissens. Die Kunst- und Wunderkammer Zar Peters des Großen, Bd. 1, München, 2003, S. 73）

図1－4　エドムンド・クルペーパー「測地学的天体観測器」（1721年）（出典：同書、S. 72）

さらにはプラハのルードルフⅡ世の場合のように天文台もありました。こうした場所では、カエルが解剖され、治療薬が試され、星が観察されていました。これらは研究実践の心臓部だったのです。実験室や観測塔にその道の専門家が集まり、実験の手順を精密なものにし、そのプロセスを観察し、実験による自然への問いかけの結果を評価しあったのでした。

自然物の物質的連関を探求する試みの成果を示すもの、これはどんな「驚異の部屋」にも欠けてはならないものでしたが、それは自動機械でした。自動機械は、どれだけ人が自然からその力学的法則を学び取り、どれだけその技術的活用が進捗したかを実演してみせるものです。三つ叉の矛を振り回すネプチューン、勤勉にこぎ続けるゴンドラの漕ぎ手、「鎖でつながれた奴隷」（図1－5）、こうした自動機械たちは操作可能性をモデルとして示します。自然支配の到達点を縮小版で示しているのです。

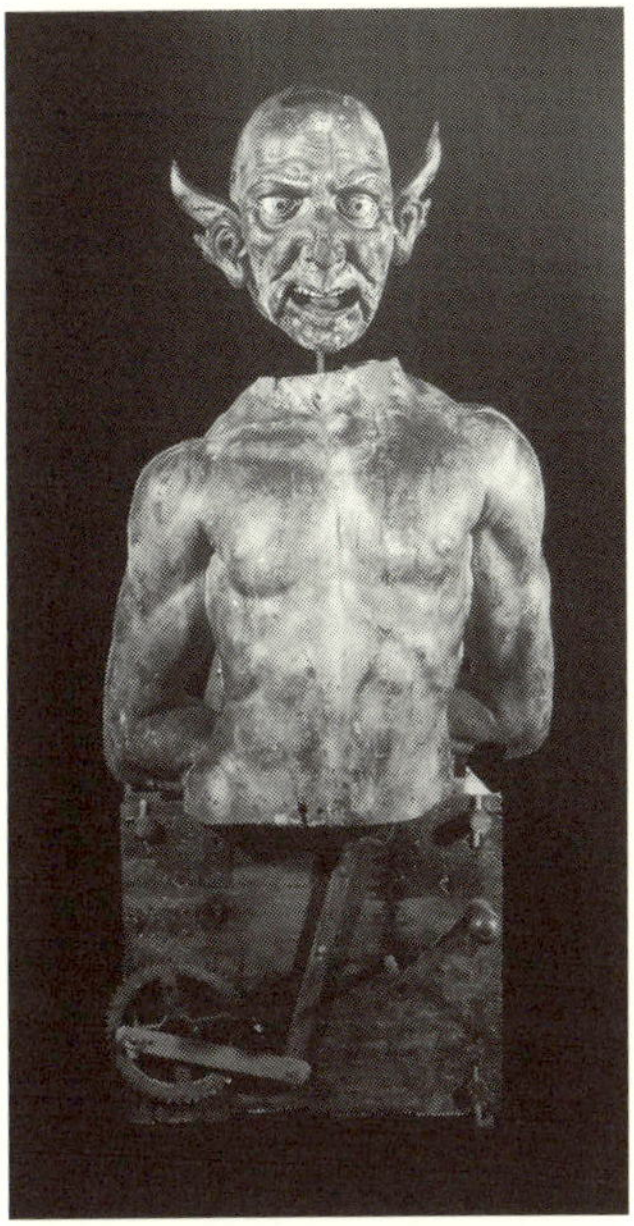

図1－5　マンフレード・セッターラ製作と推定「鎖でつながれた奴隷」（出典：Mauriès P., Das Kuriositätenkabinett. Köln, 2007, S. 117.）

こう解釈することはできるのかもしれません。こうした解釈は、「驚異の部屋」に、そしてその多様な形態のなかに、初期の自然研究や学問＝科学的な教育の原型を認めようとする歴史家が正しいことを示しているのかもしれません。

だが、しかし、何かが違うの

です。唯名論的システムがより広範に、そしてより多様化してくればくるほど、それだけいっそう反形而上学的方向性が覆いがたく白日の下にあらわになってきます。そもそも唯名論はどんな形而上学的実体をも拒否しつつ、彼岸を空虚化し、自然から魂を抜き去りました。神は「隠れた神 deus absconditus」として背景に退き、結局、なくても済むものになってしまいました。当時の多くの人びとは、こうした帰結と折り合うことはできなかったし、教会であればそれはなおさらのことでした。教会は、物質と運動のなかに唯一の原理をもつ世界観を敵とみなさねばなりませんでした。このことは、一連の唯名論者たちの生涯においては、異端審問による迫害を意味していました。オッカムはミュンヘンに避難所を得て、ミュンヘン聖母教会に埋葬されています。コペルニクス（一四七三～一五四三）の主著『天体の回転について』は長いこと無視され、気違いあつかいされました。ラ・フレーシュのイエズス会の学院の生徒だったデカルトはアムステルダムに亡命したし、ガリレオの話は周知のとおりです。しかし、はっきりとした迫害によってだけでなく、この古い勢力はこの新しい思考をイデオロギー的にも打ち負かそうと試みたのでした。しかし、これはそう簡単なことではありませんでした。

中世的な自然観へ回帰する道は唯名論の批判によって遮断されていました。別なやり方を探さねばなりませんでした。一六世紀から一七世紀初期を通じ、唯名論に立ち向かえた説明でもっとも説得力のあったものは、それ自身教会の主流派からは逸脱し、多くの人々から異端の疑いをかけられていた新プラトン主義でした。この世界構想は当時すでに純粋な形では存在していませんでした。本当のことを言えば、それは変化・変異したものだったのです。この世界観の信奉者は、表面的にはコメニウス（一五九二～一六七〇）がそうであったように、ニコラウス・コペルニクスの一〇〇年後であるにもかかわらず、まだ天動説に基づく世界像に固執している点で認識することができました。内的核心においてこの構想は神と世界の二元論を解消してしまっている点にその特徴がありました。新プラトン主義にとって世界はもはや神によって創造されたものではなく、その流出です。神は世界の中へ自己を疎外する。新プラトン主義の近くに位置づけられるニコラス・クザーヌスが述べるところによると、世界の全事物は「テオファニー」すなわち神の顕現であり、そのことで神自身も創造的になります。神は最大のものにして最小のものであるがゆえに、再度ニコラス・クザーヌスの定式化によれば、神はすべてを包括するものであるに違いなく、またすべてのなかに存在するものであるはずでした。この解釈の可能性が新プラトン主義者たちに信じられたのは、世界、すなわちミクロコスモスとマクロコスモスが類比と類似、暗号と記号からなる包括的体系と理解されたからでした。まさにこれこそが当時の分類学の公理です。すなわち、「すべてのなかにすべてのものが **omnis in omnibus**」であり、すべてのものはすべてのもののなかに反映する、です。唯名論のように物体の力学的結合ではなく、接触なしの照応関係が世界をまとめ上げています。すべての無生物と生物、マクロコスモスとミクロコスモスは、類比と類似のネットワークで結合しています。ポテンティア・アウレア〔ヨーロッパ・アルプスなどに分布するバラ科の多年草。その葉の形状からドイツ語で「五本指草 Funffingerkraut」と呼ばれる〕は、サルの手と呼応し合っており、毛羽立ったサルビアの葉は馬の舌と、クルミは雄牛の脳と呼応し合っている、というわけです。

初期の自然研究者たちはこの新プラトン主義的立場をいろいろな仕方で共有していました。それは、マルガレーテ・フォン・エスターライヒの宮廷年代記作者に内定していたアグリッパ・フォン・ネッテスハイム（一四八六〜一五三五）から、パラケルスス（一四九三〜一五四一）やケプラー（一五七一〜一六

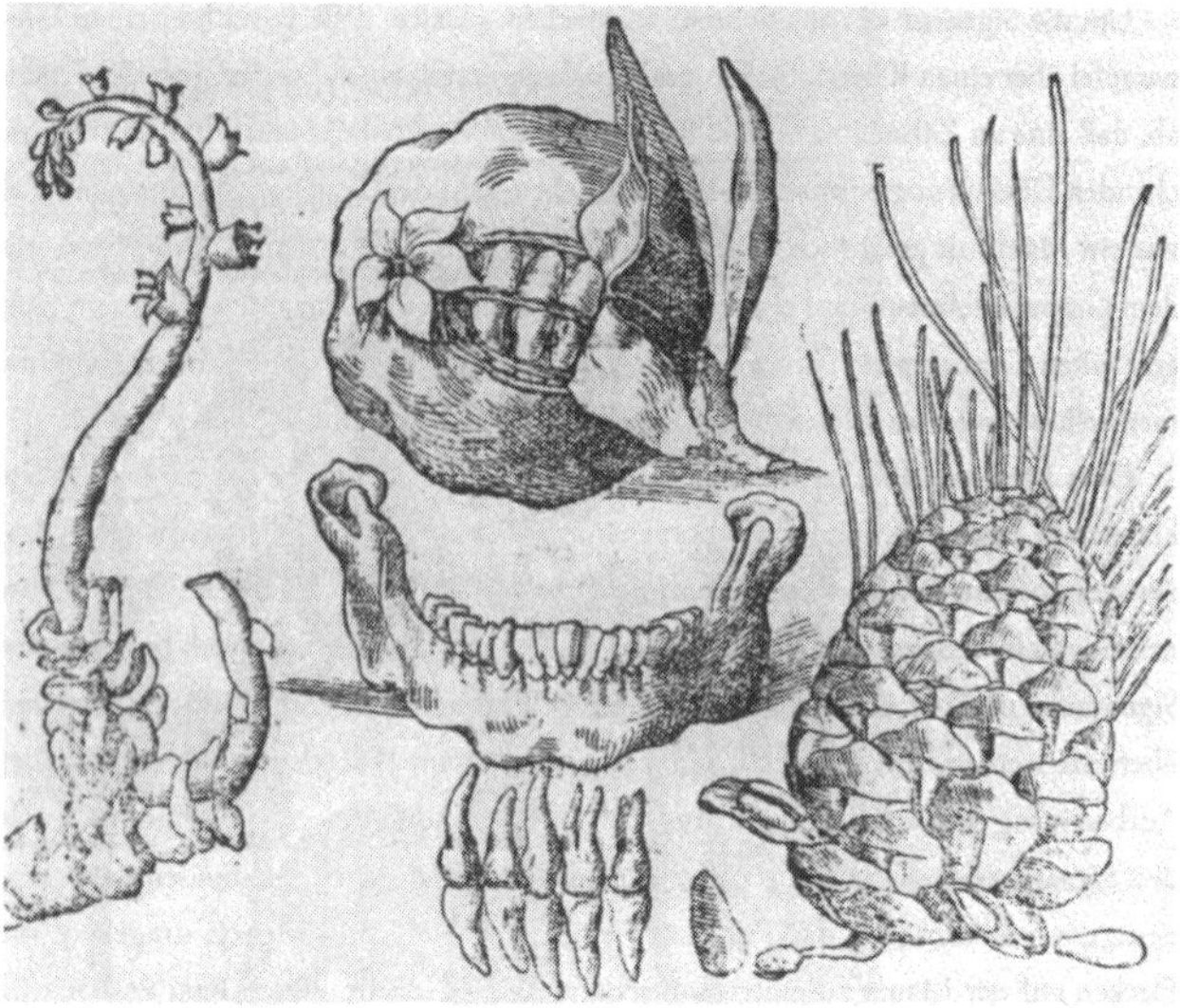

44. Giambattista della Porta, *Phytognomonica octo libris contenta*, Neapel 1588, 3. Buch

図1－6　ジャンバッティスタ・デッラ・ポルタ『フォトグノモニカ・オクト・リブリス・コンテンタ Phytognomonica octo libris contenta』第3巻（ナポリ、1588年）より

三〇）に至る広い範囲にわたっていました。これらの研究者たちにとって、自然認識の目標は因果連関の証明にあったのではなく、類比と照応関係の発見、すなわち事物間の可視的類似性と不可視な共鳴関係の発見にありました。彼らがどのような態度をとったか、それは、結果は出なかったものの、やはり異端審問で釈明しなければならなかったジャンバッティスタ・デッラ・ポルタ（一五三五～一六一五）の豊富な図版を伴う著作から学び取ることはできます。彼の医学方面の主著『人間観相術 De humana physiognomia』（ナポリ、一五八六年）と植物に関する著作『フォトグノモニカ Phytognomonica』（一五八八年）において、デッラ・ポルタはほとんど憑かれたように、植物から始まり人間を経由し天体に至る

全ミクロコスモスと全マクロコスモスのなかに観相学的一致点を記録します。表示と立証のためとくに彼が利用したものが模写でした。実験ではなく模写こそがデッラ・ポルタにとって研究の方法だったのです。類似性の場を可視化するため、たとえば人間の「歯」との類似性を示すため、デッラ・ポルタは一枚の紙に顎の骨の上にザクロの実を描き、その皮の一部を剥き取って描くことで、人間の歯を思い起こさせるよう種の列を見せます。それを実際の顎の骨と比較させることで、ザクロの実は突然むき出しの歯をもつ口のように見えてしまうことになります[†6]（図1－6）。

いかにしてこの類似性が構成され探索されたか、くどくど説明する必要はないでしょう。それは描画上の構成に負っているのです。デッラ・ポルタのイラストは、現実の模写であるにはちがいありません。しかし実際は、このイラストが現実を際立たせているのです。イラストは、イラストが発見したと主張する類似性を作り出します。当然、デッラ・ポルタや彼の出身地の同時代の研究者たちにとって、こうした洞察に至ることはありませんでした。正反対です。かれらは、こうした類似性の構成から、とてつもない実践上の帰結を引き出すことに取り掛かったのです。全事物が互いに示しあう類似性の関係は、体液医学［ヒポクラテスの、人間の身体を流れている四種類の体液のバランスから健康状態や気質が決まるとする説に基づく医学］と錬金術の実践を正当化するのに寄与したのでした。類似性から治癒作用が推論されました。デッラ・ポルタによれば、ザクロの種は歯のように見えるので、歯の痛みの緩和に役立つとされました。ヒナゲシは大きな頭部をもつので頭痛の薬になるし、カエデ Ahornstab のまだら状の葉は顔にできた吹き出物に効きます。棘を持つアザミは刺すような胸の痛みに効く、というわけです。

今日なおホメオパティーに影響を残しているパラケルススによれば、人間の治療のため、医者は最大のものと最小のものとの照応関係からなる宇宙を厳密に研究しなければなりません。医者は、人間のなかに存在しないようなものが天上に存在するわけはないというモットーに従わねばなりません。嵐に、早鐘打つ自然の脈拍を見るように、病者の熱から生じる脈拍は内なる嵐と認識されなければなりません。ただ自然だけが病を治癒できるのであって、医者ではないのです。医者の使命はただ自然の作用を利用する点にあります。そのためには、医者は分類学と協同しながら、そして錬金術の精神によって互いに共属し合っているものを集め、そのエキスを治療薬であるチンキ剤やエリキシール液と調合しなければなりません。

新プラトン主義に影響を受けたミクロコスモスとマクロコスモスのこのような照応関係、類似性、移行への関心、自然と人間のあいだの照応や共鳴への関心が、近代初期におけるコレクションの実践に現れており、はっきりそれが現われているのが「驚異の部屋」の所蔵品なのです。最も新プラトン主義の影響は、自然の創造物と人間のそれとの境界線が曖昧になるところであればどこでも目につきます。新プラトン主義の汎神論的含意は、自然の所産 naturalia と人間活動の所産 arteficialia のあいだに違いを認めないのです。両者とも神の同じ自己外化の違った様態でしかありません。自然は人間の芸術家と同じように、そして、人間の芸術家は自然と同じように、戯れ創造します、ある時は気難しくかつ奇妙に、ある時はとてつもなく美しく、そしてある時は驚くべき技術をもって。創造的自然の気難しさが現れた事例としてあげられるのが、怪物や不思議な物です。たとえば、ペトルス・ゴンサルヴスの「毛髪人間 Haarmenschen」（図1－7）であり、いわゆる「アンブラスの身障者 Krüppel von Ambras」（図1－8）です。アンブラス城「玄関の間」の写真に写っている宮廷の大男と小人の絵とその前にみえる木と合体し

図 1－7　ペトルス・ゴンサルヴス「毛髪人間」（アンブラス城）（1580年頃)、ウィーン美術史美術館蔵

図 1－8　「アンブラスの身障者」（16 世紀後半)、ウィーン美術史美術館蔵

た鹿の角は、生きた不思議以外の、すなわち「自然の劇場」以外のなにものでもなく、それがもつ異常な珍しさゆえに、神が見せる自己演出の発想の豊かさを示すのにうってつけでした（図1－9）。

能産的自然（**natura naturans**）の芸術的側面が示されるのは、大理石の皿の文様、いわゆる風景大理石が神秘的場面を描いたように見える場合や、ある男の腕の痣が教皇グレゴリウス八世の姿を表しているように見える場合です。[†7] さらに、自然の驚異の技は、化石、貝殻、カタツムリの殻に示されるとされました（図1－10）。これはおそらく、その螺旋構造がフィボナッチ数列の論理に従っているからなのです。

そして、自然が芸術作品を生み出すように、人間も神の片割れとして自然の作品を生み出します。たとえば、機会仕掛けの鴨のように泳いだりガアガア鳴いたりする模型、珊瑚を使った山の風景（図1－11）などのように。貝殻と貝の真珠層、真珠、磨き板ガラス、ビロードからできている秘密めいた洞窟などは、あまりに自然に近いのでどんな鑑賞者も違いがわからないほどです。人間は自然と競い合うのです。人間は自然と同じものをつくろうとします。このことは、やはり、「眼の錯覚」の例でも明らかでした。エルンスト・クリスが「田舎スタイル」という名で分類したものだが、銀（図1－12）、ブロンズ、陶器による自然模造（**Naturabgüsse**）は、もっぱら、昆虫、トカゲ、蛇、カエル、カニなどをそっくり模倣したもので本物と見まごうほどのものです。[†8]

〔人間と自然の〕共同作業もあります。自然がまず、牛黄《ゴオウ》、オウム貝の殻、ココナッツ、ダチョウの卵、サイの角、イッカク〔イルカの一種〕の歯といった材料を提供し、人間がそれらを加工して、最高度の繊細さともろさを兼ね備えた実用目的をもたない美術工芸品（図1－13、1－14）や、高価な杯や豪華な器、壮麗な酒杯を作り上げます（図1－15、1－16、1－17）。自然と技の双方が、新プラトン主義の教えに

図 1－9　アンブラス城「玄関の間」

図 1－10　貝殻のコレクションの陳列棚（フランケ財団）

図 1－11　「珊瑚を使った山と山道」（16 世紀後半チロルで製作と推定）、ウィーン美術史美術館蔵（アンブラス城コレクション）。木を基台に珊瑚と石膏からできている。高さ 52.5㎝。オーストリアからスイスへ向かう途中の西チロル地方にある難所フィンスターミュンツ渓谷の山越えが表現されている。

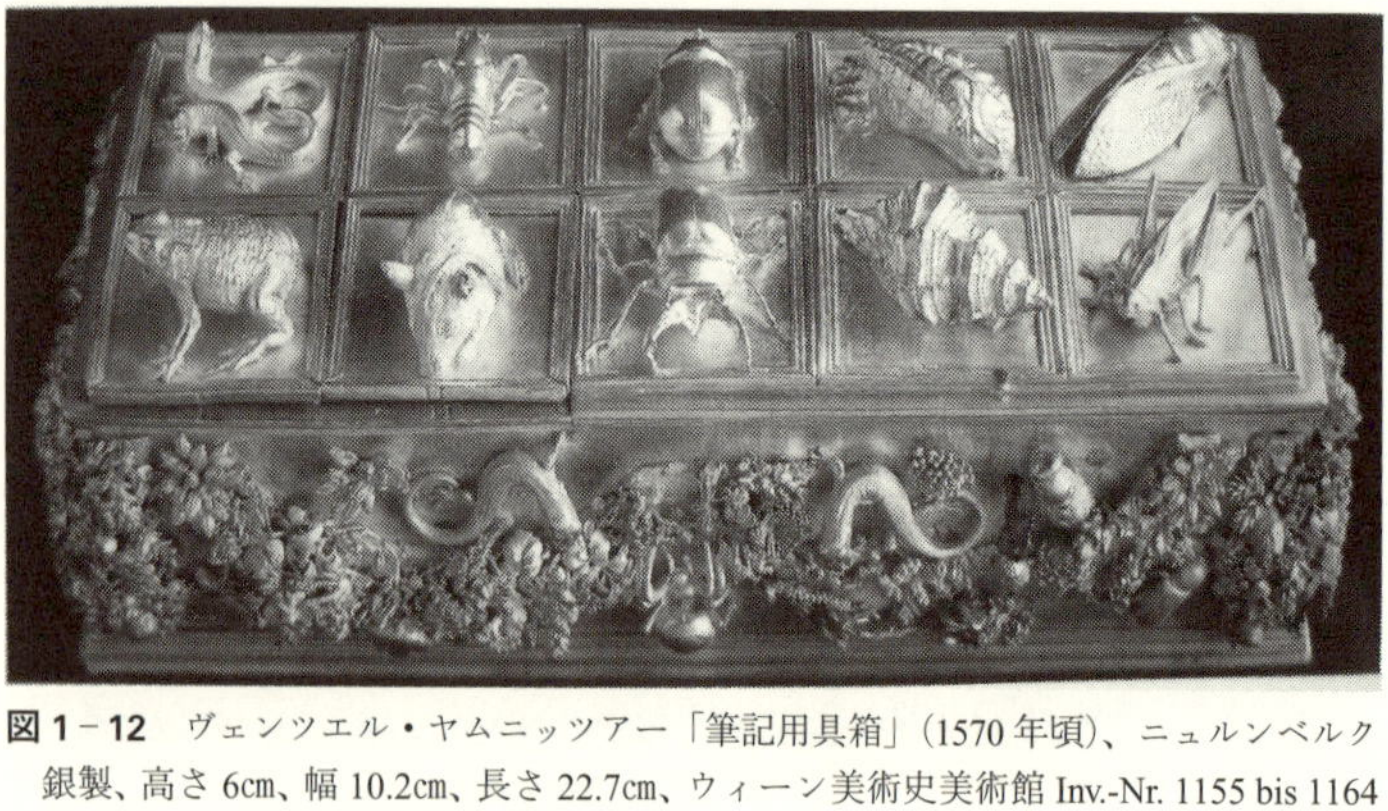

図 1－12　ヴェンツエル・ヤムニッツアー「筆記用具箱」（1570 年頃）、ニュルンベルク銀製、高さ 6㎝、幅 10.2㎝、長さ 22.7㎝、ウィーン美術史美術館 Inv.-Nr. 1155 bis 1164

よれば、神的なものの流出過程を絶え間ないメタモルフォーゼで成し遂げ、そのつどこの流出過程を先に押し進め、完成へと導いていくのです。

ミシェル・フーコーは著書『言葉と物――人文科学の考古学』のなかで、新プラトン主義を基礎にもつ分類学、すなわちエピステーメーが一六、一七世紀の知のコードを支配していたことを主張しています。他の研究者たちは、逆に、唯名論によって導入された力学的唯物論がこの時代における支配的な世界説明モデルだったと説得しようと試みてきました。おそらく両方の立場とも正しくないのではないでしょうか。おそらく、唯名論も新プラトン主義も同じようにその権利を主張しながら、当時のイデオロギーの場で競合していた、といったほうがよいのです。「驚異の部屋」でこの両者は無媒介に出会っていたのでした。「驚異の部屋」は、「世界劇場 theatrum mundi」という舞台であり、その上で、曖昧な記号や意味からなる新プラトン主義的活劇と、実験的に自然に問いかける唯名論的活劇の両方が、同時に上演されていたのです。当然ですが、この二つは折り合いはよくなかった。この二つのタイプの上演作品は互いに競合し合い、支配権をめぐって争っていたのです。しかし、戦いが通例そうであるように、争い合う両陣営は戦いの局面を重ねるにつれて、結局、もはや見分けがつかないほど似てきてしまったのです。このことは歴史家を困惑させ途方に暮れさ

図1－13　象牙製の美術工芸品（出典：Mauriès P., Das Kuriositätenkabinett. Köln, 2003, S. 123）

図 1－14 「卓上飾り」(16 世紀後半、南ドイツで製作)、ウィーン美術史美術館所蔵（アンブラス城コレクション)。象牙、エナメル、紙、珊瑚、ガラス微粉でできている。高さ 33㎝、象牙を透けるほど薄く削ったものからできたパヴィリオンの上に、キリストの復活を表現した山城が乗っている。その下には魂を量る天使ミヒャエルがいる。

図 1－15 「蓋付き杯」(1619 年以前に製作と推定)、ウィーン美術史美術館蔵(彫塑・美術工芸品コレクション)。イッカクの角、金、エナメル、ダイヤモンド、ルビー、瑪瑙でできている。高さ 22.2㎝、プラハの皇帝の宮廷工房。

図 1－16　アントン・シュヴァインベルガー「セイシェル諸島産椰子の実ポット」、ウィーン美術史美術館蔵（彫塑・美術工芸品コレクション）。銀、部分的に金メッキ、セイシェル諸島産椰子の実。高さ 37.8㎝。

図 1－17　「駝鳥の卵の酒杯」（16 世紀後半アウグスブルクで製作）。銀メッキ、部分的にエナメル、珊瑚、ダチョウの卵。高さ 58.8㎝。（出典：Scheicher, Elisabeth; Die Kunst- und Wunderkammern der Habsburger, Wien, 1979, S. 14）

せました。歴史家たちは「驚異の部屋」に秩序を認識できず、無秩序を語ることしかできませんでした。しかし、そこでは実際には二つのコードが支配していたのです。

状況がはっきりしてきたのは、ようやく一七世紀の後半になってからでした。新プラトン主義はその意義を急速に失っていったのです。それは画面から消え、アンダーグラウンドに送られ、今日ではエゾテリックな文献の迷宮のなかでその露命をつないでいます。歴史的に見て勝利、しかも全面的な勝利を収めたのは、唯名論と近代的自然科学によって形成された世界像でした。唯名論のこの勝利の原因を私は実証的な手法が持つ予見性の高さに見ます。または、有用性の高さにあった、とも言えるかもしれません。この唯名論的自然探求の目的は、世界の計測であり、世界の計量化でした。これは近代経済の目指すところと一致しています。計量化は、さらに内的自然と外的自然をいままでと違ったように認識させただけでなく、技術的に操作し経済的に搾取することを可能にしました。

この過程が進展すればするほど、近代科学は分業方式で営まれ、各部門に専門化されていくようになりました。専門化は避けがたくなったのです。台頭してきたミュージアムは、最初からこの事態に対応しました。ミュージアムは科学的基準を引き受けただけでなく、今日にいたるまで、科学的研究領域の分化と正確に一致しながら進んできており、いわゆる専門ミュージアムとして特殊化してきています。

このとき以来、科学認識の高度化を無視したくないミュージアムは、専門ミュージアムとしてしか存在できなくなりました。コレクションの範囲の多様性を理由にして、今日でも「普遍ミュージアム Univeralmuseum」と呼ばれているタイプのものは、よく見ると、単なる集積でしかないこと、すなわち、そのミュージアムのウェブサイトで言われているように専門ミュージアムから構成された「複合施設」

でしかないことが明らかになります。

いまだ普遍的なのは科学的方法であり、しかもそれは、その科学的方法に与えられる承認とそれが要求する妥当性に関してだけいえることです。この方法は今日どんな大きなミュージアムでも生成構造としてその基礎に存在します。それはミュージアムの現象の表面下ですべてを規定する同一の操作モードを形成しているのです。すなわち、モノの選択から始まり、修復保存加工、展示法、そして空調照明的観点から技術的に適正な演出法に至るまで、その全範囲を規定する操作モードを形成しています。それゆえ次のようにも言えるのかもしれません、科学に基礎を置く現代のミュージアムはすべてみな、ある一つの制度の諸部門であるのだと。これら部門がどこに所属しているのかとか、地球上にあまねく広まっているのか、それとも局所的に集中しているのかという問題は二義的です。重要なのは、世界説明の科学モデルが持つ拘束性です。これが、複合ミュージアムや独立専門ミュージアムの深層構造に統一を与えているのです。

しかしながら、このモデルは歴史的に規定された特殊な系譜を持っており、したがって限界も持っています。このモデルが発生した最初の世紀でこの限界性はもう存在していました。新プラトン主義的形而上学と、これと結びついたミクロコスモスとマクロコスモスとの類似・照応関係の教説は、この限界を示し乗り越えようとする試みの、当初もっとも成功したひとつでした。この試みがいくつかの弱点から挫折した時、唯物論と自然科学によって形成された近代的世界像は、凱旋勝利を祝ったのです。引き返すことのできない地点が、一七世紀のどこかにありました。その時以来、この世界像は単独の支配権力を誇り、みずからの限界を洞察することをますます困難にしていきました。もし、今日のミュージアムが科学的専門化を超克しようとするのなら、この限界を可視化すること以外に道は残されていません。換言すれば、ミュージアムは示さねばならないのです、世界というものは科学的に把握できるようにはならないことを。この簡単とは言えないミュージアムの課題の本質は、ミュージアムが持つ手段を使って、科学的啓蒙の限界について啓蒙すること、と言ってもよいでしょう。これこそ普遍性の新しい段階だと言えないでしょうか。そして今日、否定性という形をとってではありますが、唯一可能なことではないでしょうか。少なくとも私にはそう思えるのです。

注

†1　ホルスト・ブレーデカンプもクラウス・ミンゲスも詳細にミュージアムの歴史を再構成する際、最後にクヴィヒェベルク的な『広壮なる劇場』（一五六五年）の一貫性のなさを確認せざるをえませんでした。ブレーデカンプによれば（二〇〇二年）この構想に欠けているのは「より深い体系性」（ebd. S. 33）です。それは「内的統一がない」（ebd. S. 34）ように見えるのです。そしてミンゲスも（一九九八年）クヴィヒェベルクのテクストの深い洞察力でなされた「明確な構造」が「曖昧になり、矛盾なしに済まされなくなる」（ebd. S. 73）ことを認めざるをえません。それ以前の研究論文も同じように判断しています。クヴィヒェベルクの一五六五年のコレクション構想には「秩序原理の選択に揺れだけしか認められない」（Berliner 1928, S. 341 を参照）のです。クヴィヒェベルクの生涯については Schulz 1990 を参照。

†2　Haag 1983, S. 57 を参照。

†3　Haag 1983, S. 57/ 58 を参照。

†4　Haag 1983, S. 62 を参照。

†5　Descartes, René: Principes de la philosophie, Oeuvre, Bd. 9, S. 321.

†6　Ganz 2006, S. 150 を参照。

†7　Daston/ Park S. 351 に基づく。

†8　Schneider 1997, S. 16 を参照。

文献

—Berliner, Rudolf: Zur älteren Geschichte der allgemeinen Museumslehre in Deutschland, in: Münchner Jahrbuch für bildende Kunst V., 1928, S. 327-352.

—Bredekamp, Horst: Antikensehnsucht und Maschinenglauben: die Geschichte der Kunstkammer und die Zukunft der Kunstgeschichte, Berlin: Wagenbach, 2. A., 2002.

—Daston, Lorraine, Park, Katharine: Wunder und die Ordnung der Natur 1150-1750, Frankfurt, 2002.

—Descartes, René: Principes de la philosophie, Oeuvres Bd. 9.

—Duncan, Carol: Civilizing Rituals. Inside public art Museums, New York, 1995.

—Ganz, Ulrike Dorothea: Neugier & Sammelbild. Rezeptionsästhetische Studien zu gemalten Sammlungen in der niederländischen Malerei ca 1550 - 1650, Weimar, 2006.

—Haag, Karl-Heinz: Der Fortschritt in der Philosophie, Frankfurt a. Main, 1983.

—Hauger H.: Samuel Quiccheberg: 'Inscroptiones Vel Tituli Theatri Amplissimi'. Über die Entstehung der Museen und das Sammlen. In: Winfried Müller, eds. Universität und Bildung. Festschrift Laetitia Boehm zum 60. Geburtstag. München, 1991, pp. 129-139.

—Hopp, Brigitte: Kunstkammern der Spätrenaissance zwischen Kuriosität und Wissenschaft; in: Grote, A. (Hrg.): macrososmos in microcosmo. Die Welt in der Stube. Zur Geschichte des Sammelns 1450 bis 1800, Berliner Schriften zur Museumskunde Bd. 10; Opladen, Leske und Budrich

1994, S. 243-263.

—Minges, Klaus: Das Sammlungswesen der frühen Neuzeit Kriterien der Ordnung und Spezialisierung, Münster, 1998（Museen - Geschichte und Gegenwart, Bd. 3）.

—Quiccheberg, Samuel van: “Inscriptiones vel tituli theatri amplissImi”, München, 1565.

—Scheicher, Elisabeth: Die Kunst- und Wunderkammern der Habsburger. Mit 106 Farb-Abbildungen nach Photographien von Johann Willsberger und 99 Schwarzweiß-Abbildungen, hg. von Christian Brandstätter, Molden Edition, Wien, München, Zürich, 1979.

—Schlosser, Julius V.: Die Kunst- und Wunderkammern der Renaissance, Wien, 1908.

—Schulz, Eva: Notes on the history of collecting and of museums in the light of selected literature of the sixteenth to the eighteenth century, in: Journal of the history of collecting 2. 1990, pp. 205-218.

—Schuster, Peter-Klaus: Das Museum als Bild. Bemerkungen zum Masterplan der Berliner Museumsinsel, in: museumskunde 68 2/ 2003, S. 52-59.

—Valter, Claudia: Studien zu bürgerlichen Kunst- und Naturaliensammlungen des 17. und 18. Jahrhunderts, Diss., Aachen, 1995.

第2章　コレクションの歴史と陶冶理念の誕生*
——近代ミュージアムの起源をもとめて

ミュージアム史への注釈

　ミュージアム、少なくとも古典的タイプのミュージアムに特徴的な点は、歴史に対する複雑な関係です。ミュージアムは三重の意味で同時に歴史に関わっています。すなわち、ミュージアムは歴史を展示しますが、歴史に規定された仕方で展示し、そのことで歴史をつくってもいくのです。ミュージアムは、目の前にある歴史の残骸を、すなわち伝承された資料としての事物を、それがどのようなものであっても、過去のほぼ完全なイメージが成立するように陳列します。こうすることで、ミュージアムは、歴史を歴史的に展示することになりますが、それは展示の仕方を変えることでコレクションされたモノの意味変化を考慮しながらなされます。それはまた、それらのモノに対する時代時代の興味関心の移りゆき

*初出：Zeitschrift für Erziehungswissenschaft, H.1/ 2009, S.45-63.

をも表しています。ミュージアムは歴史をつくります。それは、市民的な国民意識という形成であれ、社会主義的な階級という観点の形成であれ、民主主義の自己理解の形成であれ、ミュージアムが陶冶施設として公共体の過去や未来に対する集団的態度に影響をおよぼすからですが、実際の行為形式にも影響をおよぼすからです[†1]。

以上の事柄は込み入った関係を生み出します。そして、ミュージアムの歴史を書くにあたって、方法論上、様式上、高度な要求がつきつけられることになります。その歴史は、ミュージアムが文化財や展示を通して、どのように複雑に社会的文化的プロセスに結びつけられ、それらを反映し、それらへ影響をおよぼすかを本来、発見しなければならないからです。ミュージアムの歴史は、過ぎ去った現在に関する、その時々のミュージアムが描いてきた想起像を、文化的記憶の場として記述しなければならないはずなのです。というのも、文化的記憶は、歴史記述に甚大な影響をおよぼす道具として、過去における未来像をともに規定し、われわれの現在の社会的希望や期待にも依然影響をおよぼし続けているからです。これまでのミュージアムの歴史記述は、コレクターの人物像やミュージアムの設立や個々のコレクションの歴史や記録に関する特殊研究の形をとっていたため、以上のような挑発的要求を正当なものとみなしてこなかったようです。従来の研究は方法論的には高度で、啓発的かつしばしば刺激的でもありますが、それらが持つ個別化と選択的方向づけのせいで、ただ表面的に一つの全体像に統合されているだけなのです。これではミュージアムにおける過去構成の論理を洞察することはできません。これに代わって、ミュージアムに関する構造的な歴史記述が必要だと思われます。それは、コレクター個人やそのコレクション購入の歴史を記述するのではなく、コレクションの物品に加えられる分断と配列、選択と結合という相補的操作の根底にあって、文化的想起の連関を保証している潜在的な決定の体系を記述することになるでしょう。いずれにしても加算的な継起的記述に、生成的構造の記述がとって代わるのです。これは、過去のその時々の現在が、過去の文化的記憶をなぜこのように構成し、別様に構成しなかったのかを理解可能にします。その時ようやく文化系列すべてを総合的に見ることで人が文化的記憶の構成における構造変化と呼ぶもの、ミュージアムの構造変化と呼びうるようなものが可視化されてくるでしょう。

こうした切り口によるミュージアムの文化史は、体系的説得的な仕方で、これまでの歴史的な個別研究がたんに推測させてきたにすぎないこと、すなわちミュージアムは近代の中心的制度であるという主張を確証することが可能となります。それは陶冶施設として、次のような特徴を持つ社会の連関を構成するものです。すなわち、その社会とは、束縛から解き放たれたダイナミズムのなかで絶え間なく己の伝統を無化し、それゆえ、たえず己の過去や同時に己自身との接触を失っていく危険性を秘めた社会のことです。文化史的にまとめられた叙述は、きっと、こうした永続的危機状況、すなわち「永遠の不安定と運動」（マルクス）のなかでのミュージアムの避けがたい役割を可視化するに違いありません。

しかし残念ながら、こうしたミュージアムの文化史はいまだ具体的な形となっていません。おそらくその実現に必要な詳細な研究が十分ではないのでしょう。ミシェル・フーコーのような天才を必要としているのかもしれません。もっとも、はっきり見えていないだけなのかもしれませんが。しかしその天才が登場するまで、将来望みうることと現在可能なこととのあいだに横たわる落差に耐えねばなりませんし、あらかじめ可能な開始点を問うくらいのことは一度試みてもよいでしょう。

はじめから分裂していたミュージアムと陶冶の歴史

〔ミュージアムの〕歴史的陶冶研究の開始点は、当然のことではありますが、陶冶理念がはじめてコレクションの歴史に入り込み、その結びつきを持続的にした時点にとることになります。これは中世から近代の移行期に当たる諸世紀に起きました。

中世のキリスト教文化それ自身は、コレクションの場を陶冶施設として理解する状況にはありませんでした。より適切に言えば、その準備ができていませんでした。中世はミュージアムを知らなかったのです。その理由を探そうとするならば、中世の表象世界や思考方法に特徴的な次の二点に行き当たるはずです。すなわち、宗教的な理由としての超俗性と、宗教的な理由に基づく客観性です。中世神学と中世哲学の観点からすると、礼拝や死後への配慮に役に立たない世俗的なものをコレクションすることは、意味ある使命とはならなかったのです。こうした使命は経験的現象への関心を前提としています。しかし、スコラ学者たちにとって重要だったのは、対象の経験的に知覚可能な特性ではありませんでした。すなわち、対象の感覚質である形や色彩ではなく、その偶有性や経験的連関の認識でもなく、さらにはそれらの歴史的由来や社会的機能ですらもなく、その本質の認識でした。ですが、モノの本質は目に見えません。それは理性によって推論されうるものであって、「集められる」ようなものではありませんでした。そして神秘主義のような宗教的諸潮流は、この見解をさらにラディカルにしました。かれらは現世の存在からの完全な解放を説き、世俗的な物質文化への関心を葬り去りました。このような見解が支配的であった時代には、地上に存在することを許されたその時間を、たんなる好奇心から世俗的事物されたでしょう。

のコレクションに費やすことは、たとえそれが罪でないとされたとしても、無駄なむなしい行いとみなされたでしょう。

その他の点でも、中世的思考は世界認識における主体の構成的役割を無視するか拒否しました。当時、モノの認識に際して主観自身のパースペクティヴになんらかの構成的役割を認める発想に至った理論家はいませんでした。認識対象は、ただ、神によって打ち建てられた客観的秩序からのみ、そのモノの形態が示す特殊性を考察することができたのです。この客観主義にとっては、個人的もしくは主観的な基準に従い世界の諸対象をコレクションし、新しく整序する活動などは神の創造のパロディーでしかなかったのかもしれません。換言すれば、そうした試みは問題にすらならなかったのです。神の意志に対応するモノの既存の秩序は保たれなければならず、コレクションのように分割と配列によって破壊されてはならないものだったのです。

こうした思考に亀裂が入り始めることでようやく、近代のミュージアムの前史に転換点が訪れます。正確に言えば、諸対象がそれ自身のために、その文化的自然的特殊性において尊重され、独自な知覚パースペクティヴのもと主観的基準に従いコレクションされること、すなわち選び抜かれ新しく秩序づけられることが可能になったことで始まります。これは、その核心において、コレクションの歴史に陶冶という発想が入り込んできたことと同義です。なぜなら、ヘーゲル以来、周知のように、陶冶は世界への注意ではじまるからです。

歴史的にこの新しい始まりは、「中世の秋」において「近代の春」を用意した社会的・経済的発展と呼応しています。当時、繁栄しつつあった商業都市において（貴族の宮廷においてもですが）、スコラ的概念群に背を向け、事物や世界に開かれた時代の空気が成立したのです。好奇心、すなわち長いあいだ重い罪とみなされてきたクリオシタス〔好奇心〕は、一気に徳の一つに上りつめました。[†2]人々は異教の古代世界に関心を寄せ始めました。人々の冒険的な発見欲はそれまで知られていなかった地理上の空間へと拡大され、商取引の関係は全世界にまで拡大しました。グローバリゼーションが始まったのであり、それとともに新しい、いままで知られていなかった事物の奔流が――ココナッツの実という単純なものから洗練を極めた工芸作品に至るまで、アステカの金の首飾りからインディアンの羽飾りに至るまで、書画から宝石のモザイクに至るまで――ヨーロッパに到来し、驚異として受け取られました。人々を魅了したのは、新しい対象の、その事物の本質ではなく、その現象形態でした。注意関心は、いまや外的形態に向けられることになったのです。すなわち、その色彩、その素材、その加工の仕方やその生産地に、です。

この文脈で、とりわけ後々まで印象深く受け取られたものは、エリーザベト・シャイヒャーが推測しているように、[†3]コルテスが一五一九年の復活祭にモンテスマ〔中米アステカ王国の最後の皇帝〕の家来から贈られ、スペインのカール五世に送ったあの品々でした。それは一五八品目におよび、金銀からなる円盤、扇子、羽根からできた盾やマント、その他無数の物品からなっていました。そこには、生きた驚異として、コルテスが生贄から救った四人のインディアンの捕虜も含まれていました。モンテスマのこの贈物を、カール五世はブリュッセル滞在中に公開し、アルブレヒト・デューラーも一五二〇年八月一七日に見ることができています。デューラーは『ネーデルランド日記』でこのことを次のように報告しています。「そしてそれまでの人生で、これらの事物ほど私の心を喜ばせた物はなかった」。[†4]

略奪品が驚異的なもの、エキゾティックなものとして、新しいヨーロッパの個人コレクション――とりわけ、政治的関心とその影響力が旧大陸を越えているため直接経路で希少なものや貴重なものを調達できた諸侯爵のコレクション――を満たしていきました。この最たる例が、一六世紀以来メキシコ全土と、ブラジルを除く南アメリカを支配したスペインの王たちを出したハプスブルク家です。しかし、裕福な市民や学者も新しい物品を所有することができました。[†5] 支払いさえすればよかったからです。ヨーロッパには世界中の未知の地域から莫大な量の文化的産物が流れ込んできたので、今でも多くの〔ヨーロッパ以外の〕民族は、自分たちの歴史を再構成するのにヨーロッパに残るコレクションの数々に向きあう必要があるほどです。

しかし、陶冶の発想がコレクションの歴史に入ってきた歴史的瞬間を地域的および時間的に確定することはできません。というのも、すでに、開始点から分裂してしまっていたからです。近代のミュージアムの歴史は、二つの互いに独立した起源を持ちます。すなわち、中世に起源を持つ「宝物室 Schatzkammer」と、「学者書斎 Gelehrtenstuben」の二つです。前者からは、さまざまな場を経由して、バロック時代の大規模で謎に満ちた「驚異の部屋」に道が通じています。後者からは、ルネサンス貴族の「ストゥディオーロ Studiolo」を経由し、一六、一七世紀の市民の博物標本陳列室や希覯本陳列室に道が通じています。

「宝物室」から個人コレクションへ

中世には、すでに古代でも見られた二つのヴィジョン――すなわち聖なるヴィジョンと世俗的なヴィジョン――に基づく宝物コレクションが存在してはいました。違いは所蔵品の規模と種類にあります。ですが、その違いをあまり誇大に考えすぎないほうがよいかもしれません。教会の支配者はたいてい権力を持つ貴族でもあり、結局、彼らは世俗の同類の者たちと同じ関心を追求していました。すでにこの事態がおそらく二つのタイプのコレクションの重なりを許すことになったのです。十字軍によってもたらされた物品がこの二つのコレクションに入れられると、もはや違いはなくなりました。聖遺物は権力の表徴と、高価な杯は黄金の聖杯と、敬虔を証言しているものは贅沢な実用品と、古代の宝石はオリエントの布と混じり合うことになったのです。

この認識が可能な外的類似性は、中世の「宝物室」では、古代の先行形態においても部分的にはあてはまることですが、出所が聖なるものか世俗的なものかにかかわらず、たった一つの統一されたコレクション類型が重要だったことを推察させます。この類型は次の二つの特徴を持っています。まず、非人格的な性格。「宝物室」は人ではなく制度と結びついています。司教にではなく司教座教会参事会に、修道院長にではなく修道院もしくは修道会に、王にではなく王という職務に。次にそれはコレクションの意義を純粋な物的価値ならびに交換価値に徹底して還元するという特徴を持っています。宝物の評価に関して、その由来や年代、美しさや事物の形や加工の仕方は、もはや特別な意味を持ちません。まったき唯物論的姿勢が支配的になります。たとえば、一三五八年まで、ローマ法王の在庫目録でもっぱら記録として残っているのは、金と銀に分類された後の宝物の総重量なのです。ティアラのような売却不能な儀礼のための物品だけが量られはしませんでした。[†6]

この二つの特徴から「宝物室」の主たる機能の説明がつきます。「宝物室」は、制度を存続し維持するために、国家的理由から必要とされる財政上の、いわば準備金対策であったのです。「宝物室」は換金のための経済的蓄えとして用いられ、戦争資金の調達、教会の建設、王子や王女の結婚の際に用いられました。ですので、在庫目録には、再三再四、あれやこれやの支出の補塡のためになされた売却が記載されているのです。

「宝物室」がミュージアムの先行者になったのは、それが新しいタイプの個人コレクションに変貌していったことに関係しています。制度に結びつけられてきた「宝物室」に代わり、人物に結びつき、ほとんど内密な、といってよい個人コレクションが現れました。コレクションの物質的価値よりも、モノが持つ芸術的、工芸的な歴史的意義の方に注目が注れだしたのです。当初、このタイプの個人コレクションは非常に不安定で、その初期形態が生き延びたのは稀なことでした。大司教や貴族のような裕福で高位の者たちの範囲でのみ、家族的つながりを有する王朝という構造のおかげで、新しい種類のコレクションは世代から世代へと長い年月にわたって受け継がれていくことができたのです。もっともたいていの場合、コレクションはその設立者の死後に解体されてしまったのではありますが。大まかな法則として認められるのは、制度と結びついた教会や貴族の「宝物室」とは対照的に、個人コレクションは、自分という存在の刻印を刻もうとする意志を持った個人の作品であり、その人物の死後コレクションは消滅していくというものです。

個人の趣向によって形成され、陶冶関心を伴ったコレクションの新しいタイプは、歴史的に言えば、一四世紀にようやく確認でき、フランスのヴァロア家の幾人かの王族が挙げられます。たとえばシャルル五世（一三三八～一三八〇）、とくにその弟のベリー公（一三四〇～一四一六）です。シャルル五世を賢者と呼び、彼の伝記を書いた女流作家クリスティーヌ・ド・ピサン〔Christine de Pisan 一三六五～一四三〇。ヴェネチア生まれ。パリの宮廷で詩人、文学者として活躍する。フランス文学史上はじめての女性職業作家とされる〕は、主君のコレクションについて熱狂的に語り、コレクションの内的秩序を誉め讃えています[十七]。もっとも、その秩序の本質について、彼女はなんの情報も伝えてくれてはいないのですが、クラウス・ミンゲスの研究によって知ることはできます。すばらしい博士論文『近代初期のコレクション』の中で、ミンゲスは、王の財産目録に事物分類に基づく初期の編成が認められると指摘しています。この編成は次のような領域を示しています。すなわち、1．宝石と宝石に匹敵するもの　2．豪華な壺や宝石箱やダマスカス文様の品々　3．書斎机と家具調度品　4．天文学や論理学の器具　5．世俗的なテーマの小さな彫像　6．香料や解毒剤　7．書物[十八]。

この分類はそれほど体系的とは言えないし、十分明確だとも言えないのですが、もしほんとうにこの形式でシャルル五世のコレクションがなされていたのだとすれば、これは「宝物室」の目録でわれわれが眼にしたような加算的な価値規定を超えるモノへの関心を証していると言えます。モノのグループ分けに基づく分類によって、分類の中心的基準としての実利的価値は退き、実利的には価値のないモノも原則的には受け入れられる可能性が生まれたと言えるのです。それほど高い売却価値を持たないが、好奇心を引きつけるものではあるような対象への関心と、陶冶というモチーフは結びついているのではないかという推測を、クリスティーヌ・ド・ピサンが王の一日を報告している章は支持してくれます。この著述によれば、王は接見が済むと夕刻前きまって独創的な休息をとります。まず仮眠をとり、次に少数の信頼できる者たちと、王がコレクションした物品へ向かうのでした。この伝記作家によれば、社交的でも瞑想的でもあるこの鑑賞は休息や余暇に役立ったと言っています。彼女の言葉はこれだけです。[†9]だが、この余暇の間に快適な陶冶形式があったと想像することを妨げるものは何もないでしょう。

シャルル五世では職務の合間のわずかな休息時間に限定されていたものが、ベリー公にあっては一日のすべての時間を費やす仕事となります。公爵としては何も要求されなかったベリー公は、もっぱら、物の形への卓越した注意力と美しさへの繊細な感覚を持ったコレクターとして活動しました。ベリー公はまさに卓越したコレクターであり、芸術愛好者とみなされますが、彼は時代のはるかに先を行き、中世的な「宝物室」から近代的な個人コレクションをへだてる垣根を越えた人物でした。ベリー公のコレクション活動の目的がどんな経済的動機からも自由だったことは明らかです。彼にとって重要だったのは彼の先祖の時代のような財政上の補填ではありません。ベリー公は情熱的なコレクターでした。もしかしたら狂信家とさえ言ってよく、情熱のゆえにしばしば白を黒と言いくるめることさえあった人物です。シュロッサーが報告しているように、ベリー公はコピーする目的で借りた書物を返すのを、しばしば「忘れる」ことがありました。[†10]コレクションへの情熱がまさしくこの男を捉えてしまっていたのです。物の交換価値、すなわちその金銭価値は、その使用価値と同様、関心を引かないものでした。彼をしてコレクションに向かわしめたもの、それは、芸術への喜びを別とすると、シュロッサーが述べている表現を借りれば、「学ぶこと多く、稀少な内容」への関心と「歴史へ参与的関心[†11]」、すなわち明確な陶冶上の動機に基づくものでした。

幸いなことに、シャルル五世の場合と同じように、この場合もコレクションの主任だったロビネ・デスタンプが記した在庫目録が伝わっています。そこには、物品のグループに従って分類された詳細な物品記述の他に、成立年、入手方法、前所有者、購入年月日などに関する驚くほど詳細な情報も含まれています。[†12] それはもうほとんど近代の目録作成法だと言ってしまいたくなるほどのものです。ただ、製作した芸術家の名が欠けてはいるのですが。とはいえ、総じて、この目録は、近代的コレクションへ至る一里塚ではあります。

ベリー公のコレクションは、シャルル五世のものと並んで、長いあいだ、北方におけるただ一つの初期個人コレクションとされてきました。残っていた目録リストのおかげでいくらか詳細に研究できたものだったからです。しかしその後、研究状況が改善され、新資料の調査研究から他の者たちも歴史の影の存在から日の目を見ることになり、いまではコレクター、パトロン、製作依頼者と認知されるようになってきました。こうした初期近代の重要なコレクターの一人に、ダグマー・アイヒベルガーが詳細なモノグラフィーを捧げた人物がいます。それは女性で、オランダの摂政でもあったマルグリット・ドートリッシュ＝マルガレーテ・フォン・エスターライヒ〔ドイツ語表記ではマルガレーテ・フォン・エスターライヒ。一四八〇～一五三〇。生涯三回結婚し、最終的には父の神聖ローマ皇帝マクシミリアン一世からネーデルランド総督に任命され、内政・外交ともすぐれた政治を行ったと言われる〕です。

彼女のコレクションの基礎をなしていたのは、彼女の母親であるブルゴーニュ公女マリーの遺産と、スペイン王継承者のアストリアス公ファンとの二回目の結婚に際して義理の両親〔フェルディナンド二世とイザベル女王〕からフランドルへの帰途の途上与えられた返礼の品々でした。これに加え、彼女の父マクシミリアン一世の遺産からきた品々も無視できません。マクシミリアンは彼女を娘として認めていましたが、彼女自身は自分のドイツ語名でもあるオーストリアに一度も足を踏み入れたことはなく、フランス語とスペイン語しか話せませんでした。こうして相続された品々からなるコレクションに、宝飾類や死ぬ直前に法王クレメンス七世からもらった金を織り込んだ反物、購入したり製作依頼して獲た物品が付け加わります。[13] だが最も驚異的なコレクションと言ってよいものに、当時輸入されたばかりの中央アメリカ産の儀礼の品々がありました。この中には、あのモンテスマがスペインの征服者コルテスのベラクルス到着時（一五一九年）に贈った貴重な贈物もありました。[14]

この女性摂政の可動財産の規模と発展についての情報は、彼女がコレクション活動のさまざまな時点で作成させた目録によって知ることができます。[15] これらを見ると、彼女はそれまでになかった厳密さでコレクションの品々のリストとその出所を記録し、それぞれの芸術家の名、たとえばファン・アイクやヒエロニムス・ボッシュ、ハンス・メムリンクの名を記すことを忘れなかったことがわかります。他にも、このコレクションの在庫品とその展開の再構成を許すだけでなく、その封建主義体制下のコレクション活動とその異色な文化実践を垣間見せてくれる資料も存在します。たとえば、滞在した都市に残された領収証、宮廷に残された支払い命令書、女性摂政と芸術家のあいだで取り交わされた契約的性格をもつ申し合わせ、完成した作品の引き渡し請求書、受領証、宮廷訪問者による報告、芸術作品について語っている書簡などです。[16]

こうした文字資料のすべてが、大変貴重なデータベースを形成し、この近代初期のコレクションとその活動のほぼ完全な記述を可能にしてくれます。その結果確証できることは、コレクションの歴史が新たな段階に入ったという事実です。ベリー公爵の場合よりはっきりと、マルグリットの宮廷があったサヴォイにおいて、「宝物室」から個人コレクションへの、価値ある品々の集積から事物の秩序化への移行がなされ、言うまでもなく展示の他に、その所有者の陶冶と修養に役立てる意図が現れてきていることがわかるのです。この移行が確認できるのは、個人コレクションを「宝物室」から空間的に分離する点、歴史的・美的記述ないしは評価のため新しく精緻化されたカテゴリー、公共的展示的領域からプライヴェートで修養的性格をもつ領域へ変化した空間構成、そして拡大化、すなわちコレクション領域の普遍化の試みや図書館の統合などにおいてです。ちなみにここの図書館は、三六〇の書籍と系図を持ち、当時、アルプスの北方でもっとも大きな図書館であり、そのため訪問者が絶えなかったと言われています。デューラーは一五二一年に訪れ[†17]、エラスムスは一五一九年ここでアウレウス写本を研究しています。

「学者書斎」から「ストゥディオーロ」へ

「宝物室」から貴族の個人コレクションへと近代におけるミュージアムの歴史は展開していきます。もう一つの流れは、中世における「学者書斎」、すなわち修道院の写字室（scriptorium）〔聖書などの写本を製作する南向きの日当りのよい部屋〕に始まりルネサンス期の「ストゥディオーロ」[†18]〔収蔵室と錬金術などの研究室を兼ねた書斎のこと。たとえばフィレンツエのヴェッキオ宮にあるフランチェスコ一世の秘密の書斎が有名〕や一六世紀市民階級に見られた「小陳列室 Kabinetten」〔たとえば「クリオジテーテン・カビネット」（珍品蒐集室）などのようなコレクション蒐集室〕[†19]へと展開していきます。教会や貴族の宝物の集積が陶冶という動機によって完全に解放されたとすれば、中世的な「学者書斎」は逆にコレクションの物品によって完全に解放されることになりました。「学者書斎」は基本的には礼拝室であり写字室でした。それは翻訳、聖書の写字・研究に用いられ、神とプライヴェートに対話する必要を満たすものでした。この目的のため部屋の設備はたいへん簡素でした。このプロトタイプと言ってよい修道院の「学者書斎」には、書見台と本棚以外のものはほとんど何もなかったのです。中世社会の自己理解にとってこのスパルタ式に簡素な部屋は重要であり、ある独特なイメージと結びつき尊重されました。そのイメージは書斎のヒエロニムスというイメージです。[†20]

このイメージは、中世後期において長い間好まれ続けただけでなく[†21]（ルネサンスの知識人たちは、アルプスの北でも南でも明らかに教父たちを自分たちの「精神的指導者 spiritus rector」としていたのです）、そのイメージは特徴的な仕方で変化しました。一五世紀を通じ、書斎のヒエロニムスというテーマで描かれた絵のなかに、研究対象、遺跡からの出土品、測定器具などが、古い「学者書斎」の中に描き込まれ記録されるようになるのです。この具体的な研究対象の中には、直接発掘されたローマ時代の遺物、硬貨、碑文が記された石板や、天文学の観測器具や羅針盤、または小規模な博物標本や彫刻があったりしました。こうした事物を受け入れていくことで、修道院の礼拝室、すなわち伝統的には瞑想と読書の場であった場所が、すでに一五世紀のうちにコレクションと経験的研究の場へと変化していったのです。これを証明する最も美しい絵画資料が、ファン・アイク、ボッティチェリ、ギルランダイオ、カルパッチオらのヒエロニムスを題材とした絵画です。

この主題に基づく一四四一年のファン・アイク絵画の場合、聖ヒエロニムスの「学者書斎」は、近代初期の研究室が備えていた器具すべてを持っています。ロザリオ、書物、依然部屋の中心を占める書見台と並び、砂時計や容器やアストロラーブ〔アラビアで発明された天体観測器〕が入念に描き込まれています（図2-1）。

図2－1　ファン・アイク「書斎のヒエロニムス」（1441-1442年頃）、デトロイト美術館

メディチ家の屋敷に掛けられていたファン・アイクのこのヒエロニムスは、一四八〇年のギルランダイオのこの主題に基づく絵画の直接のモデルとなりました。

ここでもやはり、書見台と筆記用具が優勢ではあるものの、明らかに小さな物品はその数を増しています。上に挙げた事物でいっぱいのヒエロニムスの棚には、彼の司教帽のための余地はもはやありません。ここでは文献に関わる学者であるヒエロニムスはコレクターになってしまっています（図2－2）。

同じことはまた、ボッティチェリのフレスコ画に描かれた聖アウグスティヌスにも、目立たないかたちでとはいえ、あてはまります。この絵は、ギルランダイオの絵と同じ年に完成し、やはりファン・アイクの絵をモデルとしています（図2－3）。

アウグスティヌスは書く手を休め、画面には描かれていない上の窓の方に眼差しを向けています。この窓を通して光が差し込んでいます。アウグスティヌスは、今まさに霊感を受けたところです。その姿勢は伝統的な聖人の図像表現に従うかのようになぜか外向きで上方を仰ぎ見るような印象を与えます。

しかし、アウグスティヌスの「学者書斎」の筆記用具はまったく異なる話を、すなわち聖なるものではなく、徹底して世俗的な話を物語っています。礼拝のための物品、すなわち十字架や聖杯などはどこにも見えません。その代わりに、ボッティチェリは、世界の謎を科学的に探求するための機器をフレスコ画に入念に描き込んでいるのです。左上方には天球儀、右上方には時計の歯車仕掛けが細部に至るまで描き込まれています。そして、開かれた写本、これは数学の教本でしょうか、そこにはさまざまな幾何学図形が認められます。この部屋はもはや礼拝のための部屋ではありません。これは世俗的な学問のための部屋です。そのために必要とされる器具や資料は、壁ぎわに置かれるか、書き物机の引き出しのなかに詰め込まれています。科学的探求への道がすでにここで切り開かれているように見えます。

図2－2　ドメニコ・ギルランダイオ「書斎のヒエロニムス」(1480年)、オニサンティ聖堂（フィレンツェ）

　この方向性が決定的かつ見過ごすことなどできないほどはっきり現われているのが、カルパッチオが一五〇二年にヴェネチアのスクオーラ・ディ・サン・ジョルジュの壁画として描いた「聖アウグスティヌスの幻視」です（図2－4）。

　この絵画は、その時代の他の事例に見られないほどはっきりと、僧房から近代初期の学者の個人コレクシ

図2－3　ボッティチェリ「書斎の聖アウグスティヌス」（1480年）、オニサンティ聖堂（フィレンツェ）

ョンへの移行過程を記録しています。後ろの壁面の中央には、まだ礼拝のための重要な祭具一式を備えた大きな祭壇のようなものがありますが、そのすぐ左には、開かれた扉を通して格子状の窓をもつ世俗的な研究部屋がすでに見てとれます。そこには、おそらく回転式の書見台があり、その上には書物が広げられています。その部屋の壁際には天文学の機器がぐるりと掛けられています。手前に見えるアウグスティヌスの仕事場も同じようにしつらえられています。書物と筆記用具の他、そこには、砂時計、小さな鐘、アーミラリー天球儀が目につきます。つまり、お決まりのものがそこにある、と言いそうになるのですが、カルパッチオの絵を、この主題を描いてきた先達から区別するものは、ただ描かれた空間の大きさやそこに置かれた事物の量だけではありません。そこに描かれた事物の種類も異なっているのです。はじめて、この「学者書斎」に書物や学問で使用する（定番のアーミラリー天球儀のような）器具だけでなく、この空間の左の壁面の書棚の下に、人の高さほどの飾りふちの上に、いくつかの灯りや瓶や容器と並んで、馬と「ヴィーナス・フェーリックス」のブロンズ像が置かれたのです。この二つの芸術品は、ヒエロニムス・モチーフないしはアウグスティヌ

図2－4　カルパッチオ「聖アウグスティヌスの幻視」(1502年)、スクオーラ・ディ・サン・ジョルジョ・デリ・スキアヴォーニ（ヴェネチア）

ス・モチーフの枠内では新しいもので、このことは、古い「学者書斎」がまさにコレクション空間へと変容を遂げようとしている兆候を伝えています。

もちろん、絵画モチーフで観察できるこの変化が、これに対応する歴史的現実の変化があったことを最終的に証明するというわけではありません。しかし、現実の変化の反映の一つとしてこの内的イメージの変化を理解することは許されるのではないでしょうか。そして、新しく浮上してきた必需品、とくにアーミラリー天球儀、歯車仕掛けの時計、古代の彫像のことですが、絵画の外の世界でも明らかにコレクションの対象となるものがここで問題となっているがゆえに、やはりこの内的イメージの変化を、「学者書斎」の個人コレクションへの歴史的変換というテーゼを強力に支持するものとみなしてもよいように思われます。

中世の「学者書斎」からコレクション空間への変換を示すもう一つの強力な証拠が、ウルビーノ公フェデリコ・ダ・モンテフェルトロ（一四二二～一四八二）

が一四七九年から一四八二年にかけてペルージャの北にある小都市グッビーノにあった公爵の宮廷に建てさせた偽装コレクション空間です（図2－5）。おそらくこれは、フランチェスコ・ディ・ジョルジオ・マルティーニ（一四三九〜一五〇一／二）によって設計され、ジュリアーノ・ダ・マイアーノ（一四三二〜一四九〇）によって実際に建築されたものです。この空間は四×五メートルという貴族の部屋にしては控えめな大きさの「学者書斎」ですが、すでに堂々たるコレクションを持っています。ただ、このコレクションはフィクションでしかないのです。それは仮象として、すなわち壁面を飾る精巧な象嵌細工の絵の中にだけ存在します。この象嵌細工は、完璧な遠近法で開いた戸棚の中を見せるような構成となっています[†22]。

その中にたとえば、鉛直を決める下げ振りや直角定規が吊るされているのを見ることができますが、砂時計や撥弦楽器ツィター、製図用の分割器もあるのがわかります。この五つの物体は、尺度と割合を示しています。下げ振りと直角定規は建設現場監督と建築家の道具です。分割器は設計図上で距離を測ったり、大きさを決めたりするために使用されます。すでに中世で普及していた砂時計は時間の等質性を示しますが、その意味で、複雑な労働の流れを進行させる近代的な器具でもあります。そしてツィターは音楽における調和的比率の理論を暗示します。この理論は、線遠近法や建築上の比率の研究とともに、古代のピタゴラス論と結びつき、数学的真理の表現とみなされていました。

この象嵌細工でモンテフェルトロが表現していることは、自分が諸技芸の保護者として、そして正統な君主で勇敢な軍司令官として己に課せられた使命を自覚しているということでした[†23]。この部屋は彼がこうした役割を象嵌細工に向かいながら何度も確認するためのプライヴェートな場所だったのです。す

図2−5　グッビーノ公爵宮殿の「ストゥディオーロ」の壁面象嵌細工、(メトロポリタン・ミュージアム所蔵)

なわち自己教育の場所でした。それゆえ、この遠近法の構成の中心は、正確に彼の立ち位置である空間の中央に置かれているのです。[†24] このグッビーノの「ストゥディオーロ」は、この意味ではまだ瞑想の場所、もしくは内輪のコレクションの場だったといえます。後継者のもとでようやく、想像上の壁面建築が本物の棚細工へ変換され、ここに描かれた物品が本当に所有されることになります。フィクションがこの時現実に変わるのです。

　貴族の「ストゥディオーロ」は、その本来の姿で言えば、小さな窓のない空間から成っており、その宮殿における位置は隠された場所であることが珍しくなく、少なくともかなり近づき難い場所にありました。このことはその性格が私的で内密なものだったことを強調しています。

ポラ・フィンドレンが述べているように、まずもっぱら「セルフ・プロモーション」のため用いられたのであり、内省的な自己形成の場であって、外に向けた展示の場ではありませんでした。

時の経過とともに、このタイプの貴族の「ストゥディオーロ」は変化を遂げ、アクセスのしやすさや物品の量、空間の大きさに関し、さまざまなヴァリエーションを生み出していきました。それとともにますます「ストゥディオーロ」はその親密な機能を失っていき、一六世紀のあいだに特別な第三者にも開かれたコレクション空間へ展開していく傾向が強まりました。一五〇〇年以降、コレクションを置く必要から空間の広さや数を拡大することが差し迫った課題となっていきます。それ以来、「ストゥディオーロ」の外的な姿は、中世の「宝物室」の変換から生じてきた個人コレクションに接近していくことになりました。北部イタリアの貴族の「ストゥディオーロ」とマルグリット・ドートリッシュ〔=マルガレーテ・フォン・エスターライヒ〕の「カビネット」〔陳列室〕のあいだに、発展史的に見た場合、もはや大きな相違はなくなってしまったのです。

この発展が最もはっきりと観察できるのは、マントヴァの宮廷においてです。この宮廷は、当時、北イタリアの大きな文化センターの一つに数えられていました。ここには当時の重要な画家、詩人、学者が集まりました。この中心にいたのは、またしても女性で、「世界のファースト・レディ」と呼ばれた公爵夫人イザベッラ・デステ（一四七四〜一五三九）です。イザベッラは皇帝や王たちの訪問を受け、芸術家たちの尊敬を一身に集めていました。マクシミリアン一世は、少なくとも二回、客となっています。アリオスト（一四七四〜一五三三）は『狂えるオルランド』を捧げ、ティチアンは肖像画を描き、レオナルド・ダ・ヴィンチは彼女のデッサン画を残しています。

結婚とマントヴァへの転居の直後、一六歳だった公爵夫人は、中世的厳格さを保持していたサン・ジョルジオ城、ここはゴンザーガ家の居城だったところですが、そこに芸術と研究のため捧げられたいくつかの部屋を設置しはじめます。その最初の部屋をイザベッラは「ストゥディオーロ」と呼び、のちに建て増しされた二つめの部屋は「グロッタ（洞窟）」と呼んでいます。「ストゥディオーロ」は一五〇〇年直前に完成し、約三×五メートルの広さと五メートルをちょっと超える高さをもつ小部屋でした。それはプライヴェートな居室のごく近くにありました。「グロッタ」はほぼ同じ大きさでしたが、ただ高さは低く、一五〇五／〇七年に「ストゥディオーロ」の一階下に造られ、階段でイザベッラの居室と結ばれていました。[†25]

一五一九／二〇年頃、イザベッラは、正確な理由はわかっていないものの、おそらく手狭になったからだと思われますが、「ストゥディオーロ」と「グロッタ」を含む彼女の居室をコルタ・ヴェッキアへ、すなわち、今日のレーガ・ロンバルダ広場に隣接しているマントヴァのレッジア地区に移転する決意を固めました。イザベッラの新しい居住空間になったその場所の一階に、「ストゥディオーロ」と「グロッタ」が置かれ、広々とした空間の一部を占めることになりました。新しい「ストゥディオーロ」は古いものより大きくなりましたが、高さは少々低くなりました（六・七×三・五メートル×三・〇メートル）。ここの中心を成していたのは、すでに最初の「ストゥディオーロ」にもあったものですが、あの有名な絵画プロジェクトであり、それはやはり壁の化粧飾りの上にありました。公爵夫人にとってこの絵画計画は重要なものでした。彼女はこの計画のために当時最高の芸術家に制作を依頼し、多大な時間と金銭をつぎ込みましたが、それはまた神経を費やすものでもありました。というのも、レオナルド・ダ・ヴィンチやジョバンニ・ベリーニといったスター芸術家たちは、彼女との契約を守らなかったからです。しかし、最終的に多くの注目を浴び、しばしば解釈の対象にもされてきました。[26] この絵画計画は、マンテーニャ、ペルジーノ、コスタ、そしてコレッジオが加わることでなんとか完成にこぎつけました。

新しい「グロッタ」はそのサイズにおいて「ストゥディオーロ」に匹敵する大きさを持ち、大部分は当時の姿のまま現在に至っています。四方の壁を取り巻くように、木製の装飾とその上に正方形の象嵌細工が施されています。その細工のモチーフは、このジャンルではよくあるもので、楽器や建築を中心とする街景図などです。しかし、この場合の象嵌細工はグッビーノの場合とは異なって、実際に部分的に実際の棚の扉として使われていました。その後ろには、蒐集された品々が収められていましたが、その多くは当時の標準的な品々で、マルグリット・ドートリッシュ〔マルガレーテ・フォン・エスターライヒ〕のコレクションにも見られたものでした。[27] たとえば、宝石をちりばめた容器、櫛、貴重な花瓶、銀の容器、香水の瓶、鳥かご、鏡、カエルの形の便器などです。それに、貝や珊瑚、魚の歯、麝香といった博物標本、鏡、インク壺、機械仕掛けの時計、砂時計、金エナメルの携帯祭壇、ろうそく立て、貴重な材料で作られたスプーン、いくつかの礼拝に使う貴重な品々、たとえば聖クラーラのクリスタル製の聖遺物、東方の三博士を描いた、やはりクリスタル製のパクス・ターフェル、最後に、いつものながら豪華な装丁をもつ四冊の時禱書など。棚や壁がんには彫像が自由に置かれていました。家具や窓枠には、一角獣の角と魚の歯が掛けられていました。さらに、斑岩製で、象眼された木製枠をもつ装飾机が、部屋のどこかに置かれ、その上に筆記用具と時計が置かれていました。[28]

マントヴァ公爵夫人は新しい「ストゥディオーロ」と「グロッタ」により、かつての「学者書斎」を近代的なコレクション複合体へ決定的に移行させることになりました。それは夫人の居室のすぐ下にあり、友人や旅で立ち寄った知人たちにいつも開かれていました。関心を持った芸術家たちも入室が許され、公爵夫人が不在の時でさえそうでした。[†29] 一五一九年一一月、フェラーラで活動していたドッソ・ドッシとティチアーノはイザベッラのコレクションを見学するためにマントヴァにやってきています。ティチアーノはこの時、公爵夫人とまだ面識はありませんでした。このことは部外者の入場もありえたことを示す証拠です。公爵夫人の死後も「ストゥディオーロ」と「グロッタ」は長らく外部の訪問者を引きつける場所であり続けました。[†30]

この新しいタイプのコレクションの場が、展示機能の他にとりわけ陶冶機能を満たすものだったことが以下の事実からわかります。

1．空間的拡大や、かなり寛大な第三者の受け入れ規則にもかかわらず、このイザベッラ・デステの「ストゥディオーロ」は、その大きさや居住空間との直接的な隣接によって書斎や瞑想空間であり続けた。在庫リストに記載されている机とインク壺がそれを示している。

2．「ストゥディオーロ」の陶冶プログラムは明確に規範的なメッセージを持っている。それは瞑想の際とくに重要だった事柄、すなわち道徳的武装と自己鍛錬がメッセージだったことを告げている。「ミネルヴァは悪徳を徳の庭から追放する」（マンテーニャ）や「純潔の官能に対する闘い」（ペルジーノ）、または「徳のアレゴリー」とか「悪徳のアレゴリー」といった絵画の題名は、道徳的な自己教育や自己陶冶が目的だったことを疑いなく確信させるものである。[†31]

3. 「ストゥディオーロ」や「グロッタ」の彫像の中に、天使の頭部や眠るキューピットや女神像と並んで、アウグストゥス、ルチッラ、ファウスティーナ、クラウディウス、リヴィア・アウグスタ、ゲルマニクス、ルチウス・ヴェルスなどの古代の胸像もあった。当時の人びとは、インペラトール（ローマ皇帝の称号）とその奥方たちのポートレイトにローマ的「美徳」が体現されていると考えた。イザベッラやその同時代人たちにとって、それらは模倣しなければならないモデルとして用いられたのである。ここでもやはり道徳的自己陶冶が問題となっている。

4. イザベッラ・デステのコレクションが持つ陶冶上の意義を論じる際に考慮しなければならないさらに重要な事実は、当時の陶冶的雰囲気、すなわち正しい社会的振る舞いという表象であり、自己や他者との適切なつき合いかたという表象である。これは当時マントヴァやウルビーノで議論されていた話題であり、ウルビーノで一五〇八年から一五一六年にかけ成立した陶冶プログラムの原型、すなわち『宮廷人読本 Il Libro del Cortigiano』〔『宮廷人』一五二八年〕に記されている。[†32] ヨーロッパの陶冶の歴史において中心的役割を果たしたこの書物の著者バルダッサーレ・カスティリオーネ〔一四七八〜一五二九〕は、イザベッラ・デステの四年後、マントヴァ近郊のカザーティコで在地貴族の家系に生まれた。カスティリオーネは、人文主義者サークル出身の家庭教師とミラノのスフォルツァ家の宮廷で広範な教育を受けた後、なんとマントヴァの宮廷に仕えたのだった。つまり、公爵フランチェスコ・ゴンザーガとその妻イザベッラ・デステにである。

注

†1　トニー・ベネットは権力分析とフーコーの術語によりながら、ミュージアムに「規律権力」を認めている（Benett, Tony: The Birth of the Museum. History,Theory, Politics, London/ New York 1995)。だがパノプティコンという有名な事例、すなわちフーコーが自分の理論を例示してみせたジェレミー・ベンサムの刑務所モデルとは違い、ミュージアムの場合は、一方の集団、すなわち、もう一つの不可視である集団、すなわち監視者によって常時観察にさらされることで規律訓練的な作用がおよぼされるのではなく、ミュージアム来館者はみな互いに身をさらし、観察し合い、そのことによって制御し合いながらその規律訓練的作用が発揮される。ベネットにとってミュージアムはいわば自力で行う、すなわち来館者相互の自己規制によって行われる規律訓練機関なのである。ベネットは自分のテーゼを証明するため、とくにミュージアム建築の変化を参照するよう指示する。ベネットに従えば、いっぱいに物が詰め込まれ身を隠すことができたコレクション空間に代わって、一九世紀には百貨店や産業博覧会を模範とする大きく奥行きのある歩き回れるホールやギャラリーが登場した。もはやその空間では誰も他者の眼を逃れることができない。列状の空間構成と建築を眺望できる地点に自己監視の原理が物質化している。誰もが見ることができるし、見られることができる。建築が来館者をそのつどお互いを観察対象にし合うように挑発する。こうしてミュージアムの中で市民的といえるような上品な行動が訓練される。個人主義化された人間はミュージアムにおいて互いに見合い、観察し合い、しかし触れ合うことなく通り過ぎていく。走ること、大きな声で語ること、食べること、飲むことは禁じられている。そして手は使用されない。手は下に下げておくか、後ろで組むか、ズボンのポケットに入れるかする。手で摑む行為はすべて、ミュージアムという市民的発見のなかでは、おそらくプロレタリア的態度としてタブー視される。

†2　これに関しては古典的な研究として以下のものがある。Blumenberg, Hans: Der Prozeß der theoretischen Neugier, Frankfurt am Main 1988.

†3　Scheicher 1979, S. 27 u. 28 を参照。

†4　Scheicher 1979, S. 28 からの引用。

†5　Scheicher 1979, S. 26 を参照。

†6　Minges 1998, S. 17 に拠る。

† 7 Pisan, Christine de: Le Livre des fais et bonnes meurs du sage roy Charles V,〔1405〕, ed. S. Solente, 2 Tome, Paris 1936.
† 8 Minges 1998, S. 19 を参照。
† 9 Liebenwein 1977, S. 42 を参照。
† 10 Schlosserr 1908, S. 26 を参照。
† 11 Schlosser 1908, S. 25.
† 12 Schlosser 1908, S. 25 と Minges 1998, S. 20 を参照。
† 13 Scheicher 1979, S. 62 による。
† 14 Eichberger 2002, S. 179 による。
† 15 もっとも簡単に知ることができるのは、ハインリヒ・ツィマーマンの部分編集版を通じてである。これは一五二四年の完全な目録のウィーン写本に基づくもの。Zimmermann, Heinrich: Inventar des gesamten Besitzes der Erzherzogin Margarethe, Tochter Kaisers Maximilian, an Kunstgegenständen und Büchern, 20. April 1524, in Jahrbuch der kunsthistorischen Sammlungen des allerhöchsten Kaiserhauses, 3. 1885, S. XCIII.-CXXIII.
† 16 Eichberger 2002, S. 10 による。
† 17 Albrecht Dürer, Niederländische Reise, hrsg. von Veth, J./ Müller, S.: 2 Bde., Berlin/ Utrecht, 1918, ここでは Bd. 1, S. 84（7. 6. 1521）に基づく。〔邦訳：デューラー『ネーデルランド旅日記』前川誠朗訳、二〇〇七年、岩波書店〕
† 18 用語使用は統一的ではない。イタリア語の原典では scrittoio, studio, stanzino, camerino などが同義に使用されている（Romelli 2008, S. 7 を参照）
† 19 Wolfgang Liebenwein（1977）は「学者書斎」のこの変遷を歴史的に詳細に個々の事例に則して辿っている。
† 20 ヒエロニムスはしばしばアウグスティヌスに置き代えられる。
† 21 これをよく表しているのが、ロッテルダムのエラスムスによるヒエロニムス書簡の新訳の試みである。
† 22 この「ストゥディオーロ」の象嵌細工全体は今日ニューヨークのメトロポリタン・ミュージアムに移され、驚嘆の的となっている。Raggio, Olga の次の基礎研究を参照。The Gubbio Studiolo and Ist Conservation, Federico da Montefeltro's Palace at Gubbio and Ist

Studiolo, New York 1999. グッビーノのこの「ストゥディオーロ」はフェデリコが数年前すでにウルビーノの居城に設けさせていた「ストゥディオーロ」を模範として建てられた。そこでの幻覚を誘う効果はグッビーノのものほどまだ完璧なものになってはいなかった。これについては、Cheles, Luciano: The Studiolo of Urbino. An Iconographic Investigation, Wiesbaden 1986 を参照。

†23 フェデリコ・モンテフェルトロについては以下を参照。Lauts, Jan/ Herzner, Irmlind Louise: Federico da Montefeltro herzog von Urbino: Krieger, Friedenfürst und Förderer der Künste, München, Berlin 2001; Roeck, bernd/ Tönnesmann, Andreas: Die Nase Italiens. Federico da Montefeltro Herzog von Urbino, Berlin 2005.

†24 これについては Olmi, G.: Science-honour-metaphor. Italian cabinets of the sixteenth and seventeenth centuries. In: Oliver impey, Arthur MacGregor, eds., The Origin of museums. Oxford: 1985: 5-16 を参照。

†25 この点や以下の論述に関しては Liebenwein 1977, S. 108f. を参照

†26 とくに Verheyen, Egon: The paintings in the studiolo of Isabella d'Este at Mantua, New York 1971 や Brown, Clifford, Malcom: Isabella d' Este in the Ducal Palace in Mantua. An Overview of her rooms in the Castello di San Giorgio and the Corte Vecchia, Roma 2005 や Campell, Lorne: The Cabinet of Eros. Renaissance Mythological Painting and the Studiolo of Isabella d'Este, New Haven, London2006 を参照。最後に陶冶論的観点に立つものとして、Romelli, Tiziana 2008; Die Bilder befinden sich heute alle im Louvre を挙げておきたい。

†27 イザベッラ・デステの蒐集目録で最も手に入れやすいものは、ダニエラ・フェラーリがフェルノ・パドゥゲンに関するウィーンの展覧会カタログ（一九九四年）で公開した写しである（その二八二〜二八八頁に掲載されている）。

†28 Liebenwein 1977, S. 112 と Eichberger 2002, S. 412/ 413 を参照。

†29 ローマからの手紙でイザベッラは訪問者があった場合のグロッタの鍵の取り扱いについて指示をしている。「circa la chiave di la Grotta, dicemo che quando ce ne sono qualche gentilhomini che la voliano vedere, debiati pur dare la chiave a Zoan Jacomo castellano, facendovila poi restituire」（Romelli 2008, S. 1 からの引用）。

†30 Liebenwein 1977, S. 127 を参照。

†31 Romelli 2008 を参照。

†32 この書物が近代初期の時点で構想しているのは、すべての面で陶冶されたえず自己完成を目指す「普遍人 uomo universale」で

ある。宮廷という装いをまとっているが、これはすでに、自己規定していく個人という市民的陶冶プログラムを先駆けている。フランスの「教養人 honnete hommo」、イギリスの「紳士 gentlemen」というヴァリエーションを経由しながら、このプログラムは長いあいだその効力を保持し続けた。陶冶を新自由主義的に「就職可能性 Employability」（意訳すれば「搾取可能性」とでもなろうか）へ還元する事態になって（これが現在の教育改革に方向性を与えているのだが）、このプログラムはその効力を失ってしまった。

文献

—Brown, Clifford M.: A Ferrarese Lady and a Mantua Marchesa. The Art and antiquities Collections of Isabella d'Este Gonzaga（1474-1539）, in: Lawrence, Cynthia（ed.）: Women and Art in Early Modern europe. Patrons, Collectors and Connaisseurs, Pennsylvania, 1997, pp. 53-71.

—Brown, Clifford M.: The Grotta of Isabelle d'Este, in: Gazette de Beaux-Arts, 89,6, 1977, S. 155-171; part II, 91, 1978, pp. 72-82.

—De Benedictis, Christiina: Per la storia del collezionismo. Fonti es documenti, Firenze 1991, editione riveduta Milano, 1998.

—Eichberger, Dagmar（ed.）: Women of Distinction. Margarete of York, Margaret of Austria, Leuven, 2005.

—Eichberger, Dagmar: Leben mit Kunst - Wirken durch Kunst. Sammelwesen und Hofkunst unter Margarethe von Österreich, Regentin der Niederlande, Turnout, 2002, S. 413.

—Ferino-Padgen, Sylvia（Hg.）: La prima donna del mondo. Isabella d'Este Fürstin und Mäzenatin der Renaissance, Kat. Wien, 1994.

—Grote, Andreas: Macrocosmos in microcosmo. Die Welt in der Stube. Zur Geschichte des Sammelns 1450 bis 1800, Opladen, 1994.

—Lauts, Jan: Isabella d'Este. Fürstin der Renaissance 1574-11539, Hamburg, 1952.

—Liebenwein, Wolfgang: Studiolo. Die Entstehung eines Raumtyps und seine Entwicklung bis um 1600. Berlin, 1977.

—Minges, Klaus: Das Sammlungswesen der frühen Neuzeit. Kriterien der Ordnung und der Spezialisierung, Münster, 1998.

—Pomian, Krzystof: Der Ursprung des Museums. Vom Sammeln, Berlin, 1998.
—Romelli, Tiziana: Bewegendes Sammeln. Das studiolo von Isabelle d'Este und das petit cabinet von Margarete von Österreich im bildungstheoretischen Vergleich; Diss., Berlin, 2008.
—Schlosser, Julius von: Die Kunst- und Wunderkammern der Spätrenaissance. Ein Beitrag zur Geschichte des Sammelwesens, Leipzig, 1908.
—Scheicher, Elisabeth: Die Kunst- und Wunderkammern der Habsburger. Mit 106 Farb-Abbildungen nach Photographien von Johann Willsberger und 99 Schwarzweiß-Abbildungen, hg. von Christian Brandstätter, Molden Edition, Wien, München, Zürich, 1979.

第3章　芸術とミュージアム*

——展示演出のジレンマ

革命の諸局面、歴史的転換点といった歴史の明確な変わり目において、支配体制は多かれ少なかれ暴力によって崩壊にいたりますが、それは人の交代だけでなく、たいてい深い文化的亀裂を伴って終焉を迎えます。同時代の人びとには、長期にわたる比較資料を欠いているせいでこの亀裂の規模は見通しにくいままですが、歴史的瞬間の意義を予感することはできます。吹き寄せる歴史の息吹を感じるからです。旧時代の終わりと新時代の始まりを示す指標は、転換期の短い期間であってもつねに存在します。それまでエリートだった者たちの象徴的自己表現や正統性の証明、忠誠心を確固たるものにしていた権力と伝統の演出、公共の場に立てられた像、通りの名前、プロパガンダ絵画などが、片づけられ破壊されてしまう際の徹底ぶりと後戻りの不可能性がそうした指標に数えられます。滅び敗れ去った秩序は、

---

*初出：Zeitschrift für Pädagogik, 51.Jahrgang 2005,Heft 6, S.756-773.

勝者の意志によって、同時代人やその後の人びとの集団的記憶から消え去る運命にあります。こうした事態はいつも同じです。古代エジプトで太陽神の信者であったアクナートン王の教えを碑文からふたたび削り取り、この異端の王の肖像をすべて粉々に打ち砕いたアームンの信奉者たちから、今日のタリバンによるバーミヤンの世界的に有名な仏陀立像に対する野蛮な扱いに至るまで、歴史の時代の趨勢の中で、イデオロギーによって正当化された伝統の抹殺はまったく収束することなく続いています。

市民革命もまたこの「記憶の支配」に貢献しました。一七八九年の後の革命の混乱のさなか、フランスの地に転がったのは首だけではありませんでした。多くの価値ある文化遺産も永久に失われてしまったのです。その中には、教会の書物、聖遺物、価値ある家財道具などがありました。ですが、当時、驚くべきことに、そうした行為におよんだ者たちでさえ慎重に向きあったものがあります。それは封建時代の美術コレクションです。この、アンシャン・レジームを表現し正当化する道具であるコレクションは、ほぼ完全に無傷なまま残されたのです。

革命という大変革期に、王侯のコレクションが救われたのは、情け深く配慮の行き届いた態度のおかげですが、これが可能になったのも、市民の冷静な頭脳ととりわけ質に対する意識の向上があったからでした。暴力に深く巻き込まれてもいた市民の代表者たちは、テロが最高潮に達した時点でも、作品の価値を正しく評価し、作品を野蛮な破壊行為から守ったのです。とくに、ロベスピエールの失脚までの一〇ヶ月間悪名高かった安全保障委員会に属し、多くの死刑判決に署名した画家ジャック゠ルイ・ダヴィドのおかげで（Roberts 1989）、貴族や教会から徴収された美術品がまず確保され、さらに新しいいくつかの革命ミュージアムで（たとえば一七九三年からはルーブル美術館で、一七九五年からはフランス・モニュメント・ミュージアム Musee des monuments でも)、当時一〇日だった一週のうち八日間は無料公開されたのでした。

しかし、近代以前の美術コレクションの徴収と、公共的な革命ミュージアムでの展示で十分だったわけではありませんでした。贅沢と封建的支配の表徴を意識的に自分たちの市民的伝統世界に統合するためには、そのコレクションが持つ社会的機能を新しく定義し直さねばならなかったのです。ステレオタイプな言い方ですが、フランス人が実践的な部分をなし終えたあと、この課題を引き受けたのが二人のドイツの精神的英雄でした。カントとヘーゲルです。彼らは、存在する作品をいわば思想洗濯にかけ、そうすることによって、封建時代の遺物を新しく成立しつつあった市民のミュージアムへ最終的に移送するための画期的な正当化を行ったのです。

カントはまず、芸術の純粋性を損ねる汚れをきれいに拭き取り、それまでの慣例的で表徴的な機能や装飾的機能、宗教上の正統性付与機能から解放しました。これは作用美学と呼ばれますが、その議論においては、どんな芸術作品も「目的のない合目的性」(Kant 1790/ 1974, Kap. 10, S. 135) として、独特な快適さの出発点となります。それは欲求に関係しないし、理論的・実践的関心からも完全に解放されています。換言すれば、芸術はカントにとってそれ自身で充足しています。カントは芸術を、そこから発する作用すべてを含め、自律的と宣言したことになります。言ってみれば、これが第一の洗濯でした。

二番目の洗濯スイッチを入れたのはヘーゲルです。ヘーゲルは、芸術作品をもっと乾燥させて歴史的ドキュメントとし、市民が自己認識へ至るたんなる前段階としてしまいました。芸術は「その最高の規定から言っても、われわれにとっては、過去のもの」(Hegel 1832-45/ 1970, S. 25) です。それは、「その純粋な真理性と生命性を失ってしまっている」（同上）とされます。ヘーゲルの立場は内容美学と呼ばれますが、その議論においては、芸術は、たんに民族の「内的直観と表象」（同、S. 21）の感覚的シンボル――ということは不完全なということなのです――として現れます。この表現を理解し同時代の意識の高みへ至らせるには、ヘーゲルが好んで定式化したように、まずもって概念に基づく思考の努力が必要となります。芸術は学問を求めます。これはヘーゲルにとって拒みがたい時代の要請でした。振り返ってみれば、ヘーゲルが当然の権利として要求した芸術の学問、つまり当時新しい学問分野としてようやく確立し始めていた芸術学とは、封建時代の十分疑わしい遺産にはっきり距離を取り、その遺産を市民社会へ進展していく過程における一段階とみなしうるように、歴史的に中立化することを運命づけられた完璧な安全対策だったように思われます。

芸術を自律的な美的作用の出発点とする規定と、集合的表象の感覚的表現とする規定の二重性は、今日でもなお妥当します。アドルノにとっても芸術はこの両者です。すなわち「自律的かつ社会的な事実」（**Adorno 1973, S. 16**）、世界から距離をとりつつ世界の影響を受ける「窓のないモナド」（同 S. 15）であり、「意識されない歴史記述」（同 S. 272）とも言われます。それどころか、誇張なしに次のように言ってよいでしょう。時代や理論家によってそのつど強調される側面が前者であったり後者であったりするとしても、芸術のもつ二重構造というテーゼは、近代のすべての芸術哲学が持っている一貫した特徴なのだと。

芸術とミュージアムの関係にとってこの二重構造は諸刃の価値をもちます。この二つの操作、すなわち、すべての外在的価値からの浄化と、自己の歴史に関する概念を欠く感覚的表現への格下げという二つの操作は、たしかに市民に最終的には封建時代のコレクションを自分にとってふさわしい陶冶手段と認めさせることになりましたし、自己の啓蒙と修養のためにコレクションを新しいミュージアムに受け継がせることにもなりました。ですが、同時に、展示上のジレンマに導くことにもなったのです。自分自身が芸術のコレクターや愛好者であり、激しい人生の浮沈を経験したミュージアム設立の第一世代、たとえばルーブル美術館の初代総裁であったドミニク・ヴィヴァン・デノンに見られるように、この世代が没収や略奪された作品を整理し公開展示の準備に取りかからんとしていた時、このジレンマは明確となりました（Chatelain 1973; MaClellan 1994; Sollers 2000）。作品の二つの次元、すなわち形式－美学的な次元と内容－歴史学的次元を同時に同じ重みづけで作用させるための、信頼できる基準や処理規則が何もないということが明らかになったのです。技術的なノウハウや学問的能力だけでは不十分なことは明白でした。さらに適切な趣味と、美的感知力も必要でした。美術館で美術を展示演出することは、それ自体で芸術活動のなにがしかを必要としているように思われたのです。しかし、展示演出の成功はたんに強いられてできるものではありません。個々の作品の美的な自律性要求と歴史的ドキュメントとしての内容は、注意深く、手探りで、実験的に、いわば視界ゼロの中を飛行するようにして、ようやく調和へと導かれることができました。芸術作品の創作の場合のように、最終的には不安定な場所で幸運を待たねばなりませんでした。最終的な成功はつねに不安定な均衡の中に置かれ、この均衡は引き離された両極のいずれか、すなわち芸術の神聖化か芸術の歴史化に傾きかねない可能性をいつも孕んでいました。前者の場合、歴史的コンテクストは拒否され、その時々の作品はその自律的な美的作用を呼び起こすように、それがあたかも天から降りてきたかのように展示演出されました。これに対して後者の場合、逆に形式的な質はなおざりにされます。作品は、多かれ少なかれ、それがミュージアムに入る前どのように成立したか、どのように使われたか、こうしたことに関わる文脈が詳細に考慮され、たんにドキュメントとして把握され、多かれ少なかれ、年代順に陳列されることになりました。

選択肢ははっきりしています。ミュージアムの展示演出は、王侯の貴重品陳列室の解消直後から一つの選択の前に立たされていることを知っていたのであり、そこから逃れられないように思われました。一方で、神聖化というスキィラ〔ギリシア神話でイタリアのメッシーナ海峡の渦を象徴する巨大な女性〕が、他方では歴史化というカリュブディス〔ギリシア神話の女怪〕が、脅かしていました。こちらに神殿、あちらにアーカイヴといってもよいでしょう。状況がどれだけ相克を孕んだものだったかを示している事態があります。それは、両者それぞれに関し、それぞれが単独化した形で、相手を排除し特化した芸術展示形式が、当初から、すでに建築に表れていた事態です。神聖化に対してはトリビューン〔祭壇形式〕やロトンド〔パンテオンのドーム形式〕が、歴史化に対してはギャラリーが対応します。二つの建築形式は、一六、一七世紀のフランスやイタリアの城郭、宮殿建築に由来し、革命後生じた新しいミュージアムの空間問題を快適に解決するものとして現れました。トリビューンは上からの光がそそぐ円形で等辺構造を持つ集中式建造物です。これはローマのパンテオンのように理想的な寺院、神々の館のためのものであり、それゆえ、とりわけ芸術を世俗の塵から解放し純粋に美的出来事として祝うための展示演出にはうってつけとみなされたのです。これに対してギャラリーは、もともと、屋根つきの、野外アーケードをもつ回廊です（Prinz 1970）。改造によって、そこから、細長く続く空間が生まれました。それは、一方に閉じた壁面、その反対側には窓の列を持ち、場所という点でも、採光という点でも、絵を掛けるには

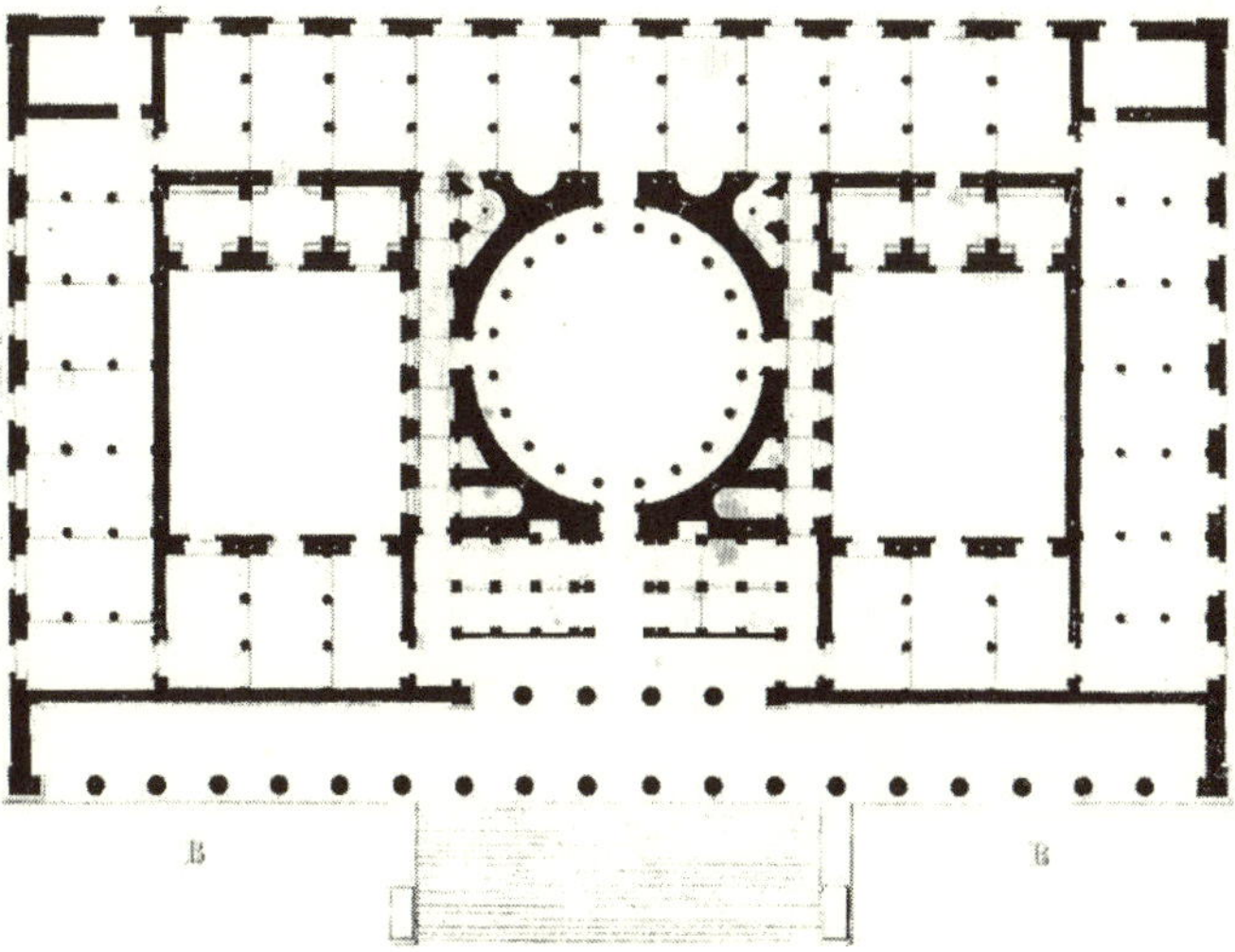

図3－1　シンケル設計のベルリンのアルテス・ムゼウム（1830年）

よいのです。このように絵を掛けるということは、修養に役立つのではなく、鑑賞者を歴史的探求と比較探求へ留めおくことになります。

　この対立的な空間類型において明白になった展示演出の構造上の分裂は、一九世紀に一度だけ実際に克服されたことがあります。それはベルリンのアルテス・ムゼウムでのことでした（図3－1）。ですが、シンケルがその後一世紀以上にもわたって建築の模範を与えることになったこの市民ミュージアムの古典主義的典型においてさえも、ギャラリーとロトンドという空間上の特徴が区別なく見事に融合しているわけではなく、むしろ平和共存という意味で同じ価値を与えられ併置されたのでした。

　建物の中心にあるロトンドと、その廻りを一階、二階にわたり囲むように並んでいる長方形のギャラリーとの間には一階に北側の側廊へ向から通路があるだけです。この仕掛けによってこの美術館の心臓部が持つ神聖さが他の空間から切り離され、かなり独立的に存在することが可能になります。それはまるでロトンドに立っている古代のオリジナルの立像を享受する経験が、この建物の他の部分で流派や時代に沿って展示される絵画を比較したり歴史的順序を追ったりする者に必ず課される鑑賞という努力によって、色あせたものにならないようにするかのごとくです。

事例に則した、そして芸術という媒体による歴史研究と、古代の傑作への無関心的快〔カントの美的快の定義。interesselos、すなわち利害・関心から離れ対象それ自体を楽しむ快のこと〕、この二つははっきり制度的に区別されていたと言えます。

このアルテス・ムゼウム設立に先立ち、コンセプトを巡ってアロイス・ヒルトとフリードリヒ・シンケルやヴィルヘルム・フォン・フンボルトのあいだで論争が展開されていました。ヒルトは建築と古代芸術が専門のベルリン大学教授でしたが、国家主義的理由からはっきりと芸術史研究の場とする構想を擁護したのに対し、シンケルとフンボルトははっきりと普遍的な人間形成の関心に立った、自由で自律的な美的遊戯が優位する場にすることを主張していました。この論争はいつも言われるほど後者に有利に展開したわけではありませんでしたが、まさにこの美術館の構造がこの事態を証明しているように思えます。最終的には王の政治的決断によったのですが、シンケルとフンボルトはたしかに、ロトンドと屋外階段、イオニア様式の柱廊、すべての模造品の撤去からなる壮大な神殿構想をもって、もっと簡素で目的のはっきりした建物と埋め草としての石膏像でおそらく満足しただろうヒルトに対し、受注を勝ち取ったのではありませんでした。しかし、展示演出の問題において、このアルテス・ムゼウムの二人の設立者は、ある妥協を余儀なくされましたし、それを欲してさえいたのです。彼らは、構想のなかで選択肢として現れた最終的にして完全なる芸術の神聖化に、最後まで関心を持ち続けることはできなかったのであり、ロトンドの外側に歴史的展示の場所をつくることを決定したのでした。それはヒルトがはじめから要求していたものでした。こうして、アルテス・ムゼウムには、美術史的な関心と作用美学的な関心、学びと喜び、研究と享受の間に、たぐいまれな均衡がもたらされることになったのです。

アルテス・ムゼウムでなされた相争う二つの展示演出法の高度なレベルにおける均衡化の試みは、例外に留まりました。私の知る限り、この事例の前にも後にも、どこにおいても、この均衡化は達せられませんでした。その反対だったのです。新しい芸術概念とともに必要となってきた、芸術の形式的－美的展示と内容的－歴史的展示の間の均衡化は、一九世紀のミュージアムでは後者に有利なように展開することで放棄されました。換言すれば、一九世紀のミュージアムは、芸術の歴史化を選択したといってよいのです。どの作品も歴史のドキュメントとして受け入れられ、様式やジャンルの基準に従い歴史的に分類されました。その際、歴史的ドキュメントへの関心が優勢を占めていたので、展示品の特別な美的作用はまったく問題にされませんでした。展示演出は無関心的な喜びにではなく、学問的研究に奉仕するものとされました。したがって、美術館の責任者たちは、展示室の壁を天井のすぐ下まで絵でびっしり埋めつくすことになんら疑念を持ちませんでした。所有していたものを示したかったということもあります。すでに革命期のミュージアムがこうしたたぐいの展示を好んでいましたが、その仕方は、展示室の壁一ミリたりとも作品の自律性に捧げるつもりなどないことを示していました。この展示法は、一八世紀パリの「絵画・彫刻アカデミー Academie de Peinture et de Sculpture」で毎年行われた展覧会に遡り、革命後、封建時代のコレクションに若干の修正を加え常設施設に作り変えられた際に公に認めら

図3－2 ジュゼッペ・カスティリオーネ「方形のサロン」(1861年)

れたものです。このミュージアムは一九世紀を通じて存続し、全ヨーロッパのミュージアムの模範にまでなりました。最終的にすべての展示室は、ルーブルの一番大きな広間の一つであり、一八六一年ジュゼッペ・カスティリオーネの絵に描かれたことで有名となった「方形のサロン」に似たものになっていたのです(図3－2)。

「方形のサロン」の絵画は、同時代の証言によると、装飾文様がある赤っぽい布ばりの壁一面に、上方には大きな絵が掛けられ、下は木製の化粧ばりのすぐ上まで小さい絵が掛けられていました。題名のプレートがたくさん並ぶほど寸部の隙なく絵を掛けるそのやり方は、一八三〇年ベルリンに開館した絵画ギャラリーや一八三六年ミュンヘンで開館したアルテ・ピナコテーク以来ドイツにおいても実施され、一九世紀終わりまで使用された方法でした(Joachimides 2001, S. 32-34 参照)。これは、所蔵品の封建主義時代に遡るコンテクストを時代と地域の流派に分類することで歴史的に中和し、市民が展示された芸術作品を貴族や教会への闘いに勝った戦利品としてだけでなく、みずからの前史の正当な源泉を読み取ることを可能にしました。たいてい、この絵画の百科事典は広間の天井の部分や入口の部分でまだ大規模な装飾が施されていますが、これは描かれているにせよ彫刻されているにせよ、コレクションと建築の統一を確保し、ミュージアムが持つ歴史哲学的使命の理解を容易にしてくれるはずのものでした。

およそ一九世紀終わりころには、しかしながら、この歴史的ならびに美術史的な展示演出法のパラダイムは、内部要因、外部要因によって徐々に後退していきます。もはや変化した時代の期待に応えられなかったようです。ミュージアムは内部的にはドキュメントへの過剰な強迫観念のため窒息寸前でしたし、外部からは一面的な芸術の歴史化と芸術の持つ美的作用の無視に対し激しい批判がなされていました。とくに、若く向上心のある芸術家は、ミュージアムが示す歴史への偏愛にかなり不満でした。彼らはミュージアムを過去の作品の墓場ないしは霊廟だと批判しましたが、その議論の仕方は、ヴァレリー（一九六〇年）やアドルノ（一九六三年）に至っても、その余韻が感じられます。とりわけ批判はルーブル美術館に向けられました。ルーブルは伝来の所蔵品の他に、毎年開催される展覧会に場所を提供し、伝統の牙城と見られていました。しかし、いずれにせよ、モデルネの画家たちにとってこのミュージアムでの展覧会は時代遅れの典型でした。彼らから見れば、ルーブルでは芸術作品は歴史的証拠としてしか機能しておらず、たんなる時代の特性を示すものに格下げされてしまっていました。これは彼らの芸術家的な勘や美的要求に反するものでした。モデルネの画家たちは、いたずらに自分たちの作品を美術史上の分類のための一事例とされることをもはや欲しなかったので、自分たちの作品の自律性を尊重し、その美的作用を妨げられることなく主張できる展示演出空間を探すことになりました。すでに確立した機関はこうした要求に必要な実験をすでに閉め出していたため、クールベから印象派と後期印象派を経て「ブリュッケ」の面々や「青騎士派」に至るまで、芸術家に残された可能性は自分たちで展覧会を開催することだけでした。これが、パリ、ベルリン、ウイーンやその他のところで展開された分離派運動が起こった原因です。

分離派の徹底した批判はミュージアムに影響をおよぼしました。古いミュージアムという制度は揺らぎました。硬直化からみずからを解き放ち、最終的には芸術の新しい展示方法を試し始めたのです。この探求と実験のプロセスは何十年も続き、最後は新しいミュージアムのタイプ、すなわち「現代芸術のためのミュージアム Museum für zeitgenössische Kunst」もしくは「モダン・アートのミュージアム Museum of Modern Art」というタイプを差別化し、ミュージアムにおける新しいかたちの展示演出法を確立することになりました。この変化を決定づける年は一八八〇年と一九三〇年の間にあります。この期間にほぼ、数年前に刊行されたアレクシス・ヨアヒミデスの教えられるところの多い『ドイツにおけるミュージアム改革運動』(Joachimides 2001) で挙げられている事柄が実行されたのです。すなわち、改革運動の主題は、美術史的なミュージアムというパラダイムからの脱却であり、このパラダイムが持っていた壁全面を埋め尽くす掛け方がミュージアムを一般の者が入れる保管庫以外のなにものでもなくしてしまったことからの脱却であり、芸術作品それ自体の美的価値を認め、その作用を十分発揮させるような展示へ向かうことでした。換言すれば、この改革運動の目標はもはや歴史的な陶冶ではなく、美的な陶冶なのです。一九世紀には芸術の持つドキュメント的-歴史的次元を強調していましたが、その強調点を別な側面へとずらし、特殊美的なものやその自律的特徴、そしてそうしたものが解き放つ「自由な気分」(Schiller 1795/1965, S. 83) を強調することになりました。この強調点の転換は二〇世紀では特徴的であり続けました。こう言えるかもしれません、二〇世紀への世紀転換期におけるミュージアム改革運動は、ミュージアム関係者の関心がヘーゲルに準拠した内容美学的な展示演出プログラムからカントに準拠する作用美学的なそれへと移行する頂点を成していたと。

しかし、この転換は突如として成就したわけではありません。その具体的な現れは、何度も試行原則が変化し、他の原則へ方向転換してもいて、むしろ長期にわたる実験の様相を呈しています。ミュージアム改革運動には、新しい作用美学に基づく展示演出パラダイムの探求を決定した、とりわけ重要な二原則がありました。すなわち、ミュージアムの外で芸術が使用されていた時の文脈へ方向づけるやり方と、ミュージアムの外で芸術が発生してくる文脈へ方向づけるやり方の二つです。換言すれば、いずれの場合も、芸術の受容と制作の日常的文脈が、ミュージアムにおける展示演出の模範としてはっきり選択されたのです。

一連の試みのはじめとなったのがヴィルヘルム・フォン・ボーデの「様式の間 Stilräume」と「時代の間 Epochenräume」です。これらは、応用芸術も含めさまざまな芸術ジャンルの作品を一つの空間的調和へ統合するものでした。これは、様式的に建築の細部に至るまで歴史的な受容条件を追体験させるものでした。この「様式の間」の最高の例が、カイザー・フリードリヒ・ムゼウム〔ボーデ・ムゼウムの前身〕のいわゆる「バシリカの間」です(図3-3)。

この部屋はその建築形態において初期ルネサンスのイタリアの教会空間を思い起こさせます。そこで

図3－3　カイザー・フリードリヒ・ムゼウムの一階にある通称「バシリカの間」（1904年の状態）

は、サン・サルヴァトーレ・アル・モンテ San Salvatore al Monte に由来するいくつかのモチーフが他の模範とともにフィクショナルに統一融合されています。この種の空間を考案することでボーデは、自分の展示品の美しさをよりいっそう発揮させようとし、その美の作用を鑑賞者において高めようとしました。ボーデの「様式の間」は、美的観点から見ると鈍感な一九世紀の歴史的展示演出に対する批判に応える試みの一つだったはずです。しかし、ボーデは展示品を（いつも本格的に復元された）その当時の利用と受容の文脈へ還元することで、歴史的展示演出を克服するのではなく、逆に歴史的展示演出をその頂点へ導いたのです。「様式の間」というコンセプト、これは改革の提案として考えられたものでしたが、現実には明らかに過去の時代を締めくくるものであり、歴史主義の最後の成果でした。ボーデ自身もこのことは感じており、それゆえこのコンセプトに早々と別れを告げることになりました。「バシリカの間」は実現した唯一の「様式の間」となりました。

この失敗した試みのあと、ボーデや多くのミュージアム改革者たちは、次の段階として、もはや歴史的方向ではなく、芸術を同時代の文脈で利用したり受容したりする方向へと向かうことになります。彼らはこの方向性をパリ、ウィーン、ベルリンの大ブルジョワのコレクターの別荘の居室や、分離派が自分たちの作品を提供しフィクショナルに整えられた住空間に見いだすことになります。当然ながら当時さまざまなものがありました。大ブルジョワの個人コレクターの保守的な住文化は、商業的理由から近代の鑑賞者の趣味に合わせ展示演出された分離派展覧会の室内空間のシミュレーションとは異なる知覚の枠組みを絵画に与えました。とはいえ、改革の手本、少なくとも刺激としては、この二つがふさわしいものとみなされたのです。ほぼ第一次世界大戦の終わりまで続く改革のこの局面において、実に多様な組み合わせでミュージアムに受け継がれ、独自な展示演出のレパートリーとして導入されたのは、とりわけ以下のような同時代的室内演出上の諸特徴でした。

1. 絵画と彫刻と工芸品の、空間内でのほどよい統合
2. 対称もしくは非対称的構成を持つ絵画的壁面
3. バランスと適切な間隔を保持した余裕ある絵画展示
4. たとえば明るい灰色から暗い赤までといったようにさまざまなバリエーションを持ちながら調和

的に部屋ごとに変化していく壁面の色彩、印刷された壁紙、モノトーンもしくは模様つきの布張り壁の使用

5. さまざまな装飾。たとえば、絵画を掛ける壁面を区切ったり枠取ったりする枠縁、装飾を施した扉の把手、程度の差はあれ装飾された天井と壁台座

たとえば、大ブルジョワの個人コレクションというミュージアム外部の手本が、ミュージアムのコンテクストをつくる時に蒙る変化のよい例が、ベルリンのカイザー・フリードリヒ・ムゼウムのいわゆる「一六世紀の間」である（図3－4）。

この一九〇四年の写真からは、この空間が上からの採光、寄せ木張りの床、赤茶色の壁面、漆喰からできている無彩色の扉の枠を持った空間だったことがわかります。ここでは、さまざまな種類のもの――彫刻、絵画、家具――が近接して並び、一つの統一的で繊細な均衡を伴って現われるよう調整されています。ボーデは一つ一つの壁に絵を掛けることを自律的な絵画構成として理解してもらおうとしたのです（Joachimides 2001, S. 81）。その際、ボーデがどれだけ断固たる姿勢で事を進めたかは、一九〇四年のカイザー・フリードリヒ・ムゼウムの側面採光の小展示室の壁面アレンジメントに現れています（図3－5）。

しかしまた、この壁面および空間のアレンジメントは、同時代の大ブルジョワの居住空間の影響が見えにくくなってはいるものの、作品の美的次元を十分に発揮させるには不向きなものでした。このように繊細でバランスのよい配置は、そのシンメトリーがもつ閉鎖性で、結局はあまりに強圧的作用をおよ

図3−4　カイザー・フリードリヒ・ムゼウム「一六世紀の間」（1904年の状態）

ぼします。この配置では作品に息をつかせないし、その美的作用を自由かつ自律的にそれ自身がもつリズムに従って展開させるチャンスも与えません。他の実験的配置の事例では、純粋芸術と応用芸術の混在を放棄して並列展示が試されましたが、その場合でさえ彩色壁面模様と装飾品が保持されたことで、個々の作品は全体的現象の装飾的調和のもとに依然おかれたままでした。こうも言えるかもしれません。美術館の展示演出が当時の住居形式の装飾的統一に方向づけられる度合いが、強ければ強いほどそれだけいっそう芸術の自律性要求と葛藤する状況へ落ち込んでいったのだと。

したがって、事の論理からいえば、ブルジョワ居住空間的な受容空間へ方

図3-5 カイザー・フリードリヒ・ムゼウムの側面採光の小展示室（1904年の状態）

向づける試みがまちがいだったと認識され、放棄されるまでの、実は、時間の問題でしかなかったことをこのことは示しています。次の、第三段階にあたる改革のためには、新しくラディカルな解決法が見いだされねばなりませんでした。それは、今までの見方を変え、直接に芸術を受容する文脈から制作する文脈へと方向転換することでした。ブルジョワ的な住空間に代わって、いまや美術館の展示演出の模範ないしは準拠点として、芸術家の工房が登場します。この、近代画家の、飾り気なく自由に目を遊ばせることができるような雰囲気の中でこそ、どんなたぐいの装飾演出も放棄し、ただ芸術そのものに語らせるミュージアム展示が正当化できると信じられたのです。

美的作用に属さないどんなものからも守られた中立的な展示空間を弁護する最も重要な主導者は、芸術に関する著述家であり批評家でもあったカール・シェフラーです。彼は、第一次世界大戦後の一九二一年という開始状況を利用し、今までのミュージアム改革の諸段階すべてに対して異例の攻撃を行い、芸術の自律性の名のもとに、すっきりしたとりわけ装飾のない空間で、選りすぐりの傑作を、簡素に漆喰が塗られただけの白い壁に展示するやり方を擁護したのです。シェフラーはその徹底的で攻撃的で先鋭的な発言によって、それまでアトリエを模した展示空間を理想と発言していたどんな立場も凌駕することになりました。だが、大戦前に確立した実践に対抗しこの新しい展示演出モデルを実現することはすぐには可能となりませんでした。

二〇世紀の二〇年代の終わりから三〇年代のはじめにかけて、いくつかの小さなミュージアムが実現へと踏み出し、新しい展示演出戦略を実践上でも試み始めました。ドレスデン国立近代絵画館 **Staatliche Gemäldegalerie Neue Mesister** は、ポッセの指導のもと当時徹底してニュートラルなアトリエ空間をモデルに展示を行ったドイツで、最も早く現れた重要なミュージアムでした。結果はどう見られたか。それは、三〇年代のはじめ、その地の批評家が書いた次の文章に現われています。「絵と空間の巧みな配置が、途方もないほど絵画の効果を高めている。訪問者の注意力は、全力でその絵の鑑賞に向かい、そこから引き離してしまうものはこの空間に存在しない。絵画への集中という考えにすべてが込められている。それゆえ、空間もなんの装飾もなくなめらかな白に保たれているのだ。天井もまったく装飾されていない。見通しのよさも高められてるが、それはどの空間でも一列にしか絵を掛けていないためで、その結果として、ぐるっと歩き回る際十分落ち着いてゆっくりと一つ一つ傑作を鑑賞できる」(引用は Joachimides 2001, S. 223 による)。

ここではまだ驚きと感嘆の調子を伴い新奇なものとして記述されたものは、ドイツにおいてすみやかにスタンダード化していきます。ニュートラルな展示空間、それを特徴づける要素は白い壁と列展示ですが、これは近代芸術のための支配的な展示モデルに上りつめます。権力掌握のあと、国家社会主義者たちはこのプロセスをその「意義のなさ」ゆえにはっきりとは阻止しませんでした（Joahimides 2001, S. 238）。このアトリエ原理と白い壁の大勝利は、この政府によってなされたベルリンのいくつかある国立ミュージアムの組織替えの中で最もよく観察されたものでした。一九三三年から戦争が始まるまでの短い期間、ベルリンのすべての大きなミュージアムはこの新しい展示演出モデルに従って演じさせられました。歴史的なコレクションを持つミュージアムとならんで、このことはとりわけナツィオナル・ギャラリーにあてはまります。エーバーハルト・ハンフシュテンゲルは、このナツィオナル・ギャラリーを一九三六年のオリンピックに先んじてミューズ実践の最新の場所に仕立てあげました。どんな装飾からも解放され優に六メートルの高さを持つ空間へと純化された「コルネリウスの間」で、ハンフシュテンゲルはこのかなりモダンな演出空間で、国家の文化政策による制限の後でもまだ示すことを許されうるものすべてを展示しました。その中には、目立たない場所にリーバーマン〔ユダヤ系でベルリン印象派の代表的画家〕の作品もいくつかありました（図3－6）。

白い壁と広い空間での列展示がベルリンのミュージアムに導入されるとともに、いわゆるミュージアム改革運動の展示演出実験はその頂点と終局を迎えます。

戦後、こうした結末に至ったのはなにもドイツだけでないことが確認されました。ニュートラルなアトリエ空間への方向性は三〇年代に国際的に実施され、ミュージアムの展示演出様式の転換を世界中で引き起こしたのでした。そしてこの転換は、ナチス・ドイツという文化的狭隘さのなかで徐々に脇に押

図3－6　ナツィオナル・ギャラリー「コルネリウスの間」

しのけられていったミュージアム改革者たちが予想できたものよりずっと深いものでした。というのは、新しい展示形式の導入と並行して、国際的にまったく新しいタイプのミュージアムが分化してきたからです。すなわち、現代アートのためのミュージアムです。そのプロトタイプになったのが、一九二九年に設立されたニューヨーク現代美術館 Museum of Modern Art〔通称「MoMA」〕ですが、これは一九四五年以降ドイツにおいても新しいパラダイムのさらなる展開のための指導的役割を担いました。こうも言えるかもしれません。すなわち、戦後、アメリカ人がミュージアム改革のバトンを引き継いだのだと。ミュージアムに関わる議論や展示演出実践におけるアメリカ人の優位はとりわけ戦間期の中断のない展開があったからであり、それは今日も依然として揺らいでいません。現代ミュージアムが建てられる時はいつでも、それがボンであろうとロンドンであろうと、アメリカのお手本の影響が認められるのです

（図3－7～3－9）。

しかし、新しいタイプの現代ミュージアムができ、それとともにニュートラルな展示空間が確立されればされるほど、ますますミュージアム改革のはじめから潜在していた本来的問題が露わになってきました。この運動の関係者は、作品の美的次元にふさわしい展示形式の、長かった模索の途上でこの問題を軽視してきたのです。いまや、この素っ気なく装飾のない、現代アートのためのミュージアムの新しい空間は、この問題を直接示すことになりました。すなわち、作品同士が調和しないのです。自律性を求めるなかで作品は装飾的な額にもはや縛られず飼い慣らされていないので、直接お互いに抗争し合うことになったのです。この抗争の対象は作品が掛けられるフラットな壁でした。絵は近代の展開のなかで、遠近法と幻影構築の放棄によってこの壁により接近し、結局、この壁を作品自身の統合のための構成要素に、すなわち、作品自身の作用が直接作用する場にしてしまったのです。エルズワース・ケリーの「シェイプト・キャンヴァス shaped canvases」（図3－10）はこのことを示す例として説得的なものです。

枠外に出てしまうこうした拡張の場合、絵は互いに互いを檻に追い込んでいかざるをえなくなり、和解し難い抗争へと至るに違いありません。子どもたちの遊びのように、どの作品も自分だけの陽の当たる場所というか壁の良い位置を欲しました。それは本当に、幼稚園のようであり、よく見かける境界争いです。展覧会の企画者は、根本的には幼稚園の先生と同じ課題の前に立たされます。この争いを調停しなければならない、という課題の前に。そのためには、よく知られているように、そして過去でもそうだったように、主観に中立な次の二つの方法しかありません。作品をお互い引き離しそれぞれ

図3-7　ニューヨーク現代美術館（1939年の状態）

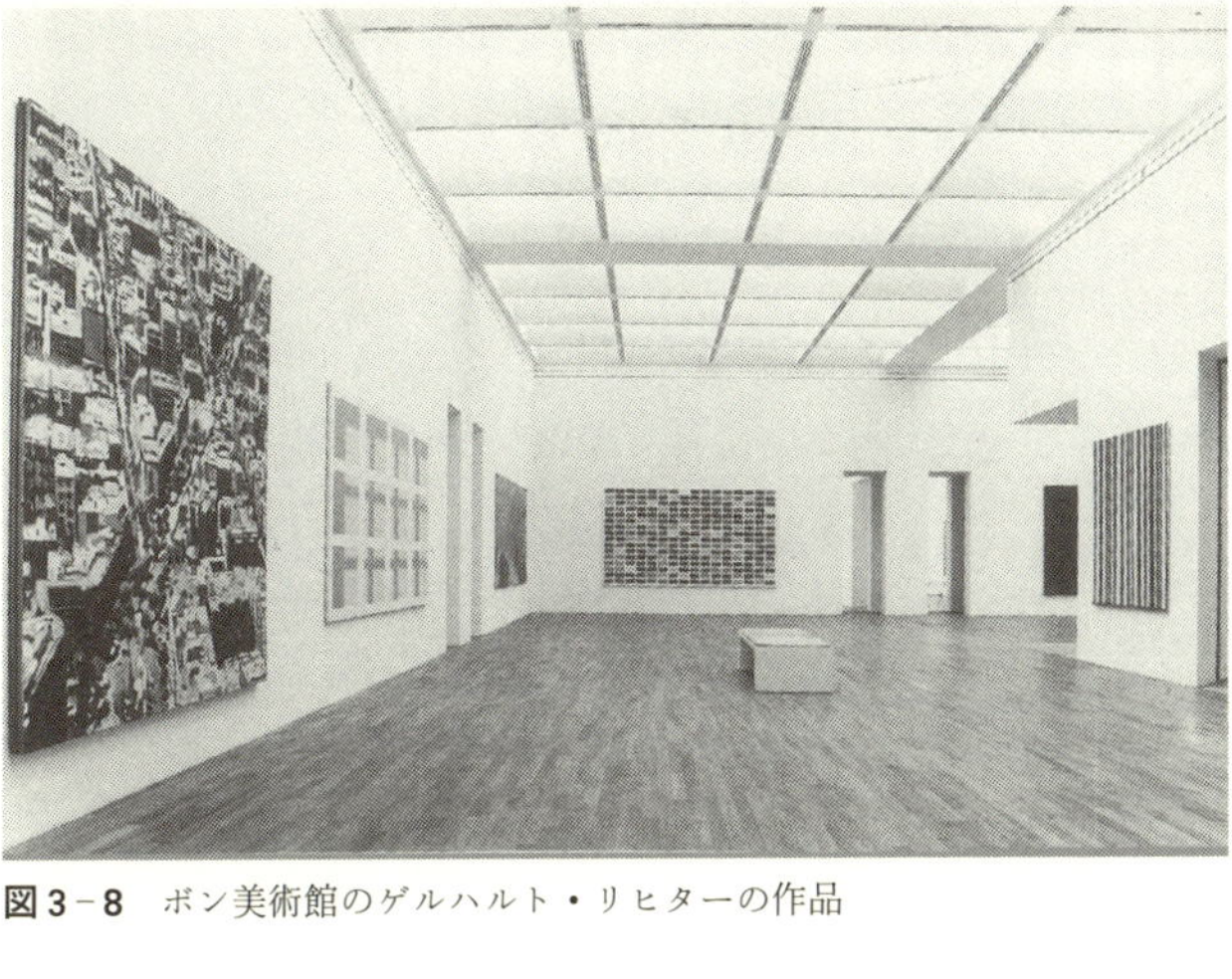

図3-8　ボン美術館のゲルハルト・リヒターの作品

図3－9　ロンドンのテート・ギャラリーにあるマーク・ロスコ「シーグラム壁画」（1992年）

図3－10　エルズワース・ケリー「三枚のパネル：オレンジ、ダーク、グリーン」（1986年）キャンヴァス油絵

に作用領域を割り当てるか、それとも展示される順に従って作品の占有欲求をかなえさせる規則の下に置くかです。どちらのやり方も現代アートの展示の最近の歴史の中で用いられています。しかし、どちらも危険がないわけではありません。孤立化の方法も、新しい条件のもとで並列展示するやり方も成立はしたものの、どちらもまたあの同じジレンマにいつのまにか巻き込まれそうになるのです。すなわち、一九世紀へ入る世紀転換期にミュージアムの設立に際してすでに避け難いものと思われていたあのジレンマ、すなわち、芸術の神聖化と歴史化の間に生じるジレンマに。

神聖化のプロセスは、オドハティの研究以来「ホワイト・キューブ」としてディスクールの中を漂流している（O'Doherty 1996）展示空間に最もよく観察できます。よりによってこのニュートラルな展示空間が、すなわち控えめにしつらえられ、芸術にだけ仕えるべく造られたこの展示空間が、それ自身、いまやその純粋主義的な極端な形、すなわち外に対しては完全に密閉され、人工的に照明されているこの白い部屋のために、支配的地位に就くことになります。空間が芸術に仕えるのではなく、空間が芸術をはじめて作り出す。空虚さへの挑発的なパトスが、白い部屋を、かつての芸術家の工房を、近代の神聖な儀式空間に変え、その魔術の圏域に入ってくるものはなんでも神秘的な仕方で脱時間化し、崇められることになります。そして最後に、怖じけづいた鑑賞者は灰皿や消火器を神聖な対象と見ることができるかどうか試されるのです。

このように「ホワイト・キューブ」での孤立化もしくは個別化の演出手法は直接神聖化という袋小路に入ってしまいますが、並列展示の方法も二〇世紀において作品の歴史化とほぼ同じ意味を持ちます。現代アートのミュージアムでも発言権を持っている美術史家の権力が、このことを行っています。現代アートのミュージアムの起源で全美術愛好者の巡礼地ニューヨークのMoMAでさえ、はじめから展示演出は歴史的パラダイムに従っていました。増え続けるコレクションのため、フィリップ・L・グッドウィンとエドウィン・D・ストーンによってとくに構想された新館の一九三九年開館の際、すでに鑑賞者はいわば障害馬場へ送られることになりました。この障害馬場は、鑑賞者がなにかを見たいと思うならその歴史的位置を設立時の館長アルフレッド・H・バー・ジュニアの分類に従って調べながら歩くことが強いられるようなものだったのです(図3-11)。

バールがとりわけ重要だとして選び出したキュビズムやシュールレアリズムのようないくつかの運動や様式は、MoMAの最近の改築のあとも、新芸術の歴史のなかの中心的段階として展示されました。全体の基底をなす歴史的シェーマは一度も真剣に疑われたことなどありません。抽象表現主義といった新しい動きは、それが出現した順番に時代連環の系の中に単純に架けられ、そうすることですぐさま、故意かそうでないかにかかわらず、歴史的ドキュメントへと中和化されてしまいます。

現代アートのミュージアムという新しい条件下での神聖化と歴史化という昔から知られた二項対立の再復活は、市民のミュージアムの歴史が封建主義下の遺産の統合とともに背負い込んだ問題がまだ未解決であることを示しています。芸術が持つ二重の性格、すなわち歴史的ドキュメントとしての性格と、自律的美的作用の開始点として性格は、展覧会企画者に今でも途方もない困難さをもたらしています。状況が二律背反的なことに人びとはみな同意します。それゆえ、美術展が成功するための普遍妥当的方法はありません。残されているのは実験です。作品はたえず新しい配置で展示されねばなりません。そのつど、つながりがぴったりくるまで、展覧会の間、あっちこっちと移動させせられねばなりません。こ

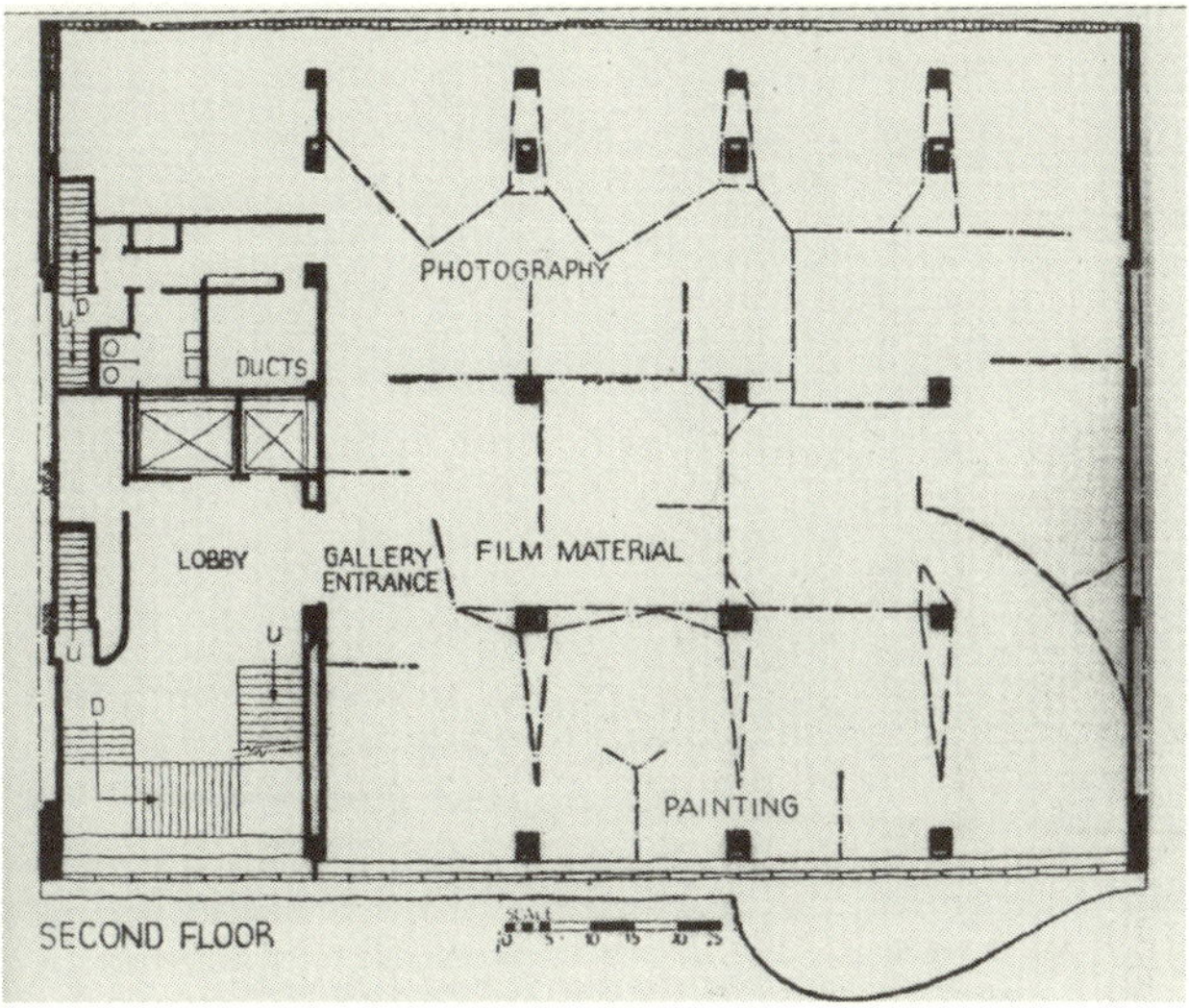

図 3－11　MoMA の新館オープン展覧会「われわれの時代のアート Art in our Time」のプラン（1939 年）（Joachimides 2001, S. 247）

のミュージアムの展示演出の実験の将来はかなり刺激的なものになるでしょう。というのも、すでに近年、われわれを取り巻くデジタル化の影響によってとくに強められてきていますが、キューレーターと並んで、建築家や芸術家自身さえも自分自身の提案を持ち込み始めているからです。たぶんいつかはミュージアム・エデュケーターもこの永遠に続く改革をめぐる議論に参加することがあると思いますが、それはいったいいつのことになるのでしょうか。

文献

—Adorno, Th. W.: Ästhetische Theorie. Frankfurt: Suhrkamp, stw 2, 1973.〔テオドール・W・アドルノ『美の理論』大久保健治訳、河出書房新社、二〇〇七年〕
—Adorno, Th. W.: Valéry Proust Museum. In: Prismen,

Kullturkritik und Gesellschaft. Dtv: München, 1963, S. 176-189.〔テオドール・W・アドルノ『プリズメン』渡辺祐邦／三原弟平訳、筑摩文庫、一九九六年、二六五〜二八七頁〕
—Grasskamp, W. : Museumsgründer und Museumsstürmer. Zur Sozialgeschichte des Kunstmuseums. München, 1981.
—Hegel, G. W. F. : Vorlesungen über die Ästhetik I. Werke in zwanzig Bänden, Bd. 13. Frankfurt a. M.: Suhrkamp, 1832-45/ 1970.〔ヘーゲル『美学講義』、長谷川宏訳、作品社、一九九二〜一九九三年〕
—Joachimides, A.: Die Museumsreformbewegung in Deutschland und die Entstehung des modernen Museums 1880-1940, Dresden: Verlag der Kunst, 2001.
—Kant, I. : Kritik der Urteilskraft. Werkausgabe in 12 Bänden, Band 10, hrsg. v. W. Weischedel, Frankfurt a. M. stw 5723, 1790/ 1990.〔『カント全集 8 判断力批判 上』、『カント全集 9 判断力批判 下』牧野英二訳、岩波書店、一九九九〜二〇〇〇年〕
—McClellan, A. : Inventing the Louvre: Art, Politics and the origins of the Modern Museum in 18th-Century Paris. Cambridge University Press, 1994.
—Prinz, W. : Die Entstehung der Galerie in Frankreich und Italien, Berlin, 1977.
—Scheffler, K. : Berliner Museumskrieg, 1921.
—Schiller, F. : Über die ästhetische Erziehung des Menschen in einer Reihe von Briefen. Reclam: Stuttgart, 1795/ 1965.〔シラー『人間の美的教育について』小栗孝則訳、法政大学出版局、二〇一一年〕
—Serota, N. : Experience or Interpretation. The Dilemma of Museums of Modern Art. Thames and Hudson: London, 1996.
—Sheehan, J. J. : Geschichte der deutschen Kunstmuseen. Von der fürstlichen Kunstkammer zur modernen Sammlung. Beck: München, 2002.
—Sollers, P. : Der Kavalier im Louvre. Vivant Denon 1747-1825. Heidelberg, 2000.
—Valéry, P. : Das Problem der Museen. In: ders.: Werke. Frankfurter Ausgabe in 7 Bänden; Bd. 6, Zur Ästhetik und Philosophie der Künste, 1923/ 1995, S. 445-449.

第4章　ミュージアムと学校*

――いまだ軽視される関係の歴史

ミュージアムと学校の関係に関しては実に多くの論理的可能性があります。等置関係はその一つです。この場合、ミュージアムと学校は双方とも同じことを意味します。ミュージアムと学校はある同じ事柄の違った表現でしかありません。学校とミュージアムという二つの言葉が概念的に同一であると主張することは、もちろん今日のわれわれにとって、馬鹿げたとまでは言わないものの、問題を完全に捉え損なっているとしか思えません。けれども歴史上、こうした主張がなされたことがありました。いや、より正確に、かつて一度しかなされなかったと言わねばならないでしょう。それはしかも、教育史上最も有名な場所でなされています。アモス・コメニウスの絵入り教科書である『世界図絵』一七六九年版の二〇〇頁で、よりによってミュージアムという項目の下で書斎と書斎に備えられている小道具の詳しい

*初出：Zeitschrift für Museum und Bildung, 71-72/ 2009/ 2010, S. 111-128.

図4－1　ミュージアム　書斎（陳列室）、（『世界図絵』1769年）

叙述がなされているのです。[†1] それは三流木版画で、細部がわからないほどではないにしてもかなり粗雑に描かれ、註番号の助けでなんとかそれが何であるかがわかるように解説されています（図4－1）。疑いなくここでミュージアムと書斎は言葉と図像で等置されています。たしかに書斎はまだ学校ではないかもしれませんが、ほとんどもう学校です。学校に欠けているものはほとんど何もありません。教授道具は九〇パーセントまで同じです。私の知っているかぎりでは、学校とミュージアムがこの『世界図絵』でのように互いを押しのけ合わず、これほど一つに統合されたためしは一度もありませんでした。のちにミュージアムが学校と同一視されることがあっても、たいていミュージアムの意味は比喩的に捉えられていました。たとえば、フランス革命時代、国民公会設置の委員会の委員でミュージアムを「畏怖の念を提供する学校」と呼んだ画家ジャック＝ルイ・ダヴィドがその例です。[†2] また、ミュージアムという組織をある一つの「授業案として構築したもの」[†3] と見ていたゲオルク・ケルシェンシュタイナー〔一九世紀末から二〇世紀初頭にかけて展開されたドイツ新教育運動の代表的実践家・理論家。受け身の授業中心の学校教育から生徒の活動と協同作業を中心とする「労作学校 Arbeitschule」を主張した。児童画の体系的収集や芸術教育の展開にも寄与している」の場合のように、ミュージアムは孤立したいくつかの特徴だけに関係づけられていたのです。

ミュージアムと学校の関係形式に関するもう一つの可能性は包摂関係です。それは前者が後者を包摂する場合もあるし、後者が前者を包摂する場合もあります。この包摂関係においてミュージアムと学校は互いが互いの構成要素となります。学校がミュージアムの構成要素となるというかなり稀な例は、『世界図絵』の初版が出された数年後、すでにゴットフリート・ヴィルヘルム・ライプニッツが一六七五年パリで著したテクスト[†4]に出現します。ドイツ語でほぼ「思考の戯れ」を意味するタイトルが示しているように、この「ドロール・ドゥ・パンセ Drôle de Pensee」というテクストでライプニッツは、かなり自由かつ楽しげに思考を羽ばたかせながら、しかし、かつてないほど詳細に「自然と技芸の劇場 Theatrum naturae et artis」の計画を構想しています。この計画はライプニッツの生涯を通して忘れ去られることなく、文化教育学的な野望の核心であり続けました。ライプニッツは出資者を探すため、この計画案を携えてドレスデンのザクセン選帝侯のもとへ交渉に行ったり、何度もロシアのピョートル大帝に提案してみたり、サヴォア公国の王子の手紙を持ってウィーンでこの計画の売り込もうとしています[†5]。だが完全な形でこの計画が実現することはありませんでした。

この計画はその方向性から言うと「驚異の部屋」のタイプに属します。「驚異の部屋」は当時すでにその最盛期を過ぎており、三十年戦争による荒廃の後、崩壊してしまったか、近代化、すなわちいっそう学問的視点にしたがい改編され新しい秩序をもつものに変わってしまっていました。ライプニッツは、

「驚異の部屋」のことや彼の時代にまだ存在していたその名残であるコレクションをよく知る、かなりの事情通でした。ライプニッツは旅をするたび、そこの陳列室を訪ねる機会を逃すことはなかったのです。今から見るとライプニッツは熱心なミュージアム訪問者だったと言えるのかもしれません。ですが、彼は満足できなかったので新しいミュージアム案に没頭します。ライプニッツの「自然と技芸の劇場」構想は当時存在したどんなコレクションやコレクション計画をも超えており、今日でもいまだ到達していない未来を遠く指し示しています。ライプニッツを駆り立てたのは、多様な学習機会を可能にする技芸と学問の全領域をカヴァーする普遍的総合施設というヴィジョンでした。包括的な陶冶のための施設、これがその核心において重要だったのです。ライプニッツはこう書いています。「こうした企てのもたらす利益は一般に想定されている以上のものがあるのではなかろうか。それは公共においてもそうだが、私的個人に対してもそうである。公共においては、人々の眼をひらかせ、発見へと刺激し、すばらしい見解を提供し、人びとを有益でかつ精神を豊かにしてくれる無限に多くの新奇なものに親しませることだろう[†6]」。

　ライプニッツがこの目的に達するため考えた手段は、その総体を見ると、一種の啓蒙を目的とした学問的見世物、娯楽的な学問劇場であり、教育施設と展示コレクションとサイエンス・センターとラスベガスの混淆を思わせるものです。それどころか、この構想には科学と研究調査の成果を衆知させるという発想の先駆けさえ認めることができます。楽しい啓蒙に役立つものなら何でもそこには盛り込まれていました。たとえば、特異な形の船や珍しい植物、珍獣、「しゃべるトランペット[†7]」といった珍しい楽器のたぐいの展示です。さらに「ある角度からのみ一定の見え方が可能で、別の角度からは別な見え方になってしまう」[†8]絵画。最新の研究成果に基づく天球儀。風車の模型や要塞計画。ゲーリケの真空球を使った実験［オットー・フォン・ゲーリケが一六五七～六三年にかけてマグデブルクで行った半球実験。浮力をもつ真空球の発想の元となる］や、「ラテルナ・マギカ（幻灯＝スライド）」を使った実験や凹面鏡（集光鏡）や音波を使った実験、そしてわけても自動人形や計算機の実演といった当時最新の科学実験によるデモンストレーションも予定されていました。天文台で訪問者は自分でマクロコスモスを観察でき、研究室では顕微鏡、解剖学劇場では解剖用メスを用いてミクロコスモスを観察することができました。全体を補完する脇役としては、実にさまざまな種類のコンサートやオペラや演劇の上演、野外での催事、人工隕石や噴水、綱渡り、道化師、火喰い術師やさまざまな曲芸などがありました。それどころか賭博場さえも計画に織り込まれていました。計画された啓蒙は汗水流す仕事であるべきでなく、簡単で楽しく進捗しなければならないものでした。これは一見好ましく感じます。しかしその背後には問題含みの計算が潜んでいます。これは次のような前提に基づいています。すなわち、人間の心というものは、ロックの言うように成長する子どもが生活の中で徐々に情報を蓄えていくタブラ・ラサのような存在なのではなく、教授と学習が前提として考慮しておかねばならない情熱というものを誕生の時点から内に持っているという前提です。この情熱、たとえば遊びがそうであるように、制圧されるのではなく、受け入れられ生産的に方向づけられているほうがよいのです。「というのも」とふたたびここでライプニッツを引用すれば、「人間を罠にかけねばならないからであるし、人間を癒すためには、その弱点を利用し、だまさねばならないからである。人間を知恵へと導くためには、その癖を利用することほどよい方法はない。これはおそらく甘い菓子に、役立つものを混ぜ合わせること、毒から薬をつくり出すことを意味する」[†9]。

悦ばしく魅惑的な啓蒙のためのミュージアム的複合施設、すなわち「自然と技芸の劇場」である、コレクション、図書館、研究所、劇場、移動動物園、解剖学教室、庭園、人口洞窟、賭博場からなる施設というこの構想のもとでは構想しにくかったかもしれませんが、なにげなく言及され、やはりこの施設に属するものとみなしてよい、もう一つの施設についても先の原則はあてはまるでしょう。その施設とは国境を超えた学校です。この学校は上記の近代初期の学問劇場と同じではなかったけれども、これに対置されるものでもありませんでした。むしろこの学校はその構成要素だったのです。

〔ミュージアムと学校の〕包摂関係の逆のかたちを約二〇年後ハレのヘルマン・アウグスト・フランケに見いだすことができます。ここでは、学校が「自然と技芸の劇場」としてのミュージアムの構成要素となるのではなく、博物標本室のかたちをとったミュージアムが学校の構成要素となりました。ハレの学校施設にコレクションをこのように統合した最初の事例は、この施設の初期の頃に遡ります。アウグスト・ヘルマン・フランケが一六九八年頃にブランデンブルク選帝侯フリードリヒ三世に宛てて書いた請願書が設立趣意書とされています。[†10] そこでフランケは領主に対し、博物標本コレクションを選帝侯の高貴なる施設ペダゴギウムの授業のため使用する、ある計画を提出しています。フランケはこの目的のため侯爵の貴重品陳列室からレプリカを作成することを願い出ています。自分の臣下のこの積極的な提案を明らかに喜んだフリードリヒは願いに応え、自分のコレクションからいくつかをフランケに贈り渡すことになります。そこにはカバの歯、たくさんのクジラのペニス、ダチョウの卵がありました。こうして始まったペダゴギウムの陳列室は間断なく持続的に、量的にも質的にも成長していきました。自然の事物に加えて、さまざまな種類のもっと文化的な工芸品もすぐに加わってきたからです。新しいコレクションの多く、とりわけ鉱物は近隣の地域から集まり、両親や貴族の後援者の寄付によっていました。他のものは当時の寄宿生や、宣教師、医師、教師として世界の隅々まで遠く派遣されたハレ敬虔派の同志たちに由来していました。同志たちはハレの本部を彼らの活動の証拠と宣教の成果を証する戦利品で喜ばせたのです。こうしたコレクションの中に、見栄えのしない地味な色をした結び紐のような物体もありました。これは液体標本として棚の上の方の引き出しに保存されました。これは熱帯で繁殖し、やっかいなことに人間の身体に寄生するメディナ線虫です。ハレにあったサンプルはインドから来たものでした。それは、宣教医師ザムエル＝ベンヤミン・クノルが十八世紀後半南インドの宣教地だったトランクエバールで活動していたとき、住民の足から取り出した線虫でした。その後、クノルはこの線虫が驚きをもって迎えられ授業に利用してもらえるようにと、痛みを伴った手術経過の報告も添え、その線虫をザーレ川ほとりの故郷〔ハレ〕へと送ったのです。

こうしたたぐいの物品を受け入れることで、そして世界のあらゆる地域から寄せられた物品についての信頼性ある情報によって、ハレの学校教育用コレクションは自然学的知識の最新レベルにあったのみならず、世界に広がった助言者たちによって他のどんなコレクションと比較しても一頭地を抜いた存在になりました。それゆえ、それ以降、剥製の鳥や象牙、真鍮製の秤や三角フラスコといったかたちで今日なおわれわれの学校の物理実験室や生物実験室に見いだせるコレクションの、今日でさえめったにありえない理想ケースになったことに驚く必要はないのです。

ですが、以上述べてきたことはすべて過去のことです。現在、われわれが関わっている事態は、ミュージアムと学校の間の同一性や類似性、両者が交互に包摂しあう関係ではもはやなく、それぞれの自律性です。それぞれの歴史が始まった一五世紀以降、学校とミュージアムは二つの完全に独自な教育・陶冶施設として分化・発展してきたのです。今日、この二つの施設は外観においても内部の運営においても、その使用においても、目標設定においても、はっきりお互い区別され、それぞれ主権を持ち、完全に独立し対し合っています。

たとえば、ミュージアムはアクセスの自由度という点でもうすでに異なっています。ミュージアムはどんな組み合わせのどんな年齢のグループにも対応し、それは教養ある個人の来館者から無邪気なボウリング・クラブの団体来館者までおよびますが、学校の場合、クラスという固い枠の中にいる少年少女に限られます。さらにミュージアムの訪問は自由ですが、学校の場合は義務です。ミュージアムが学校から区別されるのはとくに、形式にのっとった教示やカリキュラムに従う進行や厳格な時間の分節化を放棄している点です。ミュージアムがどのような標準化を蒙っていてもそうした点はミュージアムにとって異質です。授業案も試験も達成度を試すテストも存在しません。したがって、ミュージアムでの陶冶過程を人はしばしばインフォーマルと呼ぶのです。来館者は好きなように行ったり来たりできるのであり、自分のテンポにあわせて歩き回ることができるし、とりたいときに休憩をとることもできます。

当然ながら、学校とミュージアムの最も大きな違い、これこそが他を寄せつけないミュージアム独自の特徴となっているものですが、それは物品の常設展示です。おそらく小学校で最も好まれているように、たとえ教師や生徒が松ぼっくりや落ち葉や万能ペンチなど具体的な直観教材を用いるとしても、ここ学校を最終的に支配しているのは言葉やテクストです。ミュージアムでは世界は逆にモノによって解釈されます。

近代の最も重要なこの二つの教育・陶冶施設の間にあるこうした構造的差異に対応するのが――そうならざるをえないものの、やはり相異なりほとんど対立的とでも言いたくなるような――目的設定です。近代の学校の目的ははっきりしており、歴史の展開の中で本質的な変化はありませんでした。それは、シュライアマハーの綱領的な定式に従うと、学校は成長する青少年を「彼らが生きている場所へうまく入り込んでいけるようにし、しかしまた同時に、よりよい自己表現を可能なかぎりうまくできるよう」育成するところにその本質があります。[†11] 換言すれば、学校の課題は能力付与なのです。これが選抜プロセスと並行して現れる事態は避け難いように思われますし、実際そうでなかったことは一度たりともありません。これに対して近代ミュージアムの課題は、少なくともその根本的な理念に従えば、啓蒙にあります。ミュージアムは市民に彼らの自身の伝統の具体的な遺産に直触れさせ、外国の文化から略奪してきたものと比較させ、自分が誰であり、誰になろうとしているのかを見いだすことを可能にします。これは共同でのみ進行します。したがってミュージアムというものは、たとえ今日しばしば忘却されてしまうとしても、共和政体の一部であり、議論の公共的フォーラムであり、議会の外での「対決と議論」の場、[†12] ないしはヨーゼフ・ボイスが表現したように「常設会議」なのです。解釈の対立の中でモノ記号をあたらしく理解することを学び、そのことで人は自分自身を新しく理解することも学びます。ミュージアムの実験的展示によってモノに強いられる予期せぬ関係性に、それまで秘められてきたモノの存在の文法が再認識されます。まさにこのことこそ私が陶冶という語で理解しているものです。この陶冶という表現は反省運動を意味し、人間はそこで自身の習慣からくる抵抗と向き合いつつ、伝統的ないしは現代的なモノ文化という潜在的なサブテクストの中に己の存在の知られざる諸条件を再発見します。

ミュージアムでの学びは、したがって、発見的考古学の一形式であることが判明します。この考古学は、過去が現在におよぼしている呪縛を破り、サルトルの表現に従えば、参加者が、自分を規定しているのと同じ諸条件からできているモノを用いて何かそれまでとは別のものをつくり出すことを可能にしてくれます。[†13]

ミュージアム――この陶冶の伝統的な場所――がいつのまにか徐々に文化産業とレクリエーション・マーケットに組み込まれ、啓蒙のカテゴリーが体験のカテゴリーに代替されるようになってしまったのは、甚大な影響をおよぼすことになったある誤解のせいです。この誤解が始まったのは、ミュージアムから国家資金が取り上げられ、もはや市民の啓蒙ではなく、顧客と、とりわけスポンサーの財布に貢献するよう強いられるようになった瞬間からでした。今やミュージアムは突然、みずからを体験センター、すなわち「多機能センター mixed use center」[†14]と理解しなければならなくなってしまったのです。そこでは、静物画に描かれた食材を食べてみる企画やミュージアムの夜間体験を提案する企画などからなるいわばカクテルを提案し、多様な趣向をもつ顧客が新しい「消費のヴァリエーションを試みる」[†15]ことを可能にします。「ミュージアムでの鑑賞プロセス」は「サービスの連鎖」と理解され、それは「体験学習的に、もしくは体験の論理に従って組み立てられ演出される」ことを強いてくるのです。そうしてこそ「個々の経験を一つの意味ある情動を伴う全体へと形づくることができる」[†16]というわけです。これは今や優位に立つ経営学的信条に沿ってなされています。もちろん、これはマーケットの保護育成と同時になされます。自動車のブランドででしかありえなかったことが、今やミュージアムでもなされ始めました。すなわち「エモーショナル・ブランド化」や「エモーショナル・マーケティング」を営み始めたのです。[†17] こんな具合に、「エモーショナル化」によって、製品たるミュージアムへの肯定的な根本姿勢、持続力のある顧客との結びつき、ブランド・ロイヤリティが獲得されねばならないのであり、最終的には入館者数を増やさねばなりません。もちろん、啓蒙という意味での陶冶に当てられる場はもはや存在しません。あったとしてもそれは刺身のつまでしかないのです。

簡単にミュージアムと学校を比較しましたが、その結果はフリードリヒ・ヴァイダッハーの以下の簡潔な言葉でまとめることができます。「ミュージアムはミュージアムで、学校は学校なのだ」[†18]。二つの施設が示しているどんな観点からしても見間違えようのないその明確な輪郭を目の当たりにすると、改めて、論理的に両者の間にどんな関係がありうるかという問いが出てきます。すぐ思いつく関係は一種の無関係、お互いに対する無関心です。学校とミュージアムは相互依存関係にはなく、互いの助力を必要としてはいません。そもそもなぜこの二つが関係し合わねばならないというのでしょうか。事実、この二つの陶冶施設は最初から完全にお互い分離して発展してきたのだし、いくつかの例外はあるせよ、相手をほとんど気に留めてこなかったのです。今日、何世紀も前から続くこのお互いに対する冷淡さは、大学の既存の教育科学からミュージアムに向けられる注目の薄さや、アカデミックな博物館学から学校に向けられる注目の薄さにはっきりと現れています。

ドイツ教育科学学会（DGfE）の歴史部会内にミュージアムに関連する研究グループはあるにはあります。しかしそれはただ学校ミュージアムとその歴史にしか関わっていません。時々教育科学の専門誌がミュージアムとミュージアム・エデュケーションをテーマとする特集号を組んだりしてはいるし、それどころかほとんど注目されない場所で、『ミュージアムと陶冶』という学術雑誌さえ編集されてはいますが、以上のことはすべて、教育学者の共同体の、PISA〔OECDが実施する学習到達度国際調査。二〇〇〇年に第一回が実施され、ドイツは各領域で低い到達度を示した。これは「PISAショック」と言われ、学力・能力《コンペテンツ》向上の研究・実践プログラムがそれ以来数多く展開されている〕に関わる研究がメインストリームをなしている現状ではほとんど何の役割も果たしていません。同じことが今度は逆に博物館学にも言えます。惜しくも若くして亡くなったアーノルド・フォウクトによって構想された『学校とミュージアムの学習文化の変容』というすばらしい著作が現れるまで[†19]、この一般の認知を目指し努力している博物館学という専門分野は、学校とミュージアムの関係を分析することにほとんど貢献してこなかったのです。博物館学は現在、自分自身の学問としての確立という難しい要求を明確化したり弁護したりすることに忙しく、その結果、自己理解以外の問題に費やす時間があまり残されていないように見えるのです。

また、教育科学がミュージアムの存在に、博物館学が学校の存在に気づくことがあったとしても、相互に鋭く距離をとり合うことに終始してしまうこともまれではありません。一方でミュージアムをお高くとまった「ミューズの神殿」とする批判が、他方では「学校カリキュラムに縛られた議論からくる狭隘な障壁によって自己限定したくない」[†20]とする意見が聞かれるのです。

ですが、こうした一線を画そうとするレトリックや論争的性格を持った言い方に影響されず、しかも教育科学と博物館学の注意が及ばない実践レベルにおいて、学校とミュージアムは密接な結びつきをすでにかなり以前からずっと取り続けています。その端緒は一九世紀後半にまで遡ります。すなわちミュージアムがまさに古典的な設立ラッシュを経験していた時代であり、一般学校規定も徐々に現実に実施され始めた、そんな時代です。当時、教育者たちは市民的なミュージアム協会で重要な役割を演じていたのです。たとえば、ライプツィヒやヘムニッツやドレスデンの歴史博物館の設立に際しては、自発的な教師たちの働きに負うところが大きかったのです[†21]。また、ライプツィヒの現在の自然博物館も、一八八七年ライプチヒ教員連盟内に自然科学を統合すべく結成され、「郷土科的な自然」という構想を展開した教師集団の存在に負うところが少なくありません。この構想に基づいてほぼ二〇年後、「ライプツィヒ郷土自然博物館 Naturkundliches Heimatmuseum zu Leipzig」が設立されたのです[†22]。ミュージアム発展のこの時期において、教師の積極的関与は目立ちます。これはミュージアムと学校の関係の原史と言えます。

ミュージアムと学校の関係史が本格的に始まるのは、その後、一九世紀から二〇世紀への世紀転換期に起こった改革教育運動からです。この時代から、教師たちの個人的関与を超え、学校とミュージアムという二つの組織は互いに認め合い、歩み寄り始めることになりました。この接近の結果、ミュージアム・エデュケーションが誕生しました。改革教育運動自体が全体としてそうだったように、これはヴィルヘルム時代に起きた近代化の危機への応答であり、学校における機械的な知の伝達という袋小路からの脱出口となるはずのものでした。一九〇三年ヴァイマルで開催された第二回芸術教育者会議の講演で、ミュージアム・エデュケーションの先駆者の一人アルフレッド・リヒトヴァルクは、学校の教育活動を批判しながら、間接的にあたらしいミュージアム・エデュケーションの行為を主導するモチーフを次のようにまとめています。「学校はもっぱら教材を調達することで〔生徒を〕うんざりさせてきた。学校は〔生徒を知識に対してもっと〕貪欲にさせるべきなのだ[†23]」。そう、貪欲にすること。これこそまさにこのミュージアム・エデュケーションの目標だったのです。リヒトヴァルクによれば、ミュージアム・エデュケーションの課題は「学習材の伝達にあるのではなく、能力の展開にある」[†24]。

リヒトヴァルクはこのことがどう実現されるのかをみずからの手で当時の教師たちや現代のハンブルク美術館館長たちに示してみせました。学校の生徒集団に対するミュージアム・エデュケーションの実践の中でリヒトヴァルクが芸術作品を注意深く鑑賞させる試みを行なったのは、「成長期にある青少年少女たちに感受する力を呼び覚まし強めるためである。その目的は、われわれが音楽、絵画、詩の分野で受け継いだ偉大な芸術がふたたび生命力を得ることができるような魂を養うためであり、将来、巧みの技をわれわれに届けてくれる新しい天才たちと、彼らに共鳴の声を送り返すことになる魂とを出会わせるためである」[†25]。

別な仕方ではあるものの、やはりまったく似たことをミュージアム・エデュケーションの第二の偉大な先駆者ゲオルク・ケルシェンシュタイナーは考えていました。彼の場合も「知識の所有」[†26]や「精神的および手仕事的な技能や器用さ」[†27]、現代風に言うとすれば「能力 **Kompetenzen**」が重要なのではありません。そういったものは、彼の見方からすれば、「われわれの行為の道具でしかない」し、それは「善いことにも悪いことにも使用できる」ものです[†28]。ケルシェンシュタイナーが求めたのは、むしろ、「学問や技術の傑作を通じて平均的な来館者を、たんなる作品に対するのではない、その作品を創造した行為自体に対する畏怖の念へ導くこと」[†29]でした。

視野の狭さや理想主義的曖昧さがあるため、必ずしもこの目的設定を分かち合う必要はないものの、この目的設定は、ミュージアム・エデュケーションが第三の道を模索していることを告げています。ミュージアム・エデュケーションは学校とミュージアムを媒介しようとするのです。ただしかし、これは危険な企てでもあります。即座に両陣営からの砲撃にさらされるからです。ミュージアム・エデュケーションはひどい仕打ちばかり受け続けてきたのです。ミュージアム・エデュケーションはその歴史的展開のなかで何度も、あるときは強くあるときは弱くという違いはあっても、たえず十字砲火を浴びせられたものでした。ミュージアム専門家の側からは学校的であって異質なものと感じられ、いわばミュージアムの世界に送り込まれた一種のトロイの木馬とみなされてきました。学校専門家の側からは、その専門性の欠如と理論なき実践至上主義が批判されてきました。

こうした二重の批判が持続的にミュージアム・エデュケーションを無気力にし、萎縮させてきましたし、何度も周期的にまったく非生産的な曖昧な状態を招来してきたのです。「いったいミュージアム・エデュケーションとは何か」という問いが季節商品のように取り上げられたこともありました。ときどき外圧が大きくなるあまり、多くのミュージアム・エデュケーターたちが自分の存在意義を否定し、伝統あるその名称を変えるようになってしまったように見えたこともありました。今や、ミュージアム教育業務という言い方に代わって、多くの場所で突然、ミュージアム・サービスが語られるようになりました。ミュージアム・エデュケーションは来館者サービス、ミュージアム・コミュニケーション、文化仲介業者へと様変わりしたのです。

ですが、自分の職業像についての焦燥感や依然として続く代替名称の模索にもかかわらず、ミュージアム・エデュケーターたちは現実で少しずつ可能となりはじめた学校とミュージアムの結びつきに多大な貢献をしてきました。ミュージアムにとって学校のクラス単位の生徒集団は今日最も重要な来館者集団です。統計的に言うと、多くの施設で生徒の来館者全体に占める割合は四〇パーセントを超えているのです。逆に補完的な仕方で同じことが学校にも当てはまります。学校が持続的に関係を持っている学校外の文化施設の中で、ミュージアムは第一のパートナーの座を占めています。たしかにこの事態は詳細に区別して論じなければなりません。また、スザンヌ・コイヒェルの研究が立証しているように、さまざまな学校種の間にみられる違いや都市と地方の落差も存在はします。しかし、総じてミュージアムは学校にとって優先順位のトップにあります。驚くべきことに、今まで学校外の文化施設をほとんど訪れることのなかった全日制学校にもこのことは当てはまるのです。[†30]

学校とミュージアムの間の比較的密接な関係こそ、両者のあらたな論理的関係、すなわち協同という可能性の実現の前提です。両者ともこの協同のための動機を持っています。学校のほうは、教育学において伝統的に高く評価されてきた具体的直観をミュージアムが供給してくれるがゆえに、ミュージアムのほうは、己の存在要求を正当化するためには若い世代への語りかけ以上によい方策はありえないがゆえに、です。ですが、学校とミュージアムは協同への動機を持つだけではありません。独立性と自律性をなにかと強調したがるこの二つの陶冶施設ですが、よく考えればそんなことはなく、互いに関係し合っていることは明白なのです。学校は当初から〔印刷術の発明以来〕グーテンベルクの銀河系の一施設として、成長しつつある世代をとくに文字の基礎的扱い、すなわち読み書きを教える中で育成してきたのですが、ミュージアムは次世代がモノ言語を解読することを助けるのです。ミュージアムは必然的に学校を補完するものであり、兄弟のように対をなすものであり、不可欠の双子なのです。ミュージアムは、本質的に口頭言語に基づく学校での教授の欠点を補正するため、感覚に依拠しつつ、表示や例示や模型や具象的メタファーといったアルファベットへの導入を図ります。こうも言いうるかもしれません。ミュージアムは若者を、先人や同時代人が言葉で書き残したもののみならず、ある文化の過去や現代の産物〔モノ〕を意味ある記号として読む能力を身につけさせるのだと。もしこれが当たっているとすれば、すなわち、もしその最も重要な特質において相互補完関係に立つのだとすれば、学校とミュージアムはこれまでつねに互いに差異化してきただけでしたが、じつは協同への主観的動機だけではなく、まさに理性による客観的要請が存在することになります。

この客観的理性の要請は最近実現してしまいました。この数年間で大きな協同プロジェクトが陸続と行なわれているからです。たとえば、技術博物館での鉄道史のプロジェクト、民族学博物館におけるイスラム教に関する小さな研究調査プロジェクトといったものから、芸術作品をダンスや音楽で表現してみること、ニュルンベルクの企画「南部地区の子どもたち」のような生徒による生徒のためのミュージアムガイド、さらには、若者がキュレーターの役割を引き受けて企画しオーディオガイドや宣伝ビデオまで自主制作するような豊富な資金に基づく展覧会にまでおよびます。こうした場合、多くはインターネットが大きな役割を果たしています。それはしかし、授業のための専門的基礎資料を保持するデータベースとしてだけでなく、生産的学習対象として、そして学習の発表や伝達の媒体としてでもあります。[†31]

しかし、こうしたプロジェクトは印象深いにもかかわらず、この理想的な協同形式、同じ目線での協力関係が持続的に保証されているわけではありません。協同関係は相互の尊敬だけでなく、学校側とミュージアム双方が特定の目標を持たないプロセスに関わる覚悟を必要とします。だが、この終わり＝目標を持たないプロセスこそがありえないし、存在しえない仕組みになっています。

この責任の一端はまず学校側にあります。たとえ一時的な協同プロジェクトの中で四五分授業という固いリズムが打ち破られ、空間的な距離の問題も乗り越えられえたとしても、そして教師とミュージアム・エデュケーターの間の融合がうまくいったとしても、そのカリキュラム上の授業計画や組織的制約のせいで学校は現在の形ではミュージアムとの本当の意味でのバランスのとれた協力関係に適しているとは言えないのです。学校は、相互的な協力関係を築く上で克服し難いブレーキとなっているのです。なぜなら、ベルリンの一九九八年のプロジェクト報告の中で嘆かれることもなく確認されているように、ミュージアム訪問は依然として「学校行事」[†32]に留まっているからです。報告者ミヒャエル・マテスが標準的基準として要請しているものこそ、本当は協同プロジェクトすべてにとって悩みの種なのです。最終的にいつも重視されるのは、「ミュージアムを学校の授業に関係づけること」[†33]であり、「授業計画ですでに予定されている学習目標に沿って展示品の解説をすること」[†34]なのです。ミュージアム側はこれに従わなければならないというわけです。ミュージアムは「情報源」のために指定され、「利用される」のです。

学校の授業目標のためミュージアムがこのようにあけすけに道具化され危険な道が開かれてしまう事態を今日見過ごすことはもはや困難です。どんなことにも標準化を要求しテスト方式を導入する学校のフォーマットが頂点へ向かおうとしているまさにこの時代において、以下のような危険が増していくのです。すなわち、ミュージアムでの学習というせっかくの機会がだめにされて、展示物がクラス単位のミュージアム訪問時の開かれたプロセスにおける具体的記号の解読行為ではなくなり、早晩、たんなる決まりきった意見の例示へと格下げされる、という危険です。ポール・ヴァレリーによれば、鑑賞者を沈黙させるためそこにあるはずの芸術の経験が、テストで要求される知識や「まったく信じきり素晴しいと感じること」[35]へと置き換えられてしまうのです。

あらかじめ規定されたテストの答えにミュージアムにおける展示物の読解が包摂されてしまう危険、言葉が優位となり「芸術と取り組まなければならないという強迫観念」[36]に陥入る危険を断固たる決意で回避するためには、既存の協力関係をさらに大規模な競争で刺激するだけでは十分ではありません。また、ミュージアム訪問を授業案の中にしっかり根づかせるだけでも、すなわち、持続可能な構造を構築し単発に留まる自然発生的参加形態を恒常化するだけでも十分ではありません。ミュージアムと学校の間の人事交流や、そこから必然的に生じる教員養成の修正さえも、最終的解決をもたらしません。学校とミュージアムの協力関係を制度化するこの種の提案はヴァイマル時代以来、学校とミュージアムどちらにアクセントをおくかはさまざまであっても、答申や態度表明の中で何度も繰り返されてきました。こうした提案は、それがなにがしか意味あることだったとしても、決定的な問題解決にまったく寄与しませんでした。ミュージアム・エデュケーターの仕事を設け、包括的なサービス手段を手配したにもかかわらず、学校とミュージアムの協力関係は依然として同じ目線のそれではなく、ミュージアムに有利になるよう歪められていることがほとんどです。このバランスを欠いた関係を持続的になくしていくには、学校側の実質ある変化が前提となります。学校は最終的にミュージアムから学び、端的に言えば、その時間的・空間的な運営においてもっと柔軟になり、その内容たる課題設定においてより開放的にならねばなりません。そうしてこそ真のパートナーと認められるようになるのです。換言すれば、ミュージアムにおけるインフォーマルな学習が持っている自由、自己決定、自発性の何ほどかが、学校にも引き入れられねばなりません。そうしてはじめて、われわれの教育制度が今まで経験したことのない協力関係へと道は開かれます。この協力関係によって少年少女たちは過去と現在の具体的な証言に直接触れることになると思われますし、われわれの「教育工場」では現在閉め出されてしまっている、世界への規則に縛られない好奇心、すなわちリヒトヴァルクが定式化した認識への貪欲さを取り戻すことでしょう。その場合、デジタル視覚化方式、パノラマ投影法、画面の一点をドラッグすることで前後左右を表示できるような没入型インスタレーション、インターネットの双方向性といった新しい再現技術やコミュニケーション技術など、もちろんすでにミュージアムで巧みに用いられているこれらの新技術の助けを断る必要はありません。もしかしたら、新しい方向性を与えた上でですが、あの歴史的にはまだ果たされていないライプニッツのプロジェクト「自然と技芸の劇場」がコンパスとして役立つかもしれません。

注

†1 Comenius, Johann Amos: Orbis sensualium pictus. Norimberge: Endt, 1769, この版はラテン語とドイツ語で書かれている。〔コメニウス『世界図絵』井ノ口淳三訳、平凡社、一九九五年〕

†2 Scheinfuß, Katharina（Hrsg.）: Von Brutus zu Marat. Kunst im Nationalkonvent 1789-1795. Quellenedition der Kommissionsberatungen, Dresden, 1973, S. 130. しかしここでの引用は、Vogt, A./ Kruze, A./ Schulz, D.（Hrsg.）: Wandel der Lernkulturen an Schulen und Museen, Paradigmenwechsel zwischen Schul- und Museumpädagogik, Leipziger Universitätsverlag, Leipzig, 2008, S. 19-81 の二一頁に基づく。

†3 Kerschensteiner, Georg: Die Bildungsaufgabe des Museums, in: Matschoss, C.（Hrsg.）: Das deutsche Museum. Geschichte, Aufgaben, Ziele. 3. Aufl., Berlin, Oldenbourg, München, 1933, S. 37-44 の四〇頁からの引用。

†4　Leipniz, G. W.,: Drôle de Pensee, touchant une noevelle sorte des REPRESENTATIONS <plus tost Academie des Ieux>, in: Bredekamp, H.: Die Fenster der Monade. Gottfried Wilhelm Leibniz Theater der Natur und Kunst, 2. Aufl., Akademie Verlag, Berlin, 2008, S. 200-206. タイトルのドイツ語訳は Gedankenscherz, eine neue Art von Repräsentationen betreffend となっている（むしろ Spielpalast の方が適切な訳と思われるが）。September 1675. これは Bredekamp の前掲書二三七頁～二四六頁に所収。

†5　Bredekamp, Horst.: Leibniz' Theater der Natur und Kunst, in: Ausstellungskat. Berlin, 2000, S. 14 を参照。

†6　Leibniz, G. W.: Drôle de Pensee, in: Bredekamp 2008, S. 242 を参照。

†7　Leibniz 前掲書（Bredekamp 2008 所収の二三九頁）を参照。

†8　Leibniz 前掲書（Bredekamp 2008 所収の二四〇頁）を参照。

†9　Leibniz 前掲書（Bredekamp 2008 所収の二四五頁）を参照。

†10　これに関しては以下を参照。Müller-Bahlke, Thomas J.: Die Wunderkammer. Die Kunst- und Naturalienkammer der Franckeschen Stiftungen zu Halle（Saale）, Halle/ Saale, 1998.

†11　Schleiermacher, Friedrich: Vorlesungen aus dem Jahre 1826, in: ders: Pädagogische Schriften, hrsg. von Weniger/ Schulze, Düsseldorf, München, 1957, S. 30/ 31.〔シュライエルマッヘル『教育学講義』長井和雄／西村皓訳、玉川大学出版局、一九九九年〕

†12　Cameron, Ducan F.: The Museum: A Temple or the Forum, in: Anderson, Gail（ed.）: Reinventing the museum: historical and contemporary perspectives on the Paradigm Shift, Altamira Press, 2004, Walnut Creek, pp. 61-73, ここでは p. 68 を参照。

†13　Parmentier, M.: Der Bildungswert der Dinge oder die Chancen des Museums, in: Zeitschrift für Erziehungswissenschaft, 1-2001, S. 39-50. ここではとくに S. 50 を参照。

†14　Grötsch, K.: Merkwürdig-Lernen im Museum oder Lernen in Erlebniswelten. Wer können müseen von lernbasierten Erlebnisorten lernen? In: John, H./ Dauschek, A.（Hrsg.）: Museen neu denken. Perspektiven der Kulturvermittlung und Zielgruppenarbeit, Bielefeld, 2008, S. 107-130. とくにここでは S. 110 を参照。

†15　前掲書 S. 110 を参照。

†16　前掲書 S. 123 を参照。

† 17　前掲書 S. 110 を参照。

† 18　Waidacher, Friedrich: Warum Schule ins Museum gehört, in: Zeigt her, was ihr habt! -Präsentieren von Schulgeschichte im Museum, Zeitschrift für Museum und Bildung, Litt Verlag Münster, 2004, S. 18-33. とくにここでは S. 18 を参照。

† 19　Vogt, A./ Kruze, A./ Schulz, D.（Hrsg.）: Wandel der Lernkulturen an Schulen und Museen. Paradigmenwechsel zwischen Schul- und Museumspädagogik, Leipziger Universitätsverlag, Leipzig, 2008.

† 20　Gottman, G.: Museumspädagogik. ZumBildungsauftrag eines naturwissenscahftlich-technischen Museums, in: Klausewitz, Wolfgang（Hrsg,）: Museumspädagogik. Museen als Bldungsstätten, Frankfurt a. Main, 1975, S. 63-74.

† 21　Vogt, Arnold: Kooperation oder Konfrontation? Historische und aktuelle Diskussion zum Verhältnis von Schule und Museum, in: Vogt, A./ Kruze, A./ Schulz, D.（Hrsg.）: Wandel der Lernkulturen an Schulen und Museen. Paradigmenwechsel zwischen Schul- und Museumspädagogik, Leipziger Universitätsverlag, Leipzig, 2008, S. 19-81. ここでは S. 24 をとくに参照。

† 22　前掲書 S. 25 を参照

† 23　Lichtwark, Alfred: Die Einheit der künstlerischen Erziehung. Ansprache am zweiten Kunsterziehertage 1903, in: ders.: Eine Auswahl seiner Schriften, hg. v. Mannhardt, W., 2 Bde., Berlin, 1917, Bd. 1, S. 113.

† 24　Lichtwark, Alfred: Die Erziehung des Farbsinns（1901）, in: ders.: Eine Auswahl seiner Schriften, hg. v. Mannhardt, W., 2 Bde., Berlin, 1917, Bd. 1, S. 113.

† 25　Lichtwark, Alfred: Die Einheit der künstlerischen Erziehung. Ansprache am zweiten Kunsterziehertage 1903, in: ders.: Eine Auswahl seiner Schriften, hg. v. Mannhardt, W., 2 Bde., Berlin, 1917, Bd. 1, S. 71.

† 26　Kerschensteiner, Georg: Die Bildungsaufgabe des Museums, in: Matschoss, C.（Hrsg.）: Das deutsche Museum. Geschichte, Aufgaben, Ziele. 3A. Berlin/ Oldenburg/ München, 1933, S. 37-44. とくにここでは S. 37 を参照。

† 27　前掲書 S. 37 を参照。

† 28　前掲書 S. 37 を参照。

† 29　前掲書 S. 39 を参照。

†30 Keuchel, Susanne: Museen als Akteure und neue Partner von Ganztagsschulen, in: Wagner, E./ Dreykorn, M.（Hrsg.）: Museum, Schule, Bildung, kopaed, München, 2007, S. 45-52.

†31 こうしたプロジェクトの記述に関しては以下のものを参照。Wagner, Ernst/ Dreykorn, Monika（Hrsg.）: Museum, Schule, Bildung. Aktuelle Diskurse, Innovative Modelle, Erprobte Methoden, kopaed, München 2007; Kunz-Ott, Hannelore（Hrsg.）: Museum und Schule. Wege zu einer erfolgreichen Partnerschaft, Deutscher Kunst Verlag, München/ Berlin, 2005. とくに以下のプロジェクト記述を参照。Asher, Michael: Student Reinstallation of a permanent Collection Gallery in Los Angels Country Museum of Art; Schwartz, Deborah F.: Art Inside Out at the Children's Museum of Manhatten. この2冊は Magic Moments. Collaboration between artists and young people, edited by Anna Harding, London, 2005 に所収。

†32 Schule und Museum. Von Nutzen des Museums für die Schule. Anregungen für den Unterricht un den Fächern Geschichte, Deutch, Physik, Bildende Kunst, Erdkunde/ Sachkunde.（Hg. vom Museumspädagogischen Dienst u. a. Berlin 1998, Einführung S. 19）.

†33 前掲書 S. 10 を参照。

†34 前掲書 S. 12 を参照。

†35 Behne, Adolf: Kind und lebendige Gegenwart, in: Zentralinstitut für Erziehung und Unterricht（Hrsg.）, Museum und Schule, Berlin 1930, S. 47.

†36 前掲書同頁参照。

第Ⅱ部

ミュージアムの可能性
――その理論的考察

Theoretishe Splitter

第1章　モノで物語る*

――ミュージアムにおけるナラティヴの可能性と限界

ミュージアムに寄贈、あるいは貸与したコレクションの物品が展示室のあらかじめ約束していた場所に発見できず、別のところに置かれている例をよく耳にします。これはたしかに腹立たしいことですし、いろいろと憶測を呼びます。しかしその背後にある真実はかなり枝葉末節な事柄です。それは名誉にかかわるミュージアム側の策略というわけではないし、寄付者をだます新しいタイプの詐欺でもありません。物品はまさにそれがあるべきところにあるからです。失望した寄贈者、後援者がこの真実をただ認識しなかっただけのことです。後援者が探し出した物品がたんに別の環境でその意義を持ち、そのことでその現れのイメージが変わっただけの話なのです。これはよくあることです。すべてのモノがそうで

*初出：Tobias G. Natter, Michael Fehr, Bettina Habsburg-Lothringen (Hg.): Die Praxis der Ausstellung. über museale Konzepte auf Zeit auf Dauer, transcript Verlag, Bielefeld, 2012, S. 147-167.

あるように、コレクションの物品も、おそらくすべてではないにせよ多くの部分で、その意義をその物品が置かれる文脈から獲得します。あるモノが金の縁取りのしてある黒く滑らかな台座の上に載せられ、ガラスの中でスポットライトに照らされ展示されているのと、大量生産の既成の金属棚に他のモノたちと並べ置かれ、スポットライトなしですまさねばならないのとでは、その意味がまったく変わってしまうし、それがそれであると再認することさえ困難にしてしまうでしょう。モノの意味はまさにつねに文脈に依存する、いや、おそらく文脈依存的現象でしかありません。記号論の影響力ある学派に従えば、モノの意味は、なんらかの積極的内容によってそれ自体としてではなく、差異と対立の作用関係の中で消極的に構成されます。個々のモノは、まったくそれ自体だけで受けとれば、ジャン・ボードリヤールが記しているように（Baudrillard 1981, S. 63）、完全に「意味がなく」、要するになにものでもありません。それ自体では質をもたない物質的基体に一定の形式と特殊な表現を与える差異もしくは区別の織り合わせのなかで、ようやく意味は生じるのです。形、大きさ、色彩、輝き、表面の性状、明度、光沢、簡潔に言えば、感覚器官で知覚可能なモノのあらゆる特性はその特性が織り込まれる限定と対立の網の目を通し意味生成を果たします。したがって次のように言えるかもしれません。どんなモノもそのものでない他のすべてのものによってでしかそのものでありえない、と。モノは記号として他の記号すべての痕跡をみずからのうちにもちます。他なるものを自身のなかに他なるものとして保持する痕跡なしには、ジャック・デリダが言うように、「意味は現れない」（Derrida 1983, S. 109）。なぜなら、「痕跡とは、現象と意味がはじまる差異のことだ」からです（Derrida 1983, S. 114）。

以上のことは、これほど謎めいたかたちではありませんが、すでにソシュール記号論の真髄でもありました。その論理は構造主義の後継者たちによって完全展開されましたが、それによれば、モノはすべての記号と同様、純粋な差異分節化によるシステムを形成しています。そしてそのシステムでは、どんな構成要素も他の構成要素による限定を受けることでただ否定的に規定されるのです。

差異化された文脈はたえずモノのずれや新たな産出や破棄によって変わってくるので、意味もそのなかで変わってきます。ジャック・ラカンの有名な定式に従えば、「意味はたえまなく滑っていく」(Lacan 1975, S. 27)のですが、なくなることはありません。モノが時間の経過の中でとるさまざまな意味は、少々不正確な言い方になるものの、モノに張りついたままです。それはある意味、年輪のようにモノに固く堆積していくのです。こうしてモノはシンボル宇宙の変転する文脈の中でその軌道上を廻り、徐々に多義的になり、専門用語を用いれば多価的になっていきます。最終的にあるモノが同時に他のモノでもあることがありうるのです。たとえば、パルカ〔貫頭衣〕は軍隊の服装の事例ですが、工業製品の事例でもあり、同時に平和運動のシンボルでもあります。ナポレオンの帽子がワーテルローの戦いの戦利品であるのと同時に、際限なき権力の象徴でもあり、そしてとりわけ、それは、「三つ角帽子」というわらべ歌で歌われた三角帽子を引き継ぐ者でもあります。剣は絶滅のための道具です。これは当たり前ですが、しかし崇拝の対象でもあり、相続財産でもあり、さらにはある民族の工芸品の様式を伝える事例ないしは新しい鋳鉄技術の証拠でもあります。この種の多価性はどんなモノにおいても証明できます。それは、モノがそこで新しい意味を受けとったり、それまでの意味に新しい意味を付加したりする新しい文脈を遍歴してきた結果なのです。

ある文脈から次の文脈に移行するとき、そのつど、この積分されてきた意味が一瞬解き放たれます。

文脈転換の瞬間に、あるモノが持つ意味の潜在的可能性がすべて現れるのです。そのあとはふたたびその瞬間は過ぎ去ってしまいます。モノがその新しい文脈に組み込まれるやいなや、意味の潜在的可能性はふたたび制限を受けることになります。この新しい文脈がフィルターのように作用し、実現しなかったけれど可能であった意味の過剰を選別し背景へと押しやるのです。こうしてモノ記号はどんなものであれ二つの意味層に分割されます。すなわち顕在的な意味と潜在的な意味の二層に、です。

ミュージアムでもこのことは変わりありません。ミュージアムもモノを新しい文脈に置き、そのことでそのモノの意味を明らかにします。そして多くの場合これが最後となります。ですが、ミュージアム連関にモノが入っていくことに対して特別な意義を与えるのは、文脈連関のひょっとしたら最後になるかもしれないこの位置づけによるのではありません。このミュージアム連関を特徴づけているのはむしろ、この連関を生み出した自由です。少なくともその理念に従えば、です。ミュージアムで働く人びと、すなわちキュレーターと展覧会企画者は選択します。彼らは多くの可能性のなかからどんな意味を際立たせるかについて決定できます。理想的な事例では、つまり彼らが啓蒙という彼らの本来の使命に忠実であり続ける場合には、ということですが、キュレーターたちは忘れられ抑圧されたモノの意味を解放すること、その時まで習慣の表面下に抑圧されてきたものを明るみに出し、どんなイデオロギーが潜んでいるのかを語ることを目指し、モノの連関を形づくっていきます。これは展示活動を芸術活動に結びつけます。展示活動は、パウル・クレーの名言にちなんで言えば、見えるものを再現するのではなく、見えるようにすることなのです。その際、この展示活動は、やはり芸術活動と同様に、今度はアドルノの名言によりますが、疑わしい場所で幸運を持たねばなりません。展覧会の質は方法的に得ることはできません。展覧会を企画すること、これは必要に迫られた実験的活動なのです。これは操作できません。もっとも、ある所与の歴史的瞬間にすべてが可能になるわけではありません。

私は最近、ヤーナ・ショルツェの提案（Scholze 2004）に依拠しながら、モノがそのもともとあった文脈から引き抜かれたあと、啓蒙を目的にそのモノをミュージアムで新しく配列しようと欲する者であれば誰でも立ち返る根本的手法が四つあることに気づきました。この手法は考えうる配列可能性の範囲を限定するという意味で根本的です。しかし、それらは純粋なかたちで現れることはほとんどありません。ミュージアムでわれわれが見いだすのは、それらの混合形態、重複、変形形態です。

この根本的手法で最も古いものは、おそらくクラス分類です。これは最初の学問的コレクションの発生と直接結びついており、少なくとも一七世紀後半に――すなわち三十年戦争の破壊のあと――、驚異の部屋の収集品を――そのいくつかのものがまだ残存していたのですが――、それを新しく整理しなければならなくなった時、有力な組織化原理としてとりわけ博物標本室でその価値が認められたものです。われわれは今日なおほとんど反射的にクラス分類や分類学的配列を自然史博物館における展示形式と結びつけます。すなわち、蝶、昆虫、鉱物のコレクションに見られるように。

クラス分類の手法が持つ学問への近さは、当然のことで、誰も驚かせはしません。この手法では、つまるところ、対象物は特定の共通する特徴や差異を示す特徴に従って論理的に群と下位群に、属と種に配列、すなわち概念的に体系化されます。これは悟性を満足させ、来館者が対象物を比較する労を軽減します。しかし、概念的に整理することによって払う代償もあります。いつもクラス分類されると、対象物はその際、強制的にその生活世界的連関から引き抜かれるだけでなく、たんなる事例に、それが属するクラスの交換可能な代替物に、脱個性化されてしまうのです。換言すれば、クラス分類は個々の対象を正当に評価することがけっしてできません。

しかし、それゆえに、クラス分類はミュージアムの展示形式としてけっして不必要なものにならなかったのです。クラス分類の基準を巧みに選び出すことで、既成の配列の表象がこじ開けられ、モノ自身から新しい局面を奪い取ることができるからです。そこでどんな可能性が開かれてくるのかをうまく示してくれるのが、フーコーが『言葉と物』の前書きで引用している中国の百科事典の分類システムです(Foucault 1974, S. 17)。

ミュージアム展示の二番めの根本的手法を私は、やはりヤーナ・ショルツェとともに、「構成(コンポジション)」と名づけます。この名称が暗示しているように、おそらく芸術活動に最も近づきます。この手法の場合、モノが組み込まれる秩序は、クラス分類の場合のように最初にくるのではなく最後にくるのです。この秩序は試行錯誤の過程で探索されようやく見いだされねばなりません。その際、手摺りのように支えてくれる規則はありません。探索運動は際限がなく、大団円は保証されていません。展覧会企画者は結局のところ自分自身しか、すなわち自分の経験や勘しか頼ることができません。せいぜい、自分自身の偏愛、すなわち非合理的な基準に従うだけです。はじまりは徹頭徹尾、感情規定的なのです。しかし、少なくとも最初の有効打がモノの間の安定した結合形態をとることに成功した場合には、心情諸力とならんで悟性諸力も運動を始め、結合の技が止むことはなくなります。そのとき展覧会の展開のなかでも熱いあの局面が始まります。すなわち、キュレーター、展覧会企画者、担当チームは、コレクションの物品を互いに関係づける統制され慎重なやり方で、新しい意味と見方を創りだすのです。

結合の技がそのとき把握するものはすべてすでにそこに存在するものです。しかし、それは安定した軌道から取り出され、ひっくり返され、問いただされ、試され、そして最後にこれまでとは異なる、より内容豊かでよりアクチュアルな布置関係に物品は置かれるのです。フリードリヒ・シュレーゲルはこの方式を「普遍的な、分離と結合の技」と特徴づけ（Schlegel 1964, S. 83）、ジャン・パウルはこれを「機知（Wiz）」と記述しました。これは、慣例の親しんだ構造を吹き飛ばし、誰もがすでに見て知っていると信じこんでいるものを再認する代わりに、一風変わったものをぶしつけに組み合わせることで、なにか新しいものをひらめかせます。この構成（コンポジション）の手法に関しておそらく多くの経験を持っている、ベルリンの「モノのミュージアム」〔ドイツ工作連盟のミュージアム〕の館員たちは、こうした文脈で「錬金術」（Spiepmann 1987）についてしばしば語っています。この言葉は魔女の窯や魔術を連想させてしまいますが、まったく見当はずれというわけでもありません。構成（コンポジション）という手法の核心を成しているのは、初期ロマン派以来知られ、二〇世紀初頭の無声映画やアヴァンギャルド運動で盛んにもてはやされ詳しく記述された技術なのです。すなわち、モンタージュの技術のことです。これによって意味の担い手としてのモノは、忍耐強く積分されていくわけでも、並置されるわけでも、同じカテゴリーのたんなるサンプルに平均化されてしまうのでもありません。互いに対置して置かれます。さまざまなもののモンタージュ、とくにコントラスト・モンタージュこそがモノの隠された意味を解放し、モノを新しい連関へ運び入れます。

物品をモンタージュ・テクニックに基づいて結びつけることが、説得的な成功を収めた例として、二〇〇九年のボイエラー財団の展覧会「イメージ世界 Bildwelten」を挙げることができます。この展覧会では、アフリカやオセアニアに起源をもつ彫刻が、アンリ・マティスやパブロ・ピカソやフェルナン・レジェやクロード・モネの絵画と結びつけられたのですが、それはしかし、これらの彫刻をインスピレーションの源泉の次元へ引き下げ、カール・アインシュタイン〔一八八五〜一九四〇。ドイツ系ユダヤ人の美術史家。早い時期からキュビズムやアフリカ美術を論じ、前衛芸術家に大きな影響を与えた〕以来ふつうのことになり、一九八四年有名になった展覧会「二〇世紀のプリミティズム」でもウィリアム・ルービンがニューヨークで試みたように、古典的近代のフォルム形成にこれらの彫刻がどのように貢献したかを問題にするためではありませんでした。そうではなく、文化的に完全に異なる二つの表現システムを同じ眼の高さで対話させることで、交互に照らし合い、註釈し合わせることが目指されました。このためキュレーターは意図的に、アフリカの仮面とそれに完璧に合うピカソの絵をカップリングするというありがちな展示を避け、その代わり、展示を非対称的、不協和音的に行なうことにしました。その結果、視覚的にも美的にも大きな緊張をはらむ微妙にバランスのとれた場が出現しました。こうした冒険的実験も、しばしばたんに形式的な対応関係にこだわり続けていたり、多くの対照関係、たとえばモネの睡蓮とパプア・ニューギニアのワニの対照関係のように、おそらくちょっと単純すぎたり、あまりに直接的すぎたりすることもありますが、甘受できる範囲内です。ともかく、あまりに慣れ親しんだものへの怠惰なヨーロッパ的まなざしを活性化する何かはありました。

ところで、構成〔コンポジション〕の極端な例、要するにその否定的事例ということになりますが、それはジョン・ケージが音の扱いのため発明した偶然性の技法です。これは、音響の出来事、すなわち響きと騒音をチャンス・オペレーションの手法を借りて、どんな音楽関係にも、すなわちどんな響きと騒音のあいだにある慣習的な音楽関係や現行の音楽関係をはっきり切断するように組み合わせることを目標としています。個々の音は全文脈から解放されます。それはたえず自律的でなければならない、すなわち、ただそれ自身であり、純粋な意味から自由な響きであらねばなりません。これはかなり要求度の高い企てであり、おそらく実現不可能です。なぜなら、響きがともに現れるや否や、不可避的にそれらのあいだに関係が出現し、同時に意味も生じてくるからです。ミュージアムの分野でこのチャンス・オペレーション的な構成手法が最も好んで用いられるのは、モノに対抗してアルファベット・システムという完全に恣意的原則に従いモノを組織する場合です。その帰結はいわゆる屋根裏部屋効果**Dachbodeneffect**、すなわち事実上の混乱状態です。しかし、これは、鑑賞者が証言するところによれば、きわめて刺激的な作用をおよぼすこともあります。

ミュージアムで対象物を展示するための根本的手法のうちクラス分類と構成（コンポジション）の次にくる三番めのものは、場面提示（**szenische Darstellung**）です。この手法の場合、展示品は可能なかぎりリアリスティックに日常もしくは自然の環境に埋め込まれます。シナノキでできた聖母像はガラスケースの中ではなく、細部まで忠実に再現され建てられた農家の部屋の角の棚に上に置かれます。剝製の鳥ヤツガシラはもはや書棚の上ではなく、紙パルプと石膏とおがくずで再現された森の書き割りセットを背景とする日の当たる草の上を闊歩します。東洋風の絨毯はもはや倉庫の壁の薄暗がりの光のもとに吊るされるのではなく、展示室の寄木細工の床の上に流し込まれた砂漠の砂の上にテントが建てられ、その開いた入り口の前に敷かれます。

場面提示の可能性の幅は大きく、二つの両極端のあいだに広がっています。まず一方の極には、現地に無傷に保存された歴史的空間があります。この場合、外交官であり発明家だったフランクリンが一六年間住んだロンドンのフランクリン・ハウスの場合のように、住居複合施設全体が問題となります。しかし、いくつかのいわゆる歴史的居室だけが問題になるケースもあります。その際、これらは現場で取り壊され、建造物と内装の全体がミュージアム内でオリジナルに忠実に復元されます。

これとは逆のスケールのもう一方の極には、模造、場面模写、イミテーション、三次元の自然模写、ビオトープ・モデル、生活環境の複製があります。そこでは部材も大きさの比率も現実からとってこられることはもはやありません。

この両極のあいだに残りのすべては位置づけられます。たとえば、わざと歴史的雰囲気を持たせたインテリアや「様式の間」や「時代の間」に見られるように、オリジナルの部分と模造とのさまざまな混合具合が見られます。動物たちの毛皮を用いた立体模型もそうです。ここでは少なくとも使われた毛皮は自然からとられています。

以上すべては、模型の真実性の点でさまざまだし、仕上げの詳細さの点でも異なっているし、鑑賞者の近づきやすさという点でもいろいろです。たとえば、いくつかの場面提示は神話的テクストに依拠しています。パリ国立自然史博物館のホールの剥製動物の一群はノアの箱船に入っていくか出てくる列を視覚化しています。労力をかけた科学的調査結果に基づくものもあります。たとえば、ボンにあるライン州立博物館のネアンデルタール人家族のかまどの場面などがそうです。またいくつかの場面はそのハイパーリアリズムによって強い印象を与えているかと思えば、かなり簡略で図式的なものもあります。足を踏み入れることができるものがあると思えば、ジオラマのようにただのぞき箱のなかの舞台としてしか鑑賞できないものもあります。しかしいつも〔場面提示で〕鑑賞者に提供されるものは、現実の場面の全体をある一局面から表現した現実なのです。

モノの展示を新しい認識を産出する配列へもたらす根本的手法のうち、四番めのものは、物語ること、あえて専門用語の排他性を装っていえばナラティヴです。これはおそらく本当は場面提示の時間化された形式以上の何ものでもないのですが、最も複雑な手法ではありません。ナラティヴは場面のタブローの中で凍りついた物語を、時間的に話を展開し、前に起こったこと、その後に起こったことを補うことで、解凍します。次のように言えるかもしれません。ナラティヴのなかで、場面提示では固定されていた瞬間がふたたび動きの一部として把握される、と。ヨーハン・グスタフ・ドロイゼンがかつて定義したように、ナラティヴとは「生成のミメーシス eine Mimesis des Werdens」(Droysen 1960, S. 274) なのです。ただこれはいかにして可能となるのか。

この問いに答えることはそれほど難しいようには思われません。というのも、物語の形式法則は長く研究され記述されてきたからです。最近ではとりわけそうなのですが、文学研究による物語理論(Lämmert 1955, Todorov 1972, Stanzel 1979)、心理学および心理療法的物語理論、民俗学的および民族学的メルヘン研究と神話研究 (Propp 1975, Levi-Strauss 1976)、社会学的バイオグラフィー研究および社会言語学的言語行為分析と談話分析 (Fillmore 1976, Kallmayer/ Schütze 1977, Labov/ Waletzky 1973) の研究によって、物語の構成条件、物語の基本構造と基本的過程に関するすべてについて包括的かつ信頼に足る仕方で情報を得ることができます。さらに加え、最近の歴史叙述理論の領域では方法論的反省が多くなされています。たとえば、ヘイデン・ホワイトの歴史を物語ることのフィクション性に関する研究で、とうとう議論は最高点に達しています（White 1986）。大学でいまだＤＦＧ〔Deutsche Forschungsgemeinscahft　ドイツ学術振興協会〕から助成を受けつつ展開されているこの種の研究プロジェクトやナラトロジー・センター[†1]が存在していなかったとしたら、部外者としては、この研究領域は研究しつくされ研究活動は終わりを迎えているとみなすところでしょう。しかし、ナラティヴに関する研究活動と、これに対応する出版物の量は、頓挫するどころか爆発的に増えています。ナラトロジーは近年本格的な全盛期を迎えているのです。

しかしながら、その認識の成果は、確立し分化した個別研究の領域の場合しばしばそうなのですが、ミリメーター単位の範囲内でなされています。物語研究の最大のテーマ、主要な関心はこの数十年変わってはいません。このことは、とくに、物語研究で最も中心的カテゴリーであるパースペクティヴ、英語圏のタームで言えばポイント・オブ・ヴューに関する研究にあてはまります。叙述される事象への選択的まなざしという意味でのパースペクティヴは物語において避けることはできません。それどころかたいてい、多くのパースペクティヴを同時に使ってことをすすめなければなりません。すなわち、物語主体のパースペクティヴ、登場人物のパースペクティヴなどを使ってです。これらパースペクティヴは、それらが語ることにおいて、互いに補完し合ったり、矛盾し合ったりするかもしれません。それらが語る仕方は、たとえば直接的な語り方から内的な独白までいろいろありえますが、その仕方でみずからを区別したり、特徴づけたりするかもしれません。物語研究はこうしたことのすべてを、そしてそれ以上のことを、この一〇〇年のあいだ、ずっと正確かつ洗練されたやり方で研究してきたのです。物語研究は、経験的作家と抽象的作家を区別し、すべてを概観する語り手 Auktorialer Erzähler と一人称の語り手

Ich-Erzähler を区別し、現実の読者と潜在的な読者を区別しました。そしてさまざまなパースペクティヴがお互いいかに密接に交差し合うかを示したのでした。

ナラトロジーで継続的にテーマとなっているものとして、パースペクティヴとパースペクティヴが語りのモード、時制および副詞的規定へおよぼす影響とならんで、「物語の構成形式」があります。これはエーバーハルト・レンメルトの表現ですが、彼によれば、この構成形式が物語作品をその展開において分節し、その部分部分を接合します。こうした構成形式が生じてくるのは、物語られた時間の単調な継起が、話の先取りや遡及で切り替えられたり、並行する筋書きによって分割させられたり、脱線や細部描写によって話に襞がつけられたりすることによります。語り手の意志に応じ、さまざまな速度、細分化、中断と新しい開始、驚かせるような転回、その他多くの仕方で、事象が入れ子状となった出来事系列から成る、程度の差はあっても複雑な組織へと構造化できるようになります。

パースペクティヴと構成形式の形態学とならぶ物語研究のもう一つの重要なテーマは叙述された出来事間の結合です。この結合なしに物語はありえません。出来事や行為をある展開の契機、概して言えば時間的経過の契機として、すなわち歴史として叙述するためには、出来事や行為が互いに結合されなければなりません。結合の最も単純な形式は加算的連続です。これはどのような文化にもどのような年齢層にも見られ、また、初期市民層の家族年代記や古い神話にも見られるし、子どもが物語る際にも見られます。言語的にこの形式に対応するのが、時間的に結びつける仕方である叙事詩的な「そして次に、そしてその次に、そしてそのまた次に」です。ですが、素朴な連続形は出来事の内的連関についてまだ何も語っていません。その連続して起こる必然性について、何も語りません。この内的連関、連続の中の必然性を見えるようにするためには、より複雑な結合図式が必要となります。たとえば、それは因果図式であり目的図式です。因果的結合方式の場合、想起もしくは期待された出来事のたんなる継起連続に替わって、因果系列の連鎖が登場します。これに対し目的的な結合方式は物語られた事象を目的と手段の連鎖に結びつけます。たいてい、すなわちいつもというわけではありませんが、因果的結合方式と目的的結合方式は、「だから〜」と「〜するために」という接続詞の使用でそれと認識することができます。

ナラトロジーについてはあまりにたくさんのことがあります。ナラトロジーは広大で専門分化した領域なのです。この分野についてあまりに簡潔で部分的でしかない私のこの説明は、ただ、物語ること、時間的経過を叙述すること、すなわち「生成のミメーシス」がいかにして可能になるのかという問いへの解答が存在することを示すだけでしかありません。しかし、解答はもちろん難点を持っています。その解答は実際の物語のタイプ、すなわち、言語的な物語のタイプにしかにしかあてはまらないからです。モノで物語ることにこれは当てはまらないのです。むしろ逆で、可動性の高い言語が持つほとんど無制限と言ってよい、意味の潜在的可能性と比較すると、鈍重なモノ記号で物語ることを隠喩以上の意味で問題にすることはいったい可能なのか、という疑問がでてくるのです。

ガリヴァーがバルニバービへ向かう途上、訪問することを許されたラガードの王立アカデミーの学者たちのうち幾人かは、このことを正確に知ろうと欲し、この問題を実証的に検証しようと決心したのでした。彼らは大規模な実験を計画したのでした。それは、モノを表す言語記号ではなく、モノ自体を意思疎通のために利用すべしというものでした。言葉の代わりにモノを使用するところから生じざるをえない唯一の不便さは、このプロジェクトの立案者の意見によれば、たとえば、「仕事を手広くやっている男が、もし一人二人の屈強な従者を雇える立場にない場合、その背中に荷物を結わえて持ち歩かなければならない」(Swift, J.: Guilliver's Reisen, III. Teil, 5. Kap., S. 69) ところにありました。ガリヴァーは実際、通りで幾人かの被験者がその荷物の重荷のためほとんど崩れ落ちそうになっているところを観察しています。しかしそのために実験が頓挫してしまったわけではありません。実際、実験の指示自体がはじめから誤算に基づくものだったのです。それは瓦解せざるをえませんでした。なぜなら、モノだけで意思疎通することも、なにかを物語ることも不可能だからです。端的に言って、どんな物語をも構成する時間関係、すなわち共時性と継起性を表現するための最も基本的な前提条件が欠けているからです。時制形式と時間の副詞的規定、人称代名詞とすべての種類の接続詞が欠けています。簡潔に言うと、話を物語るため必要とするものすべてが欠けています。

ラガードの科学者たちは、意図せずして、その失敗した実験でミュージアムにおけるナラティヴの限界を示したことになります。モノはそれ自体で受け取られるのであって、やはり物語にふさわしい媒体ではありません。だが、それゆえ意気沮喪する必要もありません。やはりモノで物語ることもできるからです。ミュージアムの中においても。ただそのためには以下の二条件が満たされねばなりません。

条件の第一のものをラガードの科学者たちはひょっとしたら認識していたかもしれません。すなわち場所が必要なのです。モノで物語るためには、モノは一つの線上に並べられねばなりません。この線はまっすぐかもしれないし、曲がっているかもしれません。弧を描くかもしれないし、ジグザグに進むかもしれません。分岐し二倍三倍と増え、ふたたび統合するかもしれません。途中で途切れ、新しく始まるかもしれません。いろいろありうるけれども、線はかならず場所を必要とします。線は空間の中で延長できなければなりません。その際、建築は線に相応するものになるかもしれません。建築は道を自由につくり、長さと幅を決め、展望を開き、前や後ろ、内側や外側への移行をつくり出すことができるし、道を遮断することもできます。また、そうしないこともできます。どの場合でもミュージアムのモノによる物語は空間に頼らざるをえないのです。ミュージアムは物語が行われる空《から》の容器にとどまるわけではありません。空間はむしろいずれにせよ大きさと形によって物語を構成する要素です。これに鑑賞行動が即応します。言葉の物語の場合とは異なり、ミュージアムにおける鑑賞者は、ソファに座って話を聞いたり、本をめくったりしません。空間的に列をなすモノに沿って歩いていきます。ミュージアムの鑑賞者は歩きながら歴史を獲得していくのです。

しかし、そこにもやはりまだ問題があります。空間におけるモノの配列は、それがどんなかたちを示そうとも、まずは単なる連続でしかありません。どの時点で来館者は、そこで問題になっているものが時間的経過であって、単なる非歴史的比較のための措置ではないことを知るのでしょうか。どのようにして空間的連続から時間的連続が生成してくるのでしょうか。列から継起が、線から時間の流れが、空間の転換から時間的飛躍が、壁の向こうの空間へ放たれる視線から物語的先取りやその回顧が、空間の移動から時代区分が、どのように生じてくるのでしょうか。

この問題に答えてくれるのが、モノで物語るため満たさねばならない第二の条件です。すなわち言語が必要となるのです。ミュージアムでのナラティヴも言葉にたよらざるをえません。すでに最も単純に年代順に提示する場合でも、少なくとも「より早く」とか「より後に」といった副詞的規定がなくてはなりません。物語のパースペクティヴが多層になればなるほど、物語構造がより複雑になればなるほど、そして出来事間の結合がより繊細なものになればなるほど、時制上の規定が必要となってくるし、より贅沢な表現が必要となってきます。言語だけがこのことを成し遂げ得ます。言語だけが時間と時間関係を叙述するために必要な手段を意のままに用いることができるのです。言語が付け加わることではじめて、空間におけるモノの配列から物語が生成してきますし、その物語のなかで、その物語とともに時空間が展開してきます。この空間を人はロシアの言語学者ミハイル・バフチンの造語に依拠しつつ「クロノトープ」〔Chronotop　ギリシア語の時を意味するchronosと場所を意味するtoposからの造語〕と呼ぶことができるかもしれません。どんな種類の物語にも不可欠である言語は、しかしながら、ミュージアムにあってはモノとの接触、しかも視覚による接触を失ってはなりません。それはつねに眼の前に存在する展示品に関係づけられていなければならないし、それゆえに、どこでも読むことが可能な小説や歴史記述の状況に依存しない言語と比較すれば、実物教授的表現を不釣り合いに多くなさねばなりません。さもなければ、展示品はそれがなくても他の場所で物語ることができてしまう話のたんなる付属品や例示に堕してしまう危険性があります。この危険性を私は「感傷美術館musee sentimentale」という名で有名になった展覧会タイプに見ます。「感傷美術館」の発案者ダニエル・スペーリ〔一九三〇〜。スイス出身の現代アーティスト。大量消費時代の廃品などを使用したヌーヴォー・レアリスムを展開する〕が一九七九年ケルン芸術協会で行ったそのヴァリエーションでは、ライン川の大都市〔ケルン〕の歴史がモノとともにではなく、モノに付加されるようなかたちで物語られます。モノ、それはたいてい日常生活からの遺品や儀式の品々ですが、それは言葉による物語や逸話のたんなるきっかけになってしまっており、その物語はモノがそこになくても別個に本で読み理解できるようなものなのです。

展示品に対して独立してしまう物語という危険性から眼をそらさず、そしてとりわけ上に挙げた二つの条件、すなわち空間への依拠と言語による支えという条件を尊重するならば、ミュージアムはモノで物語る黄金境となります。どのように文脈をつくり出すか、どのように〔モノを〕結びつけるか、どのようなパースペクティヴを選ぶかに応じて、ミュージアムはおそらく無際限に多くの歴史を物語ることができるのです。さまざまな歴史を並行させて物語ることができるし、対比的に語りこともできるし、交差させて語ることもできる。すべて可能です。

もっとも、どんな歴史にも参照される物語があります。それは学問によってもたらされ、他の歴史がすべてそこに方向づけられ評価されねばならない規範を設定します。学問はわれわれの文化にとって、ある歴史が真実であるかどうかを決定する法廷です。学問は、歴史的事実を調査し、確かめ、それを「事実」として布告するため満たさねばならない方法的条件を規定します。学問的な調査と検証というフィルターをうまく通過できた事実に依拠するナラティヴは、その真理性要求が承認されたものと期待してよいのです。ナラティヴは、われわれの近代社会において、いにしえの啓示の物語機能と、時々ではあるものの啓示が持っていたその身振りも受け継ぐ地位と力を所有しています。いずれにせよ、多くのミュージアム来館者はそのように見ていると思います。来館者の構えは、学問的な歴史の真理要求によって萎縮させられる、すなわち比喩的に言えば、ひざまずきつつ提示されたメッセージを覆しえない確実なものと信仰深く受け入れるか、さもなければ主観的連想が支配する私的世界に引きこもるかなのです。だが、こうした反応の仕方はもちろん誤解に基づくものです。と言うのは、学問的な物語に特徴的なのは、まさに、その真理性が仮説的性格を持つこと、すなわち一時的な性格を持つという点にあるからです。その真理は反証されないかぎりでしか妥当しないのです。したがって、人は学問的歴史をそれが改訂へ開かれているというように物語らねばなりません。目標は、来館者自身をこの改訂作業に引き入れること、ミュージアムにおける学問的ナラティヴの共同キュレーターとして来館者を味方につけること、となります。ミュージアムで物語られる歴史が、政治的に去勢され経済的動機に基づくイヴェントにかしずくのではなく、来館者自身の関心を表現してくれており、自分たちの存在条件について、すなわち歴史的条件や現在の条件について明らかにしてくれるという印象を来館者に与えることが多ければ多いほど、この目標は成功裏に達せられることになります。

注

†1　たとえばハンブルク大学には次のようなプロジェクトがある。〈http://www.icn.uni-hamburg.de〉を参照。またヴッパタール大学には物語研究センター Zentrum für Erzählforschung がある。これについては、〈http://www.fba.uni-wuppertal.de/zef/〉を参照。

文献

—Baudrillard, Jean: For a Critique of the Political Economy of Sign. St. Louis, 1981.〔『記号の経済学批判』今村仁司訳、法政大学出版局、一九八二年〕

—Derrida, Jacques: Grammatologie, Frankfurt am Main, 1983.〔『グラマトロジーについて　上・下』足立和浩訳、現代思潮社、一九九六年〕
—Droysen, J. G.: Historik. Vorlesungen über Enzyklopädie und Methodologie der Geschichte, 4. A. Darmstadt, 1960.〔『史学綱要』樺俊雄訳、刀江書院、一九三七年〕
—Fillmore, Ch. J.: Pragmatik und die Beschreibung der Rede. In: Auswärter, M./ Kirsch, E./ Schröter, M.（Hg.）: Seminar: Kommunikation, Interaktion, Identität, Frankfurt am Main, 1976, S. 191-200.
—Foucault, Michel: Die Ordnung der Dinge, stw 96, Frankfurt am Main, 1974.〔『言葉と物』渡辺一民／佐々木明訳、新潮社、一九七四年〕
—Kallmayer, W./ Schütze, F.: Zur Konstitution von Kommunikationsschemata der Sachverhaltsdarstellung. In: Wegener, D.（Hg.）: Gesprächsanalysen, Hamburg, 1977.
—Labov, W./ Waletzky, J.: Erzählanalyse: mündliche Version persönlicher Erfahrungen. In: Ihwe, J.（Hg.）: Literaturwissenschaft und Linguistik II, Frankfurt am Main1973, S. 78-126.
—Lacan, Jacques: Schriften II. Olten und Freiburg, 1975.
—Lämmert, Eberhart: Bauformen des Erzählens, Stuttgart, 1955.
—Levi-Strauss, C.: Mythologica I-IV, stw. Frankfurt am Main, 1976.〔『神話論理』全四巻、みすず書房、二〇〇六〜二〇一〇年〕
—Paul, Jean: Sämtliche Werke, Bd. 2, Teil 1, München, 2. A., 2007.
—Propp, Vladimir: Morphologie des Märchens. stw, Frankfurt am Main, 1975.
—Schlegel, Friedrich: Kritische Schriften. München, 1964.
—Scholze, Jana: Medium Ausstellung. Lektüren musealer Gestaltung in Oxford, Leipzig, Amsterdam und Berlin, Bielfeld, 2004.
—Searle, J. R.: Sprechakte, Frankfurt am Main, 1971.〔『言語行為——言語哲学への試論』坂本百大／土屋俊訳、勁草書房、一九八六年〕
—Siepmann, Eckhard: Alchimie des Alltags. Das Werkbund-Archiv. Museum der Alltagskultur im 20. Jahrhundert. Gebrauchsanweisung für einen neuen Museumstyp, Frankfurt am Main, 1987.
—Stanzel, F. K.: Theorie des Erzählens, Göttingen, 1979.〔フランツ・シュタンツエル『物語の構造』前田彰一訳、岩波書店、一九八九年〕

—Swift, Jonathan: Gulliver's Reisen in unbekannte Länder. Übersetzt von Dr. Fr. Kottenkamp mit 450 Bildern und Vignetten von Grandville, Stuttgart, 1843.〔『ガリヴァー旅行記』坂井晴彦訳、福音館書店、二〇〇六年〕

—Todorov, T.: Die Kategorien der literarischen Erzählung. In: Blumensath,H.（Hg.）: Strukturalismus in der Literaturwissenschaft, Köln, 1972, S. 263-294.

—White, Hayden: Auch Klio dichtet. Die Fiktion des Faktischen. Studien zur Topologie des historischen Dikurses, Stuttgart, 1986.

第2章　モノの陶冶価値*

――あるいはミュージアムの可能性

「言葉 verba」に対して「モノ res」がないがしろにされているという嘆きは、教育学において長い伝統を持っています。少なくとも一七世紀コメニウスにおいてそれは始まっており、それ以来、途切れたためしはありません。とりわけ教育改革者たちは、授業での「常套句の繰り返し」や「経験の貧困」をいつも嘆いてきましたし、知覚できるモノと直接向き合うことを強く促してきました。ルソーは、それどころか、書物を「子ども時代の災い」とみなしました。エミールの知性教育は、活動による直観でなされたほうがよく、読書によってでもなく、図版や複製品によってでもだめなのでした。「私はエミールに自然以外の教師を求めないし、現実の対象以外のモデルを求めません。私は、エミールがオリジナルなものを眼にすること欲し、オリジナルが描かれた紙を眼にすることは欲しません。エミールは実物の

＊初出：Zeitschrift für Erziehungswissenschaft, 1-2001, S. 39-50.

家を見ながら家を、実物の木を見ながら木を、人間を見ながら人間を描くべきなのです。それは、エミールがすべてをその現象形態に従い正しく観察することに習熟するためであり、間違った慣習にすぎない複製を本物とみなすようにならないためである」(Rousseau 1963, S. 311/ 312)。

テクストや図版といった後から秩序づけられたもののために、陶冶過程において現実のモノが後退していくという傾向は、教育者によって何世紀にもわたって記録され、直観や生活への近さという基準に依拠しながら阻止することが試みられてきたのですが、この傾向は、今日、まさに劇的なかたちをとって現われてきているように思われます。後退やないがしろに替わって、今では、モノの消滅が語られているのです。最近、学問的文脈においてでさえ、シュールレアリズム的にも思えますが、しかし、真剣に考えられたテーゼとして、包括的な世界の脱物質化(Dematerialisierung der Welt)が語られるのにでくわします。環境世界のモノは、なにもかもが消滅しようとしており、モノが占めていた伝来の場を、デジタル的仮象の参照点なき世界に譲り渡そうとしている、と主張されています。たとえば、能弁でよく売れるヴァーチャル時代の預言者ヴィレム・フルッサーにとって「環境世界は、ますます柔らかく、霧のように、そして幽霊のようになる」(Flusser 1993, S. 82)のです。古代の神々の一団に定冠詞をつけ「メディアたち Die Medien」と名づけられたシンボルを操るマシンが、その支配権を引き継ぐ勢いをみせているかのようです。

こうした時代診断は、さまざまな場所でほとんど常套句化しており、すべての事象を説明する手段として使われています。たとえば、われわれの日常のいわゆるヴァーチャル化が、感性の衰弱や現代人に感じられる内的空虚感の原因であるはずだというのです。それどころか、最後にはリアルな現在の希薄化が引き起こす「落ち着きのなさの常態化と人間の条件の疎外」の対応が、総じて、学校へ押しつけられることになります。明白なことは、二次的なものや代用品の優位によって苦境がもたらされたと誤解されている状況において、「一次的なものとの再会」(Botho Strauß)を求める要求が増大し、最終的に、それは、文学研究者ゲオルク・シュタイナーの話題になった『リアルな現在について』というタイトルを持つ本に見られるように、直接つかめるものに助けを求める叫びのかたちをとって放電するようになります(Steiner 1990)。現実がシミュレーションとして強く感じられれば感じられるほど、モノがもつ直接性と真正さへの叫びはますますヒステリックに響くことになります。

しかし、現今のこうした興奮した言動は正当なものとは言えません。すでにこの言動の根本におかれている状況分析からして、間違っています。日々の生活のモノは、記号とシンボルのヴァーチャルな錯綜に覆い尽くされも、抑圧されても、また処分されてしまってもいないし、仮象と論理的に等価なものとなってもいません。モノはむしろそれ自身が記号であり、クシシトフ・ポミアンが言うように、「ゼミオフォーレン Semiophoren」なのです。しかもそれは最初からそうなのです。モノはすでにいつも、人間が行動し方向づけられているシンボル的宇宙の一部なのです。

言語記号のように、モノ記号もまた、それが指示する他のものによって意味を獲得します。この指示、ないしは記号理論の術語で指示対象(レファレンス)とも言われるものは、さまざまな形式を取りうるものの、つねに現存するものです。その指示対象の形式が立証されないモノなど世界には存在しません。美術館教育の理論にとって、この事態は重要な意義を持ちます。こうした理論的関心に立って、私は、ネルソン・グッドマンを自由に用いつつ、かつグッドマンの提案を補完しつつ、モノをその関係のあり方に応じて以下の四つのカテゴリーに分けてみたいと思います。すなわち、痕跡（Indizien）、例示（Exempel）、モデル（Modell）、メタファー（Metaphern）の四つです。

痕跡としてのモノは、そのモノがなんら類似性を持たず、また代理することもない何ものかを指示します。痕跡は、過去の出来事の後に残った残余であり、ある事件の意図的ないしは無意図的刻印です。またはこうも言えるかもしれません。痕跡はドキュメントであり、遺物であり、証人であると。その痕跡としてのモノは、それが属していたところの歴史上の生産関係や、使用関係についての説明を与えてくれます。こうして、黒い鞄は、コール政権時代のマネーロンダリング法案に対する武器商人の違反をこっそり伝えてくれるし、木製の粗末な学校の長椅子は、帝政時代の授業中、祖父たちがどんな姿勢を取っていたかを示すものとなるし、ペティコートは一九五〇年代の田舎の中都市出身のティーンエイジャーがどのようにセックスアピールを高めようとしたか、その方法について情報を伝えてくれます。痕跡は、つねに特異なものであり、それはある特定のものを指示します。その関係は、それゆえ経験的なものなのです。

このことは例示にはあてはまりません。モノが例示としてなにか他のものに関係するそのやり方は、経験的と言うよりは論理的な性格を持ちます。例示は、相互に代理し合えるクラスに属します。ここで重要なのは、その特異性ではなく、そのクラスに属するものと共通に所有しているものです。すなわち、その例示的性格です。「例示するとは、ある目印、あるラベルのサンプルとして使用することを言う」（Goodman 1993, S.96-97）。こうして、ドライバーは工具のクラスを例示し、工具の一つの例、一つのサンプルを提供するのです。すなわち、それは、個物として同じ種類の他の工具を指示します。しかし、それはまた、それがそれ自身のクラスに属することで、それが排除してしまった対称的な集合も指示します。工具としてのドライバーは、遊具という対比的なクラスも、そしてそれに包摂されている諸要素をも指示します。

モノ記号の三番めのカテゴリーであるモデルはまた違ったように機能します。モデルとしてのモノは、検証できる類似性のなかで、指示対象と関係しています。モノは、したがって、モデルには代理能力があります。モデルは、ある事柄がどのように見えるか、どのように機能するか、どんな法則に従っているかを示します。このモデルのおかげで、オリジナルの特徴が、少なくともその重要な諸点において、よく認識でき判断できるようになります。こうした理由から、モデルとして機能しているモノは、しばしば教授‐学習関係に取り入れられています。また、教育ミュージアムにおいてはしばしば、このモデルが教授学的資料として使われているのを目にすることができます。ですが、このカテゴリーはもっと包括的なものを持っています。蚊の足や人間の眼の拡大模型だけがこのカテゴリーに属しているのではなく、同様に、惑星システムの正確な縮小模型、経済システムや経済循環の機能の水力学的ないしはなにか力学的な類比モデルの他にも、視覚的類似性に基づく図版、彫像、メルクリン鉄道模型〔メルクリンは一八五九年創業のドイツの玩具会社。とくに一八九一年ライプツィヒの玩具見本市に蒸気機関車の鉄道模型を出品して以来、世界最大の鉄道模型会社の一つとなる〕やレゴ・ブロック〔デンマークの玩具会社で、ここでいうレゴとはプラスチック製の小さなブロックのこと〕でできた船、ケーテ・クルーゼ人形〔ケーテ・クルーゼは二〇世紀初頭創業の著名なドイツの人形メーカーで、繊細な手描きが生み出す顔の表情と首の回る構造で、人形の歴史を変えたと言われる〕もこのカテゴリーに入ります。

モノ記号の、四番めにして最後のカテゴリーであるメタファーもまた、類似性に基づく関係性で特徴づけられます。しかし、モデルと違って、モノ的メタファーの類似性は、それが指示するものをそう簡単には指定したり確認したりできません。その理由は、簡単です。メタファーとしてのモノの指示対象は、つまるところ、視覚可能な外界にではなく、主体の内部世界にあるからです。そのメタファーは、感覚、感情、表象、記憶などを指し示します。メタファーとしてのモノは、前概念的なものの表現媒体なのです。それは、メタファーとして以外には第三者にまったく伝わらないようなものを代理・表象します。ポール・リクールの言う「メタファー的指示」(Ricœur 1986, S. 280) の特別な形を示すモノには、当然ながら、造形芸術のすべてが入りますが、しかしそれだけではありません。芸術的な制作物でないものもメタファー的に機能します。たとえば、ベルリン自然史博物館に展示されている戦争の前にベルリン動物園で死んだ猿のボビィの剝製も、その姿勢や顔の表情で、力や雄らしさ、老齢からくる恨みなどの混じり合った意味を指示しています。他方、同ミュージアムのジオラマの一つでオオカミの展示が二つありますが、こちらはむしろ「欲望と卑劣さ」といったものを表現しています。

たいてい、モノは、いくつもの記号カテゴリーに属しています。それは同時にいくつもの記号でありうるのです。たとえば、例示と痕跡。そのすばらしい証拠品が、ワシントンD・Cの国立航空宇宙博物館のガラス容器の中で見ることができる石。この石に何か特別なものがあるわけではありません。それは、まさに見栄えのしない四〇〇万年前の火山の玄武岩の一片であり、地球上にはたくさん存在するたぐいのものです。こうした意味では、この一片は例示的性格を持ちます。この石は、自然の対象の一定のカテゴリーを例示しているのです。この石をよく秩序づけられた場所に位置づけ、鉱物コレクションの体系へと組み入れることは問題なく可能でしょう。だが、他の石と違い、この石は、祭壇のような目立つ場所に展示され、厳重に監視されています。というのは、この石は同時に宝石でもあるからです。すなわち、直接、月に由来するもので、アポロ一七号の収穫物だからなのです。こうして、この石はもはや例示のカテゴリーに属さず、痕跡に属すことになります。その石は珍しいドキュメントであり、直接的名残であり、歴史的過程の経験的証明なのです。

月の石は、関係の仕方で二つの異なるカテゴリーにダブって属すからといって、混乱をもたらすことはありません。なぜなら、場所に置ける演出、文脈上の諸条件が、一義性をもたらすからです。こうした事態は、モノの意味とは他のものへの関係の仕方だけで決まるのではなく、それが置かれた状況にもよることを思い出させてくれます。現実の状況が、関係の仕方の種類を決定し、それによってモノ記号の意味が決定されます。金の縁飾りをもった黒い台座の上でガラスの中に入れられ、スポットライトで照明されて展示されているか、それとも、工業生産された金属製の棚に置かれ、室内照明で済まされるかで、そのものの意味的価値は完全に変わってしまいます。モノの意味は、まさに、つねに、コンテクスト依存的現象でもあり、というより、もしかしたらコンテクスト依存的現象でしかないのかもしれません。記号論に影響を大きく受けた学派の一つによれば、モノの意味は、すべての記号の意味と同様に、やはり、そのなにがしかの積極的な内容によって、自立的に構成されるのではなく、差異と対立の戯れのなかで消極的に構成されてきます。ボードリヤールも述べているように（Baudrillard 1981, S. 63）、個々のモノは、まったく孤立的に、それ自体で受け取られてしまえば、まったく意味を持たず、根本的に「無」です。意味は、それ自体は質をもたない物質的基体に、特定の形式と特殊な表現を授ける差異と差異化の織物の中ではじめて発生します。大きさ、色彩、輝き、明度、なめらかさ、すなわち、モノの感覚的に知覚可能な諸特性はすべて、そのモノが絡めとられている区別化と対立という網の目によって、意味を孕みます。またはこうも言えるのではないでしょうか。どんなモノも、そうでないすべてのものによって、そのものである、と。どんなモノも、記号として、他の記号すべての痕跡を自分のなかに含んでいます。他なるものを自身のなかに他なるものとして保持する痕跡なしには、デリダが言うように、「なんの意味も現れない」（Derrida 1983, S. 109）のです。なぜなら「痕跡とは、現象と意味が始まる差異のことだから」（同前、S. 114）。

これは、すでにソシュール記号論の真髄でもありました。後継の構造主義者たちによってようやく完全に展開されたソシュールの論理によれば、モノはすべての記号のように、純粋に差異的分節をもつシステムであり、そのシステムでは、どんな要素も、他の要素と同一でないことで消極的にしか規定されていません。その際、本質的なのは、ある要素が他の要素と異なるという点ではなく、その要素が他の全要素と並列的かつ対立的に存在しているという点なのです。なぜなら、モノの相互対立構造こそが、まさに、そのつどの連関ならびに意味を「産出する」からです。こうして、バウハウスで開発された椅子の意味論的価値は、なによりもまず、ブルジョワ的な倶楽部におかれた椅子の鈍重さと対立する中でイロニーを含みつつ生じてきます。

ですが、差異コンテクストはたえず、モノの移動、新しい生産、破壊によって変化するので、個々の意味も変わります。意味は、「たえまなく」、ラカンの有名な定式によれば、「ずれていく」（Lacan 1975, S. 27）のです。しかし、意味は失われません。時間の流れのなかでモノが取るさまざまな意味は、少々不正確ですが、モノにこびりついています。意味は、いわば年輪のように、そのモノに、積み重ねられた層のかたちをとって付着しています。こうして、モノは、シンボル的宇宙の変転する文脈という軌道上で、徐々に多様な意味を持つようになり、専門用語で言えば、「多価性 Polyvalent」を持ちます。最後には、同じモノが、同時に多くのものでありえます。すなわち品物であり、徒弟が提出したマイスター試験の作品であり、見本であり、遺産であり、礼拝用品であり、かつ呪物でありうるのです。

このモノの多様な記号性の発生を歴史的にどのように想像できるか、フィリップ・フィッシャー（1991）はかつて刀剣を例に引きながら、単純化した形で示してくれたことがあります。まず、刀剣は戦士の手にあるときは道具以外の何者でもありません。それが使用されず、武器庫のなかで、兜、盾、槍や似たような道具と直接的な文脈に置かれていれば、その刀剣は、関係者、すなわち戦士自身やその仲間や敵にとっては、防衛下にあることの表現として読まれます。ピカピカに磨かれ、闘いが始まると、それは、闘いの道具に変わります。この道具の投入が、それに内在する目的に応じて、威嚇の意味であれ、破壊の意味であれ、成功裡に終われば、その刀剣の所有者は英雄の地位に昇りつめ、彼の死後、その刀剣は聖なるモノになります。意味の層のこの段階では、かつての武器はもはや闘いに使われるのではなく、自己確認や集団の忠誠心の確保手段に使われます。刀剣は聖職者に守られ、時代から時代へと記憶のための儀式や記念式典のなかで民衆の前で祝われます。今や、神聖なるモノとして、聖なる衣装、聖なる容器、聖なる塗り薬、聖遺物などの文脈に属することになります。破壊の道具から、崇拝の対象になったのです。しかし、これで、意味変容のプロセスはけっして終わりに至ったわけではありません。次の段階で、この崇拝され統一のシンボルにまで昇りつめた刀剣は、もしかしたら、外国の征服者によって、他の略奪品と一緒に、その征服者の国の宝物室へ持っていかれるかもしれません。いまや、かつての刀剣は貴重品に姿を変え、宝石、豪華な絨毯、毛皮や黄金の皿に仲間入りすることになります。コレクションの対象に変わったのです。そして、このコレクションが何世紀か後、おそらく一八〇〇年ころにミュージアムへと変わると、もう一度、その刀剣のもつ意味が変わります。特定の手工芸様式を代表するものとして、刀剣は突如それまで一度も出会ったことのなかった工芸品の近くに場をもつことになります。すなわち、遊具、カヌー、台所用品などの近くに、です。つまり、過去の文化のドキュメントになったわけです。

このようにずっと意味の変転を続けていくことができるかもしれません。この種の意味のメタモルフォーゼは、どんな対象、たとえばあまり物質的でない性質を持つものにおいても、確証できます。刀剣と同様に、他のどんなモノも、さまざまな文脈を移動していくことで、つねに新しい意味を受け取り、それまでの意味に新しい意味を付け加えていきます。ある文脈から次の文脈への移行の際、そのつど、この積分された意味は、一瞬、意味から解放されます。文脈転換の瞬間に、その対象がもつ潜在的意味の全容が現れます。その後、それはふたたび消えていってしまいます。モノ記号が新しい文脈にはめ込まれるやいなや、現存する潜在的意味はふたたび縮減されます。この新しい文脈は、実現されていない意味諸可能性の過剰さを選別し、背景に押しやるフィルターとして機能するのです。こうして、どんなモノ記号も二つの意味の層に分裂します。すなわち、顕在的な層と潜在的な層とに。

このことは、さまざまなモノ記号の結びつきから生じる文化連関にもまたあてはまります。現在に至るモノの歴史全体からなる意味産出的コンステレーションのすべてが、指示作用と差別化の高度に差異化された意味構造に凝固している場である文化の全テクストは、顕在的そして潜在的意味を含んでいるということです。この二つの意味の次元と人間は関係します。人間はその存在条件としての物質文化の意味連関、すなわち文化コンテクストに依存しているので、そのコンテクストの顕在的ならびに隠された意味論を読解し、理解することを学ばねばなりません。重なり合って堆積する潜在的意味と顕在的意味の層、ともに基礎づけ合っている記号カテゴリー、絶えざる意味のズレ、こうしたものから成る複雑な織物を目の当たりにすると、これはたしかにやさしい仕事ではないことがわかります。目の前にある意味構造の複雑性や矛盾は、直観的明証性の単純さを容認しないのです。モノの意味は単純に与えられてはいません。それは、素朴な知覚において明らかにはならないので、いつも（そしてたいていは苦労しながら）解読されねばなりません。とりわけ、若者はこの解読作業なしで済ますわけにはいきません。伝承された文化の総体は、七つの封印を持った書物のように若者に立ちはだかります。そこではどんなモノも認識され理解されようと欲している記号なのです。新しくやってきた者たちは、もう一度古いメタファーの力を借りるとすると、世界というテクストを習得しなければならないのです。その学習は、記号論的な努力の試みであり、語や文字の読解ですが、また、モノ記号もしくは象形文字的産物の読解でもあります。

具象的で感覚的な客観物の読解が比較的全体を見通しやすい家庭という普通のケースで生じる限りでは、言語獲得の場合のように、読解は、ほとんど自然に生じます。子どもたちは、社会化の過程で、モノや、そのモノの機能が基づいている文法的規則の意味を、両親や年上の兄弟との絶えざる相互行為の日常的な経過にたんに参加していくことで学んでいきます。子どもたちはスプーンを使うことでその使い方を学び、蛇口の栓をひねることで、その機能を理解します。こう言えるでしょう。成長途上にある者たちは、伝来のモノや目の前のモノの意味内容を、実践的な読解によって身につけていくのだと。この、記号論理の学習の仕方の実践的ないしは感覚運動的な形式で、ある対象の意味がすべて実現されるわけではありません。物質的記号の日常的読解は、手近かで慣習的な意味のレパートリーで満足し、単純さを保つために、その意味を手離しません。モノの残余のコノテーション、過去の文脈から生じた堆積した意味の層は、潜在的なものに留まり、せいぜい密やかに曖昧な雰囲気としてその影響を留めるだけです。

子どもが大きくなり、社会性の拡大とともに、理解の射程が広がったのち、ようやく、そのつどの現実的な文脈から除外されていたモノの意味の層が解放され、姿を現します。だが、これはもはや自然に生じることはありません。成長過程にある者が文化的な意味連関の理解に足を踏み入れれば入れるほど、よりいっそう、制度化された読解の手助けが必要になってきます。この制度化された手助けは、個々人に付き添いつつ、具体的環境世界の複雑な意味論を、いくらかでも、確かで行為に関係するように解き明かすことを助けてくれるのです。この種の制度化された読解の手助けのうち、少なくともその二つは、だれもが見知っているものです。その一つは学校であり、もう一つはミュージアムです。学校が、グーテンベルクの銀河系の一つの施設として、その当初から、とりわけ成長過程にある者たちを、文字と関わらせながら育ててきたのに対し、ミュージアムは彼らがモノ言語を解読するとき手助けしてくれます。ミュージアムは、学校の必要不可欠な補完物であり、兄弟のような対応物であり、放棄不可能な双子の片方なのです。ミュージアムは、学校の本質的には言葉中心の教授の欠陥を、痕跡、例示、モデル、具象的メタファーへの感覚的導入によって補います。こうも言えるかもしれません。ミュージアムは、先祖や同時代人の書物だけでなく、伝承され眼の前にある文化の産物をも、意味を持つ記号として読む能力を人に与えるのだと。このことがミュージアムの本来の課題だと私には思えます。

この課題を果たし、これと結びついている陶冶の機会を利用するためには、現在の、いまだもって支配的なかたちをとっているミュージアムは、まずいったん、変わらねばなりません。お告げと荘厳な神秘主義の場所から、学問の寺院、芸術の寺院から、創造的な実験室、実験場にならねばなりません。そこでは、もはやキュレーターたちは高位聖職者ではなく、実験主任として、伝来のモノ記号の適切な読解と正しい理解に関わって議論を主導し、どんな意見も、同じ権利で発言させるように努力する役割を担うことになります。

近代のミュージアムが、その民主主義的な自己理解とは対照的に、まずはむしろ世俗の神聖な場所として構想されたということを、約二〇〇年にもわたり、古典古代の寺院のファサードが建築に好まれてきたことが示しています。フリードリヒ・シンケルはその典型です。ベルリンのアルテス・ムゼウム（一八二五〜一八二八年）の建築で、シンケルは、古典主義的芸術寺院を作りあげたのでしたが、それは、そのすべての建築を構成する要素において、すなわち、上昇していく屋外階段から、柱列回廊（コロナード）を経て、内部のロトンド〔ドーム状の空間でローマ時代の神殿では神々の像が安置されていた〕に至るまで、祝祭的な荘厳さと崇高さを放ち、街なかの日常的営みに対し、それにふさわしい距離感を保持していきます。シンケルの古典主義的建築形式言語のほとんどすべては、一九、二〇世紀の美術館建築のなかで、他の要素と組み合わされたり、バラバラにされたり個別に取り上げられながらも、使われ続けています。

たとえば、ロンドン（大英博物館）やオックスフォード（アシュモレアン博物館）やニューヨーク（メトロポリタン美術館）やボストン（ボストン美術館）で。ミュンヘンのドイツ博物館のように純粋な技術博物館においてさえも、科学者、発明者、エンジニアの名誉の殿堂という形で、ロトンドが置かれています。

建築における荘厳な訴えは、ミュージアムにとって単なる外的なものではありません。それは単に寺院のように見えるだけでなく、ミュージアムがそのように機能するから、当然そうした荘厳な形式をとるのです。すでに、来館者の行動からして、崇拝の儀式を思い起こさせます。他の神聖な場所でのように、来館者にはふさわしい鑑賞態度が期待されるのです。来館者は、大声で話したり、叫んだり、争ったりしてはならないし、ふらふら歩き回ったり、ピチャピチャと音を立ててはなりません。来館者は、冷静であるべきで、感情をコントロールし、自分を制御できなければなりません。動作に現れる生き生きした振る舞いは期待されておらず、ただ、小さい子どもや小学校の訪問といった例外事例においてだけ、短時間、我慢されるだけです。身体と身体が要求してくるものは、ミュージアムでは留保状態に置かれます。根本的に言って、来館者はただ見ることだけが許され、自分自身との対話は、多かれ少なかれ、無言でなされねばなりません。こうした儀式がミュージアムでいかに特徴的であるかがはっきり意識されてくるのは、ルーブル美術館の「モナ・リサ」の前でしばしば反対のことを経験する時です。夏の観光客シーズン、そこは、ほとんど縁日の浮かれたような気分が支配します。フラッシュの嵐のなか、どぎつい色彩の、キャンプにでも行くような服装で、臆することなく、コーラが飲まれ、ハンバーガーが食べられているのです。境を接している部屋々々は、当然のことながら、すべてが静かで、教会にいるかのように静謐《せいひつ》さが支配しています。美術寺院がその信者に要求する静かな鑑賞と観想が、ここではまだ敬意を払われています。

しかし、古典古代の神聖な建築とほとんど身体性を失い個人主義化している来館者の観想儀式より以上に、聖なる区域と俗なる区域の分離が古典的美術館の持つ寺院的性格を証明しているように思えます。聖なる区域、それは美術館の研究空間であり、たとえば、コレクション・アーカイヴや修復工房ですが、これらは寺院に仕える者たち、すなわち学問的知識を持った専門家、すなわち高位聖職者や直接彼らに仕える執事たちだけが入ることが許される空間です。世俗空間は、それに対し、展示空間です。それは、展示品、ガラスケース、壁の説明書きなどからなる公開された領域です。ここで民衆は歩き回るのです。二つの領域は、明確に区切られています。一方で企画・研究され、他方で、時が熟せば、研究の完成した成果が展示されます。この関係は明確でないでしょうか。一方の事情に通じた専門家は真なる知識を駆使でき、他方の者たち、すなわち事情に疎い素人は、学問の権威を信頼し、その知識を受け取り、聖職者たちのおかげで専門知識を受け取るというわけです。この記述はもちろんカリカチュアではありません。しかし、この役割分担の持つ問題点を正しく際立たせるためには、こうした誇張も必要なのです。二つの領域の一方、すなわち専門家のほうに全知識が集中することで、もう一方の素人の側は不可避的に受動性へと運命づけられているのです。美術館の人々が好んで使う「仲介 Vermittelung」という言葉は、こうした条件下では、告知というモノローグ形式に変わってしまうのです。

告知されるものは、学問が発見し、真理と宣言したものです。これにはたとえば、進歩という「大きな物語」が属しています。これは、一九世紀初頭がその初期段階ですが、革命思想というしつこいヴィールスに対して十分に効き目のある予防医学として考案されました。また、これに劣らずその主張において「大きな物語」だったものの、やがてその現実と輝かしい未来との間のギャップゆえに後退してしまった社会主義という物語もそうです。どちらの場合においても、学問は、その構成とそのイデオロギーを正当化し、批判しがたいものにするため、努力しています。反論は見込まれていません。真理の保護者たちは、揺さぶられるものが何もない物語のイメージを展示することになります。

来館者には教説を信じることしか残されていません。専門家の権力に対抗するものは何もありません。来館者に聖職者たちから批判の手段が与えられていないならば、最初から批判は不可能なのです。感知能力だけが求められ、自立的思考は求められていないのです。馬鹿な生徒のように扱われるので、実際そのように自己規定してしまうのです。たしかに来館者が関心を示し、大きな眼と真剣な顔つきで学問の啓示に驚くことはあります。ですが、非常に感動したというわけではないのです。彼らの畏敬の念と尊敬の気持ちには限界があります。ですから、彼らは長く留まろうとはしません。美術館における一つの展示品に要する平均的滞留時間は、驚くべきことに、コンスタントに八秒です。これは、ハンス＝ヨアヒム・クラインの調査が示したように、あるポート展示会で物件をまえに滞留した時間と同じなのです（Klein 1989, S. 118/ 119）。

ですが、来館者だけが、こうした教説一辺倒の展示形式によって子ども扱いされているのではありません。こういう言い方が許されるとすれば、〔ミュージアムの〕モノも禁治産宣告を受けているのです。モノは、教説の単なる例示にされてしまい、聖なる区域である裏の部屋々々でなされている学問的研究のための証拠品に格下げされます。または、寺院の人たちの体系的で概念的な、歴史的でナラティヴに作成された構成の脚注になってしまっています。こういったモノの尊厳を辱める扱いが行われる時、いわば来館者が展示品自体にではなく、オーディオ解説や壁の説明書に注意を向けるとしても、驚くにはあたらないのです。語られた言葉、記述された言葉は、モノをよく見たり比較したりする面倒なやり方を来館者が取らずに済むようにしてくれ、直接かつ端的に、何が見られるべきで、それがどのように理解されるべきなのかを説明してくれるというわけです。こうした来館者に対して、モノは自分から何事かを伝えることをやめてしまいます。モノたちは、文字や口頭の説明の氾濫の重みで黙り込んでしまいます。「言葉 verba」の優位が「モノ res」から語る力を奪ってしまったのです。その帰結は明らかでもあるし、致命的でもあります。文字記号があまりにも多くを語るので、モノ記号は沈黙しなければならなくなるのです。そして逆に言えば、モノ記号が空しく黙しているために、テクストがガイドのための掲示、カタログ、インフォメーション・パンフレットの上で、さらに新しい解釈を生産していかざるをえなくなります。まさしく悪循環です。この悪循環を破ることができるのは、本来的に言えば、来館者が自分の観察能力と判断力を信じ、添えられたテクストなどをもはや意に介さなくなる時、そしてモノ自身が、文字の説明文による代替に抵抗し、表現への権利を主張するほど強固である時です。ただめったにこれが起こらないだけです。

ミュージアムでなされている研究成果の告知、しかもテクスト優位の告知がもたらすこうした麻痺状態を避けるためには、絶望的な反転収束の試みの中で、この問題を認識した多くのミュージアム関係者は、慣れ親しんだやり方で来館者の積極性をくじいたり、モノを格下げしたりするやり方を続けるのではなく、学問的信頼性を犠牲にすることのほうを擁護しました。増殖していくテクストによる説明に替えて、彼らの提案によれば、彼らが「雰囲気を感じさせる sinnliche Anmutung」とか、「見る価値のある Schauwerte」と呼ぶものが、導入されるべきだとしたのです。しかし、このオルタナティヴ戦略の効果は、まだ見えていません。教示的な明瞭さが、たんに、神秘化された曖昧さに置き換えられただけなのです。このことで、結局、モノの意味は完全に奪われてしまいました。モノはただ「貴重なもの」として崇められ、照明を落とした暗い部屋で、繊細なスポットライトの下に置かれましたが、しかし、モノはもはや何も語りません。その内容の空虚さのゆえに、モノは、クロームのロッドとガラスでできている、たいていは装飾過剰でお金をつぎ込んだ展示デザインにここちよくなじむ大道具になってしまっています。この、展示デザインのほうが本当の展示品というわけです。それは、吸血鬼のように、モノから力を抜き取ってしまい、かなり頻繁に見かけるようにデザイン自身を恥じらいもなくステージの主役にしてしまうのです。もしかしたら、一度や二度、来館者の注意が、貴重な材質の金銭上の価値や技巧の素晴らしい成果に向かうことがあるかもしれませんが、われわれの文化の文脈上で、痕跡、例示、モデル、メタファーとして展示されたモノに付随する潜在的・顕在的意味へ、その注意が向けられることはけっしてないのです。

「雰囲気を感じさせる」とか「見る価値のある」とか言われる、この種の自己満足的な演出と、テクスト優位の学問成果告知型とは、同じコインの裏表でしかありません。結局、この二つのタイプはどちらも同じものに行きつき、結局、モノは自分の言葉を奪われ、来館者は子ども扱いにされるだけです。こうしたことは、ミュージアムがみずからの地位を学問寺院、芸術寺院として維持しようとするかぎり、まったく何も変わらないのではないでしょうか。他の聖所と同じように、ミュージアムという疑似聖所においても、素人の観察能力と判断力は問題にされないままなのです。

幸いなことに、この寺院と捉える見方は、日を追って、その魅力を失いつつあります。その擁護者の数は目に見えて減りつつあります。しかし、消えてしまったわけではけっしてありません。ミュージアムの日常では、まだこの考え方は継続しているし、ミュージアムの遺産を引き継ごうとする改革構想に激しく抵抗しています。

改革構想の最もラディカルで、私が思うに最も将来性がありそうな構想は、ミュージアムをモノの意味および潜在的意味の探求のためのアイディアに富む実験室にしてしまうというものです。それがどんなふうに機能するかは、現段階では、ベルリンにあるかつてのドイツ工作連盟のアーカイヴ――最近名前を変え、「モノのミュージアム Museum der Dinge」となりました――の紹介文の中にもっともよく見ることができます。そこでは、新しい構想が試みとして発表されており、それによるとアーカイヴは附属するミュージアムの実践とごく近い関係性を保ちながら、展開されていく予定であることがわかります（**Werkbund-Archiv, Berlin 1995**）。

ミュージアムの新しいタイプに特徴的なのは、神聖な区域をすべて撤廃する点にあります。とりわけ、聖職者階級の研究部屋と民衆の滞留空間の間の区分けがなくなっています。展覧会はもはや、近づけない裏部屋でなされた研究結果の告知のために使われはしません。展覧会はもはや、展示の場所ではまったくなく、それ自身が調査研究の手段となります。展覧会は、換言すれば、ひとつの実験室に変わるのです。そこでは、モノは、証拠品としての機能から解放され、ついに、とドイツ工作連盟の人たちがヴァルター・ベンヤミンを引き合いに出して述べるには、モノは〔説明文から〕「目を上げさせ」、心にその姿を現わすはずなのです。このミュージアムの実験的配置によってモノは、モノの潜在的意味や意味の可能性を密かに伝え、モノが取り結んでいた、もしくは取り結ぶ可能性のある未知の関連を明らかにし、モノをミュージアム外で待ち受ける命運の根底にある論理、利用者の表面下のシステム、モノの存在の作用様態を明らかにせざるをえなくさせます。

しかし、モノが後づけである証拠品もしくは装飾要素としての役割から解放されるだけではありません。実験室としてのミュージアムでは、来館者も、たいていは批判なしで受け入れ状態にある信者の地位から解放され、その実験的配置によって比較し、自分で結論を引き出すことが要求されていると感じる認識能力をもった主体になります。来館者が最後に、痕跡、例示、モデル、メタファーの配置のなかに、他の誰かによって今まで発見も予期もされなかった諸関係、すなわち意味を発見する時、以前の受け身の受容者から、ついにミュージアムの冒険における行為者になったことになります。専門家と素人の区分けは、この瞬間、少なくとも昔のように明確なものではなくなります。

新しいミュージアムの成功のための重要な条件は、資料基盤の限界設定を撤廃することであり、実験的手法の採用です。モノに潜む意味は、古い結びつきがほどかれ、新しく結びつける冒険をあえて行う時にはじめて浮かび上がってきます。このことを、厳密にとれば、コレクションに関係する部署を完全に解放することや、それと同時に、今まであったさまざまな専門ミュージアムの分業体制をやめてしまうことを潜在的には意味します。たとえば、ある学校ミュージアムでは、学校に関連の道具を、学校的な場面を再現する試みのなかで、単調さという限界にぶつかりましたが、その所蔵品から新しい認識機能を打ち出すためには、この所蔵品を単なる学校的な記号連関とは異なるものへ結びつけねばならないでしょう。どの程度それを押し進めることができるかは、その地域の状況によるでしょうし、その際、実利的な決定を求められることもあるでしょう。ベルリン学校ミュージアムは、何年か前、すでにこうした考察から結論を引き出し、「子ども期と少年少女期のミュージアム Museum für Kindheit und Jugend」と改称しています。

少なくとも原則的には境界設定しない資料の拡大で、事が片づくわけではありません。モノを語らせるには、モノは、実験的配置のなかに紡ぎ込まれねばならないし、実験的手法のなかで何度も新しく問い返されねばなりません。この問い返しに、標準化された手引きは存在しないし、実証された方法もありません。すでに予期しうるもの、それゆえすでに知っているものだけが、現れてくるのではないでしょうか。いや、ミュージアムの事件は、隠されたモノの意味を追求していく上で、決められた手順なしでなんとかやっていかねばなりません。この手順の代わりに必要なものは、繊細な感知力であり、多くの経験です。この二つが、たいていは、未知の土地で唯一信頼できるパートナーなのです。その助力で、モノの秘められた共感や反感を察知し、手探りであれこれ試みて最後に新しい「モノの間の」コンステレーションを見つけることが可能になるのです。このコンステレーションの中で、たとえば駅の時計や出発を告げるベルの音は、単に一九五〇年代はじめの村における学校時代をセンチメンタルに想起させるだけでなく、当時の若者が、そしてとくに学校での青春時代が置かれていた機械的な時間分割やその時代特有な一連の出来事連鎖の典型をも認識させてくれるものとして現れます。

モノとの実験的な戯れ、好奇心を喚起する分析や、わくわくさせるような配列、異化、通俗化、コントラスト・モンタージュ、並列化などのすべて、そしてその他いくつかの構成テクニックは、ミュージアムの実験にとって一回かぎりの行為ではありません。それらは、むしろ通常の状態なのです。新しいミュージアムでは、実験がずっと続くのです。ドイツ工作連盟の人たちは、自分たちの実践を「変転やまない常設展 unbeständige Beständeausstellung」と見事に記述した時、このことをよく承知していました。もしかしたら、評判のテュービンゲン美術館館長ゲッツ・アドリアーニが去年〔二〇〇〇年〕開館したカールスルーエの「現代美術館」〔一九九七年に開館したカールスルーエ・アート・アンド・メディア・センター（ZKM）の中にある現代アートの美術館〕に与えた「ダイナミックな美術館」という構想には、永続的な試みが必要であるとする上記のような洞察が根底にあるのかもしれません。

ミュージアムは、実験室であると同時に、議論の「フォーラム」でもあります。すなわち、「対決と議論」（Duncan 1972, S.）の場でもあります。ここでは、制裁を恐れず、多様な声や見方が出され、それらは互いにつきあわされます。この声や意見は、ミュージアム関係者のそれでもあるし、来館者のものでもあるし、またマイノリティの人たちのそれでもあります。実験室としてのミュージアムは、ふさわしい置き方についての議論、成功または失敗した配置についての議論、可能な代替案についての議論が行われる場所です。昔の孤立した学者や怖じ気づいた素人は、そこではいっしょになって、古い寺院の規則では前者にのみ保持されていたもの、すなわち体系的知識を追求していきます。彼らは展示品と直接関わりつつ、それを前にして、自分たちの観察を検討し、自分たちの解釈や解釈の仮説を相互に修正し合います。この「常設会議」（ボイス）で新しい意味の理解が安定性を獲得してくる度合いに応じて、モノもまたその陶冶作用を展開し始めます。モノは、それまでの知覚や解釈の慣習の鎖を破り、〔その「会議」に〕参加した主体を、彼ら自身のなかで忘れられ抑制されていた部分に触れさせることを可能にします。人びとはミュージアムでモノ記号を新しく理解することを学ぶことで、自分自身をもまた新しく理解することを学びます。期待していなかった諸関係のなかで、人びとは、それまで隠されていたモノの文法を再認識します。まさにこれこそが、私が陶冶 Bildung という言葉で理解するものなのです。この表現は反省運動を痕跡として持っています。その反省運動のなかで、人は、自分の習慣からくる抵抗に対抗し、伝来のそして現今のモノ文化という潜在的サブコンテクストのなかに、われわれの存在のいままで知られていなかった諸条件を再発見するのです。そうすれば、ミュージアム実験の作業は、考古学的発見の形をとるのだということがわかってきます。この作業は、過去が現在におよぼしてくる呪縛を打ち破り、ジャン・ポール・サルトルの表現を使えば、すでに作られたものから新しく何かを作り出すことを参加者に許す実践となります。

第3章　アゴラ*
――ミュージアムの将来のために

　ニュートンの友人で当時王立協会の代表も務めていたハンス・スローン卿（一六六〇〜一七五三）が、自分の膨大な比較自然史および芸術史のコレクションをイギリス議会に売却すると申し出たとき、イギリスは政情不安定な状況にありました。一六八八年の名誉革命後、議会が政府の仕事を引き受け、一七一三年にまったく英語を話せなかったハノーファー選帝侯が王位に就きます。追放されたスチュワート家出身のジェームズ王の支持者たちにとって、これは面白くない事態でした。ジェームズ王を支持する一派がふたたびスチュワート家を王位に就けようとし、二つの反乱が起き、内戦にまで発展してしまったのです。一七四五年、フランスから資金援助を受けた反乱軍が、ロンドンにあと九〇マイルの距離に

*この原稿は、二〇〇七年一一月一六／一七日、ベルリン芸術大学で行なわれた学芸員資格コースのための講演で読み上げられ、のちに下記の雑誌に掲載された。Pädagogische Korrespondenz, H.39, Frühjahr 2009, S. 81-90.

迫りました。皆、主都は陥落し、議院内閣制は崩壊するものと信じました。フランスを後ろ盾としたカトリックのスチュワート家の王が、大陸ヨーロッパのモデルである絶対主義政府をふたたび確立するべく、イギリスの王位に返り咲くような様相を呈していたからです。ですが、反乱軍は鎮圧され、内戦は終わりました[†1]。

議会は二度とこのような事態に陥らぬよう記念すべき二つの議決を行いました。二つとも、将来起こるかもしれない暴力に訴える対決・軋轢を、理性的にコントロールし回避しようとするものでした。第一の議決は、議会におけるディベート文化を定式化することになります。この結果、議論で対決する二人の党派リーダーが生まれることになります。一方のリーダーは内閣の首相すなわち国王陛下の政府を率いる者であり、もう一方は「忠実なる反対派リーダー」とでも言える、やはり国王陛下に忠誠をつくす反対派の指導者です。この時から争いは議会で決着をつけるべし、とされました。これは新しい考え方でした。すなわち、内戦に代えて言論で闘うという考え方が、です。二番めの議決は、スローン卿のコレクション売却提案の受理決議でした。二万ポンド、これは宝くじで賄われたのですが、これでスローン・コレクションは公共財産となりました。議会は同時に新しい種類のミュージアムを築こうとしました。このミュージアムは、世界中の事物と書籍を所蔵するものであらんとし、市民に自分の意見を形成し、主張する機会を提供する機関であってほしいとされました。この新しいミュージアムは、議論による対決が行われるフォーラムとして計画されたのです。どんな人の意見表明も歓迎されました。反論、意見の衝突はあらかじめ織り込み済みでした。すべてが許されました。ただ暴力、反乱、戦争を除いては。この施設にふさわしい名の選定に際し、議会は「王立Royal」という語を付け加えることを避ける点に大きな価値を置きました。この施設は単に「大英博物館 British Museum」と名づけるべしとされたのです。なぜなら、それは市民すべてのためのプライヴェート・コレクションだったからであり、王のコレクションではなかったからです。この施設はすべての人のものとされました。この基礎固めのため、すぐさま、ひとつの法律が採択され、そのなかで、このコレクションは、いつ何時でも地球上のどんな国から来た市民であっても、無料で鑑賞できることが確認されました。この時以来、誰もが（例外なしに誰もが、です）入場料を払わず、大英博物館を訪ねることができています。この新しいタイプの公共ミュージアムの管理を、議会は、議会、教会、学会の代表で構成される一種の信託公社である評議委員会に委ねました。構成メンバーはその決定に際しまったく自由ではあるが、けっしてその立場を利用して私益に走ることは許されません。†2

以上の構想は一つの革命を意味しました。史上初めて、国家が自分の市民にミュージアムを使わせることを決めたからです。市民は、暴力なしで直接に歴史的文化的ドキュメントに関わり、自分たちの関心事を話し合い、その過程でお互い啓蒙し陶冶し合うのです。この時から市民が自己理解を行う公共的フォーラムとしてミュージアムを捉える考え方が存在することとなりました。もっとも、その完全な実現はと言うと、今もってなかなか達成できそうにないのですが。もうすでに二五〇年にもなろうとしている市民ミュージアムの歴史のなかで、一八世紀中頃のこの卓抜な構想は一つひとつ切りつめられ、結局、その構想の面影すらなくなってしまいました。

大英博物館自体、設立直後すでにその独自な根本理念を裏切り、立ち入り制限を課してしまっています。入館者は一五人までの集団となって、一人のガイドについていかねばならず、しかも最大で二時間しか滞在できませんでした。[†3] 学者たちからなるミュージアムの運営部門は来館者になんら特別の責任意識を持ってはいなかったのです。むしろ彼らは来館者に煩わされると感じていました。たとえば、一七六三年から一七六八年まで所蔵品のカタログ化を依頼された植物学者でリンネの弟子ダニエル・ソランダーは、日に三回がやがやと部屋を見て回り、きまって自分の仕事を邪魔する来館者集団を嘆いていま す。[†4] この苦言はミュージアムの管理部門の耳にも届きました。所蔵品のリスト化、それとともになされる学問上の作業のほうが、すでに当時から、公共的コミュニケーションへの関心に優位していたわけです。専門家たちは、自分たちだけで閉じこもりたかったのです。これは彼らが来館者へのガイドを拒否したことにもはっきりと表れています。こうしたたぐいの説明は学問的価値をなんら約束しないので、門外漢に移譲されたのです。[†5] 今日に至るまで学者の社会的排他性は傾向として存在します。この傾向が、公共的フォーラムとしてのミュージアムの発展を促したことは一度たりともありません。こうした選別的方針をとった結果は大英博物館の初期にすでに来館者数が少ない点にはっきり出ています。一九世紀の三〇年代になってはじめて、来館者数が本当の意味で顕著に上昇しました。一八三七年のイースターの月曜日、この日はミュージアムが休日に開館した初めての日でしたが、この日二万三〇〇〇人以上の来館者があったといいます。[†6] しかし、今日までミュージアムはリベラルな教養エリートの施設であり続けています。人口のほとんどを占める労働者、農民、「彼女を連れた漁師」は、大英博物館や他のミュージアムにおいて、テーマ選択、実際の展示方法、そこで要求される振る舞いによって、事実上、排除されています。来館者研究が明らかにしているように、教育機会から遠ざけられた階層に関し、いまもってこの傾向は本質的に変わっていないと言えます。ミュージアムは教養市民の居留地であり、社会的識別の方法として利用され、公共的フォーラムとして利用されていないのです。

あからさまな、または潜在的な入館拒否にさらに寄与することになったのが、イデオロギー的に狭隘化された目標設定でした。すでに一九世紀において、本源的には普遍的性格を持っていたミュージアムのコンセプトは、ナショナリズムによって狭隘化されてしまったのです。言論は、もはや人類の進歩にではなく、国民意識の形成に仕えるべきものとされました。何の制限もしなかった啓蒙主義に取って代わって、ナショナリズムに基づくアイデンティティ政策が登場しました。それと同時に、相互の意見交換がもつ歓びが、観想的な自己形成の出来事という孤独に縮減されてしまいました。これは、ミュージアムにおいて、程度の差はあれ言葉なくすれ違い合う個人という状況をつくり出す条件となりました。この種の個人主義化から脱成人化へ道は直結しています。「国民形成」というタイトルのもとで、結局、関心を持つ対象への自由な意見表明は市民から失われてしまいました。認識への意志と理解し合おうとする市民の意志は、変転する経済要求のための資格取得プログラムのなかに絡めとられてしまいます。働く人びとは、ミュージアムにおいて、国際競争に勝つため知識拡大と趣味形成で武装し、または、感情コントロールと、観想的で個人主義化された振る舞いを身につけることで文明化され、最終的に政治的にはおとなしくなることが求められるようになりました。[+7]

最近では、このミュージアム理念のゆがみでさえ安売りされようとしています。国家の財政援助が極端に削減されたことで、ミュージアムは市場に身売りすることを強いられているのです。ミュージアムは来館者を、もはや公共的利害が絡む案件をそこで話し合う市民としてではなく、サービス産業の顧客として扱っています。購入予算がゼロまで下がってしまうかもしれないので、畏敬すべき施設であるミュージアムを、いわゆるスポンサーの宣伝目的のため、ただちに安値で売り飛ばしてしまうのです。大コンツェルンの言い草や忍び寄る財産没収の恐れにさらされないようなパンフレット、カタログはもはや存在しません。こうした展開に直面すると、思わずこう自問せざるをえません。この事態はいったいいつまで続くのだろうか、議会のドームの上にメルセデス・ベンツの星が取りつけられるまで続くのだろうかと。これはこれとして、しかし、大英博物館の設立時に一瞬きらめいたあの根本理念に関して言えば、いずれにせよ、その多くは失われたままなのです。もしどこかで出現したとしても、それはパーティでの美化された挨拶に見られるような大げさな身振りでしかありません。

ミュージアムの根本理念が実現への途上でこれまで経験しなければならなかった、こうした狭隘化、歪曲、一面化にもかかわらず、ミュージアムは近代の中心施設であると主張できました。最もひどい低迷期においてさえ、この施設の存在自体が真剣に脅かされたことは一度たりともありませんでした。しかし最近になってようやく、この脅威が現実的な危機となって現れました。ミュージアムが存在する権利を今日脅す可能性を持つ歴史的展開をとくに二つ挙げてみましょう。一つは、高感度印刷の写真、映画、テレビに始まりインターネットに至るヴァーチャルなメディアの展開であり、もう一つはミュージアムに関係する関連諸学問の内部展開です。

ミュージアムの初期の時代にはまだまったく存在していなかった視覚メディアによって、ミュージアムの手強い競争相手が成長してきました。この競争相手は、デジタル化と世界を網羅するネットワーク化を武器に、これまでミュージアムが引き受けていた情報機能、コミュニケーション機能、記憶機能のほとんどすべてをいつのまにか引き受け、同じように正確にと言うより、おそらくより正確にこうした機能を実現してしまっています。とくに、具体的な知識の記憶装置としてのインターネットはこれまで達したことのなかった次元に至りましたが、その双方向性とその素早くフレキシブルな接続可能性によって（ちなみにこれは開館時間や入館料からの解放にふさわしいものです）、ミュージアムを無用なものにしてしまうように思えます。インターネットがミュージアム展示を見る機会を若者のあいだから奪ってすでに久しいと言えましょう。本来、ミュージアムに残されている唯一の特徴はそこにオリジナルがあるということなのですが、本当にそのオリジナルのために人はコストをかけミュージアム展示に労力を費やす必要を感じるでしょうか？　関心を持った素人が壁の説明書きとオーディオ・ガイドで何ほどかの知識を得るため、わざわざ旅までして、そしてずっと立ったままでいる労苦を敢えて試みる理由などあるのでしょうか。そうした知識は家にいながらソファーで本を読んだり、ＤＶＤやテレビやインターネットなどで容易に得ることができるのです。そして、もっと詳しく知りたければ、よく整理されたアーカイヴでオリジナルなドキュメントを吟味すればよい。そのためにミュージアムが必要だとはもはや言えないのです。

新しく、網羅的で、どこからでもアクセスでき、つねにアクチュアルな文化の記憶装置であるインターネットの問題と並んで、学問の認識プロセス上の特徴がミュージアムを内側から圧迫し、その存在を正当化する根拠を疑わしいものにしてしまっています。関連する諸学問における専門化と、その結果もたらされる知識の純粋量、増加してゆくその抽象性、革新速度の加速化およびこれと相補的な現象である学問的知識の有効期限の短縮化、こうした現象がミュージアムの展示において最新の学問レベルになんとか追いつき、学問的議論の場に踏みとどまることを実際上不可能とするまでに達してしまいました。

端的に言えば、アクチュアルな学問はもはやミュージアムで提示できないのです。すでに一〇年前、民族学者クロード・レヴィ＝ストロースは、以下のことを事実として確認していました。「どんな民族学上のコレクションも、もはや今日では、事物を通じて当該文化の真のイメージを伝達していると真実らしく主張などできはしない」[†8]。民族学コレクションについて言えることは、他のすべての文化史的ないしは自然史的コレクションにもあてはまります。学問的水準に従って、その対象の真の、そしてアクチュアルなイメージをコレクションはもはや伝えられません。そこに所蔵されているモノの美的次元ゆえに全体として他の条件があてはめられる美術館においてさえ、しばしばその専門分野の知識水準に遅れをとっています。学問分野の専門家にとって、ミュージアムはせいぜい科学史的理由ないしは美的理由だけから関心を引く施設となっていると言えてしまえるかもしれません。つまり、専門家はミュージアムに調査研究の原典・資料を見るか、美的経験のきっかけを見るかのどちらかです。各々の専門分野のアクチュアルな研究水準を経験することはできません。それゆえ、その学問分野の最先端を知っている学者とミュージアムで会うことはそう滅多にありません。そこで出会うのは子どもを連れた家族か学校の生徒たちです。彼らにとって、ミュージアムは一種の準備教育の場となってしまっている。ミュージアムは手ほどきを与え、うまく行けばですが、興味関心を引き起こしてくれるというわけです。ですが、やはり、これだけではミュージアムの支出は正当化されません。学問の準備教育を安心してサイエンス・センターや学校に委ねてもよいのですから。ここでもやはり残る問題は、モノという原資料を整理しアーカイヴ化し、興味関心のある人々にアクセスできるようにすることです。

要するに、視覚メディアの発展と諸学問内部の発展が、ミュージアムを根本的で正統性を揺るがす危機的状況に突き落としていると言えます。そこからの出口はまさにミュージアムの将来像にかかっていると言えるでしょう。

最近、ミュージアムはその正統性の危機に対し、互いに相容れないと思われる二つのオルタナティヴで対応しようとしています。いずれも袋小路に陥入る提案です。そのうちの一つはすでに何度も新聞の文化欄で書かれ批判されましたが、その後、その批判へのリアクションは何も起きなかったものです。私はこのオルタナティヴをミュージアムのイヴェント化と名づけました。この新しい方向性を模索するなかでミュージアムは娯楽産業と結びつこうと努めています。ミュージアムは高尚な暇つぶし、公的なお祭り騒ぎの施設に変わろうとしています。この伝統破壊は殊勝な議論、すなわちミュージアム訪問は楽しくなければならない、という論法で外部向けに粉飾され好んで展開されています。ですが、実際に重視されているのは収支決算だけなのです。視聴率を見ることなしには何事も起きない、というわけです。視聴率を上げるためにはどんな手段も辞さないのです。かつて罵られたアヴァンギャルドでさえ、いまや大衆受けするイヴェントになります。他のメディアとの競争のなかで自己主張のためにとりわけ好まれる手段がいわゆるコーポレート・アイデンティティです。ミュージアムは一つの商標になるのだそうです。スウォッチやシャネルのように。その商標のために、コレクション構築やその保護に必要な不足分のお金を支出してくれます。このような仕方でミュージアムの社会的重要性が回復されることに賛成するいわれはありません。

新しい方向性の二番めのケースはそう目につくものではありません。それは自然に行われるようになり、それゆえ新聞文化欄でも専門家の世界でもほとんど気に留められていない、というより好ましく思われてさえいるものです。私はこの密やかに新しく進行している傾向をミュージアムの学校化と名づけました。この試みにおいては、多かれ少なかれミュージアムと学校の意図的な結びつきが問題となります。この二つの施設の接近が最近どの程度進展したかを示す興味深い統計があります。これによれば、大きなミュージアムではすでに来館者の四〇パーセントまでが学校の生徒たちになっているのです。社会一般の、そしてまた博物館学や教育科学の専門家の意識においても、もうとっくの昔から学校とミュージアムのあいだに安定した共同作業が確立しています。その場合、ミュージアムは学校での学習を直観的に確認するための資料所蔵空間へと変わっていく傾向が見られます。ミュージアムを学校の別館として、一種の教材の資料館として生き残らせようという希望は、まったく見込みのないものではないでしょう。この方向性でミュージアムを拡充するためには、まず、ミュージアム・エデュケーターの養成を教員養成コースへと統合したうえで、ミュージアム・エデュケーターに特別な資格を導入すればよいのかもしれませんが、ミュージアムを学校的な閉鎖空間にしてしまうこの新しい方向性は、当然ながら、ミュージアムの独自な伝統の終焉を意味するものにほかなりません。公共的ミュージアムだけが持つ特殊な潜在力が、この学校化のケースにおいてもイヴェント化の場合とまったく同様に犠牲にされてしまうからです。

こうした、すぐ思いつきやすいが誤っている選択肢に直面し、私はきっぱりと、一八世紀に生まれた古い理念、すなわち大英博物館の設立理念、これをふたたび取り上げ、最後まで実現しようとする方向性を支持しようと思います。ミュージアムの将来は、教育と娯楽への分化、すなわち学校化あるいはエンターテイメント化のなかにあるのではなく、当初意図されていた機能、すなわち公共的な自己理解のための議会外にあるアリーナという機能を再び見いだし実現するところにあります。ヨーゼフ・ボイスの言い方を借りれば、ミュージアムは市民たちが自分たちの文化的伝統の遺産と対面し、暴力を伴わない議論を交換するなかで、われわれが何者であり、どこから来てどこへ行こうとしているのか、こうしたことを解明するような、そんな会話が成り立つような常設の場に最終的にはならねばなりません。一方的な教育的解説やたんなる娯楽の代わりに、公共的関心を集める対象、すなわち共同体に関わる対象についての自由な議論が登場するのです。

これが機能するのは、もちろん、来館者自身がみずからをアミューズメント産業の顧客、教育の対象と卑下することを止めた時だけです。来館者は、むしろ自分の観察能力と判断力を信頼し、伝統的なドキュメントを自分で解釈し分析しなければならないし、解釈をめぐる争いのなかで互いに語り合い、答えねばなりません。ミュージアム・エデュケーションは、結論として、過去の地平を前にして自分たちの社会的状況に批判的かつ距離をもって向き合い、理性的に討議することを引き受ける諸個人のあいだの社会的な相互作用そのものとなります。

ミュージアムの役割を共和国的なフォーラムの場、すなわち近代のアゴラ〔古代ギリシアの都市国家において市場及び集会・議論の場として機能していた広場〕として捉えることは、たんにミュージアムの将来のための唯一説得的な選択肢であるように思えるだけではありません。この役割はよりいっそうアクチュアルでその実現がよりいっそう切実に求められるものとなっています。かろうじてまだ議会によってコントロールされてはいるものの、法律をシンクタンクや経済界の利益団体のロビーグループから押しつけられている政府、たとえばドイツ国鉄のような公共財を住民の意志に反してわずかな銀貨に目がくらみ民営化しようとするような政府を目の当たりにすると、そして、社会の注目や感情を恣意的に操作することを数少ないコンツェルンに許してしまう新聞社や出版社の合併統合を目の当たりにすると、すなわち簡単に言ってしまえば、忍び寄るわれわれの社会の脱－民主主義化と、公共的議論文化の止めようのない衰退に直面すると、ミュージアムがこうした操作に対抗するためのうってつけの場所、民主的で歴史と将来を意識し議論しようとする公衆の最後の避難所のように思えてくるのです。

ミュージアムがこの新しい役割、とは言っても、設立当初の理念とまったく変わらないのですが、この役割を成就するためには、現今のミュージアムは多くの次元で変わらねばなりません。最後に、このことに関して四点、テーゼの形で記しておきましょう。すなわち、展示、所蔵室、ミュージアム職員の業務構造と彼らへの期待、来館者への関係、こうした点に関する改革提案です。

1．ミュージアムは、古書店・古物商的イメージから解放されねばならない。

新しいミュージアムには、したがって、もはや常設展は存在しません。それに取って代わるものが、「モノのミュージアム」の人たちがかつて適切な言い方で呼んだように、「変転やまない常設展」です。これは、社会のダイナミズムに対する適切な対応だと言えます。ミュージアムは展示をたえず更新していく時にのみ、アクチュアルな存在であり続けられます。この場合、決定的に重要なことは反応速度です。これがいまや質を決める基準となります。たとえば、技術博物館は将来、鉄道の民営化のため連立政権が出した計画を展覧会の形でコメントする立場に置かれます。この展覧会実践の方式は、ただ実験的であるのみです。このための自明の前提はもはやないし、モノのあいだに昔ながらの連携や相互関係など存在しません。モノは、これまでの文脈から解き放たれ、すなわち年代記的記述から解放され、それまで隠されていた意味が明らかになるようテーマがアレンジされます。この新しい展示実践は、ミュージアム的な展示をもとによく計算された実験的配置をつくり出します。展覧会はもはやメッセージを伝えるものではなく、これまで誰も問題にしなかった問題を挑発的に提示することになります。

2. 常設展の廃止は素人には近づきがたい所蔵室の廃止に対応する。

これに代わって登場するのが研究コレクションです。これは、展示のための特別経費は必要としないが、モノが年代学的にも分類学的にもよく認識できるよう、すなわち、いずれの場合も学問体系による基準に従い、かつ安全な保存処置を施されて並べられ、来館者の必要に応じ簡単に見つけられ見学できるようになっているコレクションです。近づけないのは、狭い意味での学問部門、技術部門、管理統括部門、研究者のオフィス、修復作業の工房、管理室くらいのものです。

3. ミュージアムに期待されること、業務も改めて振り分け直され定義されねばならない。

たしかに将来においてもキュレーターによって堅実な学問的質は追求されねばなりません。キュレーターは専門分野の水準に達していることではじめてこの業務を果たすことができます。しかし、それ以上にキュレーターは、どんな管理責任者でも一週間コースで取得可能なマネージメント能力などではなく、アクチュアルなものへの嗅覚を必要とします。議論のフォーラムとして、時代の変転きわまりない出来事へ素早く反応しようとするミュージアムでは、キュレーターは将来に関わることを看取する感覚を持つ必要があるのではないでしょうか。キュレーターはふつうの人たちが世界はまだ大丈夫だとしている時点で、進行しつつある脅威に怒りと不安で反応できねばなりません。こうしたことには企業経営能力ではなく、アヴァンギャルドな、つまり芸術的能力を必要とします。すなわち、公的機関の標準的インフラが損なわれることへの批判的な感受性、共同の政治的生活の基盤にある精神的態度を脅かすような危機を不安で予知する能力、欠けているものへの感覚、別なようにありうるのではないかという感覚、オルタナティヴを構想する想像力、極端化とぶしつけな意見表明への勇気、こうしたものが必要です。[†9] キュレーターはスキャンダルを恐れてはいけません。

ミュージアム・エデュケーターの業務はもちろん違ってきます。この新しいミュージアムでは昔の業務を遂行するだけでは済まされません。イヴェントのたんなる進行役や専門家の意見の伝達役に留まらず、教育的な想像力と関与の仕方で若者を対象にわれわれの文化に伝わってきた物品の説明を行なっているミュージアム・エデュケーターでさえ、その自己理解を修正しなければならないでしょう。もちろん、彼らのしばしば創意あふれる実践は修正される必要はありません。しかし、ミュージアム・エデュケーターは理解あふれる教師ではなく、可能性から言えば子どもたちでさえ参加する権利があり、どんな市民でも参加する可能性のある対話の場で、過去の解釈や共通の将来を語り合う際の進行役になるのです。[†10]

4. 最後にとくに言いたいことは、アゴラとしてのミュージアムという構想は一般市民がミュージアムに関わるその仕方に関して、いくつかの帰結をもたらすということです。

この構想はまず、関わり方を最大限民主主義化することを要求し、コレクションの方向性やテーマ選択、展覧会企画に住民が少なくとも部分的には参加することを要求します。民主主義化を促進するに際して、私がまず実践的に考えていることは、開館時間の午前零時までの延長であり、少なくとも国立ミュージアムでの入場無料化です。大英博物館で通用していることはここでも通用すべきではないでしょうか。もし国がミュージアムにこれ以上出費できないと言うならば、こう問わねばなりません。いったい何のために国家というものがあるのかと。ひょっとしてヒンドゥークシュ山脈の地で自由を守るためにとでも言うつもりでしょうか？〔ドイツ連邦共和国は国防軍をNATO圏を超えたアフガニスタン治安維持のため送っており、その是非を巡って議論があった〕 少し羽目を外しすぎました。真面目になりましょう。無私の精神でこの公共施設に関わろうというパトロンがいれば、それは大歓迎であるし、なんらかのふさわしいやり方で尊敬と名誉が授けられることでしょう。しかし、彼らはミュージアムの形態に影響を与えてはならないし、それを広告のために使ってもいけません。ミュージアムの尊厳と独立は、どんな場合であれ、承認され続けねばなりません。

参加を促すことは難しいものです。しかし、来館者アンケートですでに行なわれている形式的な評価方法とは違う、市民がコレクション形成や展覧会企画にもっと参加する形態が存在すべきです。たとえば、そのつど近隣から日常の使用品や思い出の品を集めたり、その地域の相互行為的な活動に注目しキュレーター活動のローテーションに地域の人々を組み込んだり、既存の構成に直接関与したりするでしょう。多くのことがもっと考えられるし、考えることは必要なことです。こうして、参加形式を取る最も興味深い実践がミュージアム・エデュケーションの実践から出てくることも偶然ではなくなるでしょう。†11

注

†1 MacGregor, Neil: Das Museum als Aufklärungsreise, Museumskunde Band 70, 2/ 05 のとくに S. 13-15 を参照。

†2 大英博物館の歴史についてはとくに以下を参照。Miller, Edward: That Noble Cabinet. A History of the British Museum, Ohio, 1974; MacGregor, Arthur（Hrsg.）: Sir Hans Sloane. Collector, Scientist, Antiquary, Founding Father of the British Museum, London, 1994; Caygill, M.（ed.）: The Story of the British Museum. British Museum Publications, London, 1992.

†3 Siemer, Stefan: Geselligkeit und Methode. Naturgeschichtliches Sammeln im 18. Jahrhundert, Mainz, 2004, S. 211/ 212 を参照。

†4 前掲書 S. 212 を参照。

†5 前掲書 S. 212 を参照。

†6 Mattl, Siegfried: Film versus Museum, in: Eberl, Hans-Christian/ Friehs, Julia/ Kastner, Günther/ Oesch, Corinna/ Posch, Herbert/ Seifert, Karin（Hrsg.）: Museum und Film. Museum zum Quadrat 14. Wien, 2003 を参照。

†7 Bennett, Tony: The Birth of the Museum. History, Theory, Politics, London/ New York, 1995, S. 21 を参照。

†8 Simon, Stefan: Museum am Quasi Branly. Chiraces metallischer Dinozaurier, SPIEGEL ONLINE-20. Juni 2006 から引用。

†9 これに関しては以下を参照。Habermas, Jürgen: Ein avangardistischer Spürsinn für Relevanzen. Was den Intellektuellen auszeichnet: Dankesrede von Jürgen Habermas bei der Entgegennahme des Bruno-Kreisky-Preises, in: Der Standard, Print-Ausgabe, 11./ 12. 03. 2006.

†10 この要求を詳細に正当化する議論の一つを以下に見ることができる。Fliedl, Gottfried: Museumspädagogik als Interaktion, in: Fast, Kirsten（Hrsg.）: Handbuch museumspädagogischer Ansätze, Opladen, 1995, S. 46-70.

†11 たとえばこれに関しては以下の Michael Asher のプロジェクト報告を参照。Asher, Michael: Student Reinstallation of a permanent Collecton Gallery im Los Angeles County Museum of Art. または Schwartz, Deborah F.: Art Inside Out at the Children's Museum of Manhatten. 以上二つの論稿とも以下に所収されている。Harding, Anna（ed.）: Magic Moments. Collaboration between artists and young people, London, 2005.

第４章　「歴史は戯言」*

――歴史ミュージアムで年代順展示に替わる代案はあるのか？

歴史ミュージアムはタイムマシーンです。われわれの文化の在庫品目を集め、それを時間に関わるカテゴリーを使用することで、連続と同時性、以前と以後、今と今とは異なる時代という関係に置きます。つまり、ミュージアムはわれわれが生きる現代の物品を選別、ドキュメント、遺品、遺物に変貌させ、程度の差はあってもそれを複雑な時間秩序へ組み込んでいくのです。

時間秩序で最も単純な形式は継起、すなわち加算的連続です。この並べ方に出会うのはなにもミュージアムだけではありません。それはどんな文化領域、どんな年齢集団にも見いだせますし、どんな神話や初期市民の家族年代記にも、そして子どもが物語る行為のなかにも見いだせます。時間を組織化するこの仕方に対応する言語形態は叙事詩の「そして次に……、そしてまたその次に……」という形態です。

*初出：Standbein und Spielbein. Museumspädagogik aktuell. Nr. 67, Dezember 2003, S. 4-8.

ですが、この素朴な継起構造はそれだけでは出来事間の連関について何も語っていません。モノと出来事の結びつきをつくり出すためには、たとえば因果図式や目的図式のような結合図式を必要とします。

因果的結合方式の場合、想起されたり期待されたりした出来事の単なる継起に代わって、ひとつらりの原因と結果の連続へ出来事を連結していきます。もしいまある出来事が他の出来事より前に生じたとすると、それがただ先行していたからという理由だけでこの二つの出来事の最初のものが後のもう一つのものの前に組み込まれることはありません。それは、同時にまた、因果的結合方式によってその後の出来事の必然的条件になります。因果性はこうして事象からある不可逆的な出来事の系をつくっていきます。同じことが目的的結合にも言えます。因果性の規則と同様、目的性の規則も秩序をつくり出す図式です。これは観察される事象を目的と手段の連鎖に結びつけます。因果性の図式と目的性の図式、この二つの図式を人間は自分自身の行為を構造化する場合にも、「〜のために」とか「〜ゆえに」という形で利用します[†1](Schütz 1960)。

人間の行為、文化産物、道具・記号の使用が目的ならびに因果図式と、すなわち「〜のために」と「〜ゆえに」に基づく動機によって互いに結びつけられるや否や、振り返って「歴史Geschichte」(「物語」の意味もある」とわれわれが呼ぶ出来事の系が生じてきます。多くの歴史があります。どんな人もどんな時代も異なる出来事や資料を選び出し、それらをそれぞれの文化的選好やパースペクティヴを基準に別な時間連関に置きます。歴史はたんに物語られるだけではなく、つねに歴史的な仕方で物語られるのです。

もちろん、どんな社会システムも歴史の多様性を排除と統合によって一つの集団的に承認された過去イメージへ統一しようとはじめから試みてはきました。こうして成立したのが、たとえば、偉大な文化の物語であり、起源に関わる神話でした。われわれの文化も集団的に承認された過去のイメージ、すなわち多くの歴史のかなたにある一つの「歴史」を持っています。それは、多くの「間違った」歴史から一つの「正しい」歴史を区別できるとわれわれに信じさせる構成の結果です。この構成法をわれわれは「歴史学」と呼びます。この学問が確定してくれるのは、われわれが出来事に与える時間秩序と、出来事同士の結合の仕方が、どのような条件下で「真である」と必然的に承認されるか、です。

皮肉なことに、歴史学においてもフィクションなしに事柄はうまく運びません。そこではフィクションはただ「仮説」と呼ばれ、発見法上の課題を担います。歴史の「真の」連関を発見するため歴史家はまず可能なかぎり多くの連関を考慮しなければなりません。そして、疑わしい痕跡を調査し、代わりとなる構成を行わねばなりません。最初はまだ多くの組み合わせが可能ですが、最終的には多くの組み合わせは不可能となります。当初の推測、思考実験的に生み出された因果関係、目的関係、複雑な動機群が証拠物件によって確証されればされるほど、学問的「物語」はより真実性を増していきます。

歴史研究において発見法上の道具としてだけでなく、フィクションはアレクサンダー・デマント〔一九三七〜。古代世界の歴史家。特に古代ローマ史が専門〕が「起こらなかった歴史」と呼んだものを物語る際にも重要な役割を果たします。[†2] 接続法で歴史を物語ること、仮想上の歴史を物語ること、それは、すべて違ったものになっていたかもしれないという想定で生きること、です。歴史的可能性のこの世界の入口には、「もし〜だったらどうだっただろうか」という疑問文が掲げられています。もしコロンブスが大西洋で嵐に巻き込まれ、その船団が乗員もろとも沈んでしまっていたら、たとえばどうなっていたでしょうか。その場合でもやはりアメリカ大陸は発見されていたのではないでしょうか。時はそうなるべく熟していたのですから。しかしひょっとしたらその場合、発見者はアメリカ大陸へは日本や中国から太平洋を越えて到達していたかもしれません。もしそうだったとしたら、アステカの予言は符合せず、皇帝モンテスマは新参者に対し防衛的に対峙したかもしれません。

もし歴史がいろいろな時点で別の経過を辿っていたら何が起こっていただろうかと推測することは、しかし、たんなる戯れ言とあっさり片づけてはなりません。これはたしかにすでにSF小説の定番となってはいますが、歴史学においても重要な意味を持ちます。デマントが簡潔に断言しているように、歴史の選択肢を熟考してみることは、「不可欠な仕事」となっているからです（Demandt, S. 38）。もし歴史に関するわれわれの想像力が実現されなかった可能性の領域に持ち込まれることがないならば、デマントにとって歴史は未完成にとどまるのです。実現されなかった可能性がつまりは引き立て役となって現実の歴史的文脈を完成させます。われわれがある過去の出来事をくわしく評価し判断できるのも、この引き立て役があってこそなのです。さらに多くのことがあります。この種の反事実的歴史記述は諸可能性の客観的領域を再構成するので、同時に、歴史の流れの方向性を規定し評価するために必要な座標軸を提供するのです。「あったかもしれない歴史」は現実の歴史が通った軌道空間の輪郭を確定します。すなわち、偶然が支配し、混乱が主導権を握るさまざまな迷路や袋小路、奈落の底や湿地帯にもかかわらず、現実の歴史的展開を記述するためのモデル、すなわち進歩モデルか対比モデルか変異モデルを提供します。

展開の進歩モデルならびに退歩モデルの場合、歴史は「究極目標」に向かって努力するプロセス、ないしはそこから離れていくプロセスとなるのに対し、展開の変異モデルにおいて歴史は「同じ骨組みで揺れ動く」「無限の変異体」（Levi-Strauss 1976, S. 748）として現れます。進歩モデルと変異モデルの二つの歴史哲学的解釈範型で、同じ歴史的出来事であっても、それぞれまったく異なる歴史的物語に結びつけられえます。その場合、学問的手法の品質保証が失効される必要はありません。両者ともいわゆる「歴史的事実」に基づき、しかし異なる歴史をそれぞれ語ります。この二つのモデルの内部でさえ、語るスタイルや資料の選択に関しより多くの記述オプションが残されています。したがって学問的基盤に立った場合でさえ、同じ歴史を異なる仕方で物語る事態が生じます。

歴史ミュージアムで物語られる歴史の場合、たいていそこで問題となるのは、すでに解明された事例である。つまりミュージアムでは学問的フィルターを通過し、その意味で「真」と承認され得たものだけが持ち込まれます。しかし、この品質保証のスタンプにもかかわらず、そして、比類のなき展示品であるにもかかわらず、われわれはミュージアムで提示される歴史に本当の意味で魅惑されることが少ないと感じるものです。とくに巨大な歴史ミュージアムは退屈なストーリーテラーであることが多い。その歴史の大枠についてすでに学校や本で知ってしまっている場合が少なくないからです。それらはカール大帝について、グーテンベルクについて、そして多くの悪人や犯罪者について物語ります。けれども、歴史がすでに知られているという事実があるからといって、それがミュージアムのまき散らす退屈さの弁解とはなりません。良質な推理小説が持つスリリングさそのものである必要はありませんが、歴史ミュージアムは現代の物語芸術の水準に立っていてほしいのです。ですが、これがまれなのです。

1. ほとんど例外なく歴史ミュージアムは継起に従った展示で満足している。それは単純に時系列にすがりつき、系列にしたがい歴史を順々と物語ります。それは、たとえば、ゲルマン人に始まりシュレーダー〔一九九八～二〇〇五年のドイツ連邦共和国首相〕で終わります。途中から、また現代から始めることが十分検討されることはまずありません。比較したり、推理小説のように緊張を高めるため時間的に先取りしたりや遡及したりといった手法が現れることはほとんどないし、並行展示したり比較対照する展示を採用することもごくまれです。たいてい連続継起の単調さが支配しています。にもかかわらず、歴史記述のほうはと言えば、とうの昔にこうした展示手法の呪縛から離れてしまっているのです。たとえば、社会史研究に基づく出生率、気候変動、婚姻率についての統計データが連続継起の論理とうまく噛み合うことはもはやなく、歴史叙述には少なくとも表とグラフを伴わせることが求められています。これを考慮しているミュージアムは多いのですが、しかし、それはまだなにか躊躇しながらなされているように見受けられます。総体的に見ると、いずれにしても、継起的展示を決定的に破棄するところまではいっていません。

2. 展示された歴史の方法論上の生成過程は、歴史ミュージアムの場合、たいてい不可視のままに留まっています。たとえミュージアムの学問スタッフがどんな時代でも自分たちの歴史研究上の手法を「学問共同体」の前に公開する用意はあり、またそういう立場にあるとしても、彼らは来館者を前にして展覧会で展覧会を構成するプロセスを方法論的に示すことはまれです。隠されてしまうのは、歴史的展示の構成契機だけでなく、学問の原理的部分にある仮説的性格です。ミュージアムの方法的立場の見えにくさは、学問上の論争を展示することを放棄しているところに現れています。

歴史的出来事の客観的原因、動機、結果についてはなはだしくかけ離れた諸仮説が開陳されるのは、展示においてはせいぜい附属室や解説文においてだけです。ミュージアム的な歴史演出の組織原理として、学問論争をドラマトゥルギーに利用することはほとんどありません。ミュージアムは方法論上の透明性の要求に対し、せいぜい、修復工房や保存工房に少し触れることで応えるだけです。しかし、こうした対応は、アリバイとまでは言わないものの、歴史展示の全体的構成特徴から逸れる非本質的な現象でしかありません。

3．方法論の不透明さに対応しているのが閉じた物語形式へのこだわりです。これは歴史的事象を見通しやすい統一体へ閉じ込め、明確な始まりの日時と終わりの日時を付与しようとします。時代区分を設けることにおそらく最も明確に現れてくるこの枠付け傾向は必要以上に強力に出てくることはないですが、それは歴史学の認識努力によってこの枠付けがたえず抵抗を受けるからでしかありません。学問の方は、完成のために石を一つ二つしか必要としない完璧な統一体というイメージにこだわることはあまりありません。学問は自分の課題を、眼の前にある構造を完成させることではなく、設計図を検証しその改訂を可能にするところに見い出します。したがって、学問の問題に方向づけられたハビトゥスに最もふさわしい歴史の展示形式は、開かれた物語り方なのです。この形式は歴史的出来事を強制的に閉じた経過に様式化せず、眼の前にある表われの断片的な場面で考え鑑賞する行為を誘います。その関心は未解決の問題、謎に満ちたドキュメント、疑わしい証拠品に向けられます。この物語り方は確固たるパースペクティヴを控えるので、忘れられたガラクタからなるごたまぜ状態に陥る危険性もありますが。

4. 歴史ミュージアムで最も目立つ特徴は、歴史家が"res fictae"すなわち捏造されたものと区別して"res factae"すなわち本当に起こったことと呼ぶものへ注意を集中させている点です。古代以来、これが詩に対する歴史記述の特殊性を規定してきました。ですがミュージアムで行われる"res factae"への集中力を伴う専心は、固定化と境を接しています。それはデマントの「起こらなかった歴史」の展示を放棄する代償を払うことで得られるものです。実現しなかった選択肢の領域、果たされていない約束と希望という領域は鑑賞者に与えられません。「もし〜だったら、何が起こっていたのだろうか」という問いに対する答えを鑑賞者は得ることはないのです。こうして、歴史的可能性を楽しく想像してみることは真剣さが疑われるものとして、差し止めをくらうのですが、それだけでなく、それがあってこそおそらく展示された"res factae"一般の見積もりと評価が可能となるような関係枠も来館者から奪われてしまうのです。歴史ミュージアムに属するのは、学問的に構成された歴史的現実の証明可能な機能連関であり、因果連鎖であり、動機の複合体です。想像たくましくする「潜在空間 potential space」〔イギリスの児童精神医学者ウィニコットの概念で、子どもが自立していく際に重要となる、自分をいろいろと試してみる遊びの空間を指す〕は、残念ながら、いまだタブーです。

5. いわゆる現実の歴史へと限定すると、己の歴史哲学的選好に盲目となります。たいていはっきり宣言され遂行されているあらゆるイデオロギー的確定に対する注意深い扱いにもかかわらず、多くの歴史ミュージアムで、暗黙のうちに、歴史的出来事の進行方向をもっぱら展開の進歩モデルに従って記述する傾向が見られます。封建制から市民社会への、西洋的形態による民主主義への道は、はっきり人間性と自由への進歩として売り出されます。巨大爆弾やオゾン層破壊というマイナスの随伴現象は、この目的のため軽視されねばならないし、西洋的でなく前近代的な生活様式はすべて暗黙裏に過小評価されねばなりません。これとは異なる構造主義的発展モデルは、自己批判的であり、ヨーロッパ中心主義を避けることを約束しましたが、もうひとつの記述の選択肢として検討されているとはいい難い状況にあります。[†3]

6. しかし、歴史ミュージアムの退屈さの主たる原因は、そのアクチュアリティのなさにあります。過ぎ去ったものはただ過ぎ去ったものとしか見なされていません。すなわち、捨てられ、破棄され、残されたものなのです。どんな宣誓にもかかわらず、過去の現在への意義は見えてきません。これは、展示を過去起こったことと現在とのあいだの比較を可能にするプラットホームとして演出することを拒否する傾向がミュージアム関係者に根強いことに起因します。この比較のためのプラットホームはもちろん正確に測定されねばならないものの、それはしかし、必ず年代に従ってなされねばならないわけではありません。比較の技は展示の文脈とモノのディテイルを交互に見させることで、昨日と今日の具体的なかたちと機能を発見させてくれます。この発見は、キュレーターにとってさえ新しいものであるかもしれません。比較の技はとりわけまた、過去が持つアクチュアリティを洞察させるよいきっかけを提供します。そしてこれこそが、歴史ミュージアムで重要なのです。過去についてのミュージアム的演出が意味を持つのは、ゲーテの言葉を使えば、われわれの現在をよりよく理解させる時だけなのです。そうでない場合、「歴史は戯言」〔アメリカの自動車会社フォード・モーターの創業者ヘンリー・フォードの言葉〕になってしまうのです。

注

†1　SCHÜTZ, A.: Der sinnhafte Aufbau der sozialen Welt, 2. A. Wien,1960.〔アルフレッド・シュッツ『社会的世界の意味構成』佐藤嘉一訳、木鐸社、二〇〇六年〕を参照。一九三〇年に初版が出た現象学者アルフレッド・シュッツの主著である本書は、そのサブタイトルが示しているように、たんなる理解社会学入門の書ではなく、人間の認識活動の根本条件についてのいまもって重要な研究でもある。

†2　Demandt, Alexander.: Ungeschehene Geschichte. Ein Traktat über die Frage: Was wäre geschehen, wenn., 2. verb. Aufl., Göttingen 1986. アレクサンダー・デマントはこのファンデンヘック・シリーズの小冊子で、実現しなかった歴史の可能性について考察することがいかに必要か、実り豊かであるかを示してくれている。このエッセイでいわゆる反事実的歴史記述、もしくは「もし〜だったら」式の歴史記述に関する最近の議論を本格的に展開した。

†3　LEVI-STRAUSS, C.: Mythologica IV. Der nackte Mensch 2, Frankfurt 1976.〔『神話論理』全四巻、みすず書房、二〇〇六〜二〇一〇年〕レヴィ＝ストロースの主著『神話論理』の第四巻のタイトルは『裸の人』である。ここでレヴィ＝ストロースは南北アメリカのインディアンの神話を資料に、進歩思考に対する構造主義的オルタナティヴを詳細に展開している。

第Ⅲ部

ひとつの試み
――ヴァーチャル教育ミュージアム
「デジタル世界図絵」

Orbis Digitalis
-Das pädagogische Museum im Netz

第1章　ヴァーチャル教育ミュージアム「デジタル世界図絵」構想*

はじめに

現実のミュージアムがすべてそうであるように、インターネット上の教育ミュージアム「デジタル世界図絵 orbis digitalis」〔この名称は一七世紀の教育者ヨハン・アモス・コメニウスが作った絵入り教科書『世界図絵 orbis pictus』を意識したものになっている。コメニウスはプロテスタント系のモラヴィア兄弟団の教団長として、三十年戦争で荒廃した中欧に平和をもたらすべく、さまざまなかたちで子どものよりよい教育の実現に尽力した。この教科書はその一つで、新プラトン主義的なキリスト教観に基づき、学んでほしい「世界」が代表的に絵と言葉による説明で提示さ

---

*初出：Orbis Digitalis--Das pädagogische Museum im Netz--Konzeptdebatte の中の *Vorbereitende Überlegungen zur Gründung eines pädagogischen Museums im Netz*（http://www.60320ffm.de/orbis/orbisdigitalis/museum/ueberlg.html）に掲載されている。

れている」も二つの課題に直面します。ミュージアムはモノを選ばなければならないし、モノを展示しなければならないということです。選択と展示――この基本的な作業がミュージアムの仕事の支柱です。展示品の選択と展示を決定する基準は、コレクションの方針やアーカイヴの形式、公開の仕方、その他さまざまなミュージアムの決定と戦略に直接影響をおよぼします。従って、選択と展示の基準の展開と明確化はミュージアム構想の核となります。

ミュージアムの選択と展示の基準は、既存の展示品の種類と価値によってほぼ決定されます。新しい作品を入手する際もコレクションを拡張しようとするか、コレクションを完成させようとする意図に導かれます。そして展示は、最も重要で価値あるモノをそれにふさわしく展示すべきだという当然思いつく原則のもとでなされます。以上の理由から、既存のミュージアムにおける構想の発展は比較的簡単です。すなわち、ミュージアムの特徴がどのような方向性を持っていようとも、コレクションと展示の伝統の「継続」という形式を有しているからです。

インターネット上の教育ミュージアム「デジタル世界図絵」の場合、これとはまったく事情が異なります。ここには、継続するだけでいいような、またはある種の近代化だけしか必要のないコレクションや展示の伝統は存在しません。この教育ミュージアムには依拠するもの、そのわずかな余地すら存在しないのです。まずまったく新しいやり方で、ミュージアム構築に関する問題をすべてかき集め、徹底的に考え抜かねばなりません。厳密に言えば、これだけは外せないと思われるどんなミュージアムにもあてはまるコレクションと展示の基準を、ほとんど無限の可能性があるといってよい大海のなかから見つけ出し正当化することを意味します。チャンスではありますが、同時に困難なチャレンジでもあります。

もしわれわれに学ぶ用意があり、方向性を見失うことがない場合にだけ、乗り切ることができます。この論文が目指すのはその舵取りです。それはまだ構想とは呼べませんが、地図にはなります。この地図はわれわれが方向を定位しなければならないその土地の地形を記述し、構想を追求する途上で辿ることができる道筋を描き出すのです。

ミュージアム計画の構想へ至る正確な道筋はまだ明確でないとしても、三つの本質的要素はわかっています。この三つの要素は作業フィールドを画定し、したがってわれわれの探求活動におけるいくつかのマーキングポイントとなります。これらの本質的要素、あるいはマーキングポイントは以下のように定式化できます。

1. 構想は、計画されたミュージアムが教育ミュージアムであるという要求に適合的に展開されなければならない。この教育ミュージアムが他の専門ミュージアムと内容やテーマにおいてどう異なっているのか、どう異なっているべきなのかがつねに認識されていなければならない。
2. 構想は、計画されたミュージアムがヴァーチャル・ミュージアムであるという要求に適合的に展開されねばならない。どこにその本質があり、利点と欠点があるのかがつねに認識できていなければならない。
3. 構想は、計画されたミュージアムが大学の実習プロジェクトであるという要求に適合的に展開されねばならない。興味をもった学生は、ミュージアムの計画と実現の最初の段階から参加できることがつねに確保されていなければならない。

教育ミュージアム

教育ミュージアムのコレクションがその他のミュージアムのそれとどう違うのかを述べることは簡単ではありません。少なくとも、非常に良い討論のテーマになるものです。二つの立場があります。ある立場は、成長の事実と世代間の関係にほんのわずかでも関連するものはすべて（言うまでもなくかなりの数にのぼる）含めようとする立場であり、もう一つの立場は、厳しくコレクションを制限する立場で、それは学校ミュージアムにありがちな学校で使われたお決まりの学習用具や、おもちゃミュージアムにありがちな子どもの日常的・非日常的おもちゃだったりします。この二つの立場のあいだにはかなり多くの中間段階があって、それらは注目に値する重大な議論を引き起こす可能性を持っています。しかし、われわれはそれらの議論をここでは持ち出しません。「デジタル世界図絵」に集められ、見せられるものが何であれ、それらは目下のところ基本的にすべて受け入れられます。だからといって、何でもいいわけではありません。教育ミュージアムのコレクションと展示に含まれているものに関して決定的に重要なことは、自己形成に意義のあるものだということです。コレクションに加えられるためには、そのモノはある陶冶活動を引き起こす機会を提供するものでなければなりません。ですが、われわれが陶冶活動と言う時、いったい何を言おうとしているのでしょうか？

陶冶活動は成熟の過程ではありません。陶冶活動とは、植物が発芽し継続的発達を遂げた後、開花することであらかじめ定められた目標地点に達するといった、内生的プログラムに従い展開するものではありません。また、陶冶活動は、外部から与えられる快適だったりなかったりする感覚データや知識の積み重ねに尽きるものでもありません。むしろ陶冶活動とは、反省プロセスです。それは、若い世代が、自分の存在を支えている文化的に引き継がれてきた諸条件、すなわち既存の信念や日常の生活上の指針、物質的状況、こうした諸条件と格闘・奮闘した結果、生じるものです。陶冶とは、サルトルの簡潔ですが正確な定式に依拠すれば、人間が自分たちの社会的「体制」を、すなわち個人にとって異質に感じるものを乗り超えていく小さな反省運動であり、「個人化」の行為のなかで、自己に同化したものから何か新しいものをつくり出すことです。この意味で陶冶はつねに自己陶冶です。これを若い世代から取り上げることはできないし、そうされるべきではありません。そして、もちろん教育的な方策でなされるものでもありません。なぜなら教育学の課題は、若い世代が背負う自己陶冶の重圧と努力を少なくすることではなく、その反対にあるからです。すなわち、現代において教育行為を統制する原理は、自己活動への、つまり自己陶冶への要請だからです。

行為を主導するこの原理、自己陶冶への要請は、クラウス・モレンハウアー（一九二八〜一九九八。戦後ドイツを代表する教育学者。ヴェーニガーの下で博士号を取得するが、社会科学的視点を教育研究に導入し、批判的教育科学の論者の一人とみなされる。その後、文化と生活と教育の連関を陶冶論的に考察する方向へ向かう。その代表作が下記の著作）が『忘れられた連関』（Mollenhauer 1983, S. 14）で「アポリア」とした昔からあるジレンマ、すなわち袋小路へと教育者を陥れます。大人である教育者は、「子どもの精神発達の初期段階における助産婦であるばかりでなく、その子どもの自己陶冶における強力な検閲官でもある」（同書、S. 10）。カフカが父親に宛てた手紙と近代の自伝的文学作品全体は、モレンハウアーによれば、「われわれが己の自己形成を大人たちに感謝するだけではなく、それを非難することができるという事実の証拠」です（同書S. 10)。大人は新人たちが眼の前にする日常生活の秩序、経済基盤、社会状態に対して責任がありま す。大人は物質的精神的世界の形態を決定し、それらが若い世代に対して自己陶冶活動の素材として提示されます。これを通して、そして若い世代との人格的交わりを通して、大人は彼らの自己陶冶のありえる経路を決定します。彼らは規定し、限定します。手短に言えば、何が可能かを調べるための検閲官としての役割を果たします。だが、大人は検閲官であるだけではありません。若い世代に提示された文化のなかで彼らに付き添い、彼らのため多くのチャンスを提供します。小さい者たちを養い育て、彼らが転んだら起き上がらせるのです。大人は、生きていくために何が重要で何が重要ではないのか、何が喜びとなり何に気をつけなければならないのかを若い世代に示します。言い換えれば、大人は若い世代と自分自身の経験を伝えるのです。そうすることで自己陶冶という困難な課題の只中にいる若い世代を支えます。したがって、こうした条件下での教育とは、バランスをとりながらの尾根歩きのような行為となります。この行為は、つねに二つの対極へ滑り落ちる恐れがあります。一方には強制的教化があり、もう一方には無関心な「自由放任主義」があるのです。もしこうした極端な状態に陥ってしまうと、自己陶冶はもはや不可能です。前者の場合では、若い世代に不可欠な自己活動が抑圧されてしまうし、後者の場合では、自己陶冶にやはり不可欠な伝承された文化との対決が押しのけられてしまいます。この二つの危機、たとえて言えば、強制するスキュラ〔ギリシア神話や『オデュッセイア』に登場する上半身は美しい人間の女性だが、下半身が犬の頭六つと足十二本の怪物。メッシーナ海峡に潜み船員を餌食にしていた〕と無関心なカリュブディス〔ギリシア神話に登場するメッシーナ海峡にいた大渦巻きの女神〕を避けるためには、教育者としての大人は「教育的タクト pädagogischer Takt」〔教育場面で発揮される原則に縛られない柔軟な接触や機転、職人的勘やコツのこと。一九世紀前半の教育学者ヘルバルトによって教育行為の基本概念に高められて以来、ドイツ教育学の重要概念になった〕と伝統的に言い表されているある種の行為を示さねばなりません。

この表現には不遇な時代がありました。使い古され、多くの誤解へと扉を開いたのです。しかし、基本的にこれは教育の近代的プロジェクトの中心的条件を表現しています。これは子どもに向き合った大人の教育者がその権力を分別で自主規制することを意味するのです。リット〔テオドール・リット。一八八〇〜一九六二。二〇世紀前半のドイツ教育学を主導した精神科学的教育学の代表的教育学者・哲学者。ディルタイおよびヘーゲルからの影響が大きい。主著の一つに『教育の根本問題 指導か放任か』(一九二七年、邦訳:明治図書一九八六年)がある〕によると、「教育的タクト」とは職業上の倫理・精神・気風(professional ethos)の現実的な結果であり、リットの表現によれば、「ある人の意思を押しつけたいという欲望を否定する」ものです(Litt 1949, S. 72)。これが決定的な点です。エルンスト・ヴェーニガー〔ドイツの教育学者。一八九四〜一九六一。精神科学的教育学に属する。ゲッティンゲン大学教授をヘルマン・ノールの後任として務めた〕はこれを「教育の仕事における真の秘訣」と呼びます(Weniger 1961, p. 28)。教育者は、自分の思いどおりにしようとする欲望を放棄することによってのみ、「〔教育プログラムの〕内容および生徒との本来必要な距離化」(Nohl 1957, p. 137)を獲得でき、これこそが教育的相互行為の成功の必須条件となります。「本来必要な距離化」という「とても微妙な表現」が「教育的タクト」なのですが(Nohl 1957, p. 137)、これが教育という出来事に必要不可欠な自由空間をつくり出します。若者は、大人の重苦しい制圧下で自身の自己活動を展開するため、この空間を必要とします。また教育者は、観察と自己規制のため、この空間を必要とします。「教育的タクト」は、生徒と教育者との人格的関係を実験の場へ変換すると言いうるかもしれません。この実験の場で生徒は自身の潜在的な自律性を危険にさらすことなく試行することができます。教師のほうは彼の行動の正しさと自分の知識の妥当性を注意深く内省的に試し、チェックすることができます。

教育者の批判的な自己反省から免れるものは基本的に何もありません。実験は、教育実践そのものやその道具である言葉とモノのみならず、この行為が生じる社会状況にも適用されます。教育者は、文化的生活世界全体とそこに埋め込まれている社会化モードを、子どもたちの将来の地平の前で、批判的に考察しなければなりません。教育者は、若い世代の自己陶治プロセスを邪魔したり妨げたりしているモノ文化と、それを促進させるモノ文化のあいだの違いをたえず区別しなければならないのです。

まさしくこのことがヴァーチャルな教育ミュージアム「デジタル世界図絵」で私たちが課題とするものなのです。われわれの日常生活形式にある物質的対象を、その陶治への寄与可能性という観点から吟味し、われわれの伝統と向かい合いながら、将来性があり、ゆえに受け継がれていく価値のある文化的要素を発見しなければなりません。換言すれば、インターネット上の新しい教育ミュージアムのプログラムは、われわれのグローバル化した最近の文化財産目録に即しつつ、教育学的に見て有意義と思えるようなもの、逆に無用あるいは有害と思えるようなものを、選択・展示するという点にその本質があるのです。われわれはヴァーチャル・ミュージアムで、おまるや乳母車から始まり釣竿まで、過去および現在の「物質文化」の陶治上の意義を示して見せたいと思います。要するに、教育ミュージアムは、われわれの文化のさまざまなモノがどのように私たちが私たちとなるプロセスに影響しているのかを見せなければなりません。あるモノが使用されることでどのような能力、技が訓練され、または抑圧されるのか。どのような可能性が目覚めさせられ、あるいは排除されるのか。どのような知識が伝達されたり、または遮蔽されたりしてしまうのか。日常の事物が及ぼす若い世代の陶冶への影響あるいはゆがんだ影響が、このミュージアムの来館者に認識できるように、いやそれどころか感じ取ることさえできるように、描写され記述されるべきなのです。

ヴァーチャル・ミュージアム

われわれの文化で教育に関係あるモノの財産目録を注意深く見ること、および提示することは、数年前までいまのようなかたちでは存在していなかったメディアで行われます。したがって、われわれはそのメディアに内在する原則を当然ながら知り、かつ考慮していなければなりません。その原則とはそれがインターネット上のヴァーチャルな世界であるということです。このヴァーチャルな世界とヴァーチャル・ミュージアムを特徴づける二つの特性があります。これはヴァーチャル・ミュージアムと現実のミュージアムとを区別するものです。すなわち、展示の二次元性とデジタル保存という特性です。

ヴァーチャル・ミュージアムが展示するものがいつも二次元のスクリーンに固定されたままであること、伝統的な展覧会企画者の専門用語で言えば「フラットウェア（平らな皿）」と呼ばれるものであること、人はこの事実を伝統的ミュージアムと比較して二重の喪失とみなすことができます。すなわち、主体の感覚性の喪失とモノの物質性の喪失です。ヴァーチャル・ミュージアムの来館者は感覚運動の活動を極度に制限されています。来館者は自分の肉体を動かすことができず、自分の視点を選択することができません。来館者が展示品を知覚する見方は定められています。彼はつねにフラットスクリーンの前にいて、フォトグラファーやデザイナーの視点に従わねばなりません。たとえば、多くのヴァーチャル・ミュージアム（たとえば、パリのポンピドゥー・センターのヴァーチャル・ミュージアム）では、来館者は展示物への遠近を調整できるズーム機能を与えられてはいますが、その動きはあらかじめシミュレートされたものでしかありません。この場合でさえ来館者はあらかじめ設定されたものから逃れることはできないのです。ヴァーチャル・ミュージアムのこうした感覚性の制限に対応しているのがモノの物質性の消滅です。平面スクリーンレベルまで引き下げられることで、モノはその物質性と空間性とサイズを失ってしまいます。

こうも言えるかもしれません。この避けがたい「フラットさ」の結果、ヴァーチャル・ミュージアムは、オリジナルで、真性で、一回的で、摑むことができるという性格を持つモノを展示するための基本条件を欠いている、と（Waidacher 1993, p. 291）。しかしながら、このことは質的に見て完全に新しい事態なのでしょうか。伝統的なミュージアムもすでにこの基本条件をぐらつかせたのではないでしょうか。伝統的なミュージアムもまた事物の物質性を奪い取り、ガラスケースのなかにモノを押し込んだのではないでしょうか。古典的なミュージアムは決して「手で触ることのできる」ミュージアムではありませんでした。モノは触られることも加工されることもなく、ただ鑑賞される運命にありました。じっと見ることが推奨され、触覚はつねに制限されていたのです。ヴァーチャル・ミュージアムではこのつねに存在していた傾向をただ増大させただけなのです。その意味では、ヴァーチャル・ミュージアムに伝統的なミュージアムの完成形を見ることもまったく的外れなわけではありません。

二次元性という特性とそこから帰結する強みと弱みを論じることに関しては、まだ先が見えない状況にありますが、二つめの特性であるデジタル性に関してはその帰結はほぼ明らかです。デジタル性はこれまでのすべての保存様式と比べ多くのメリットがあります。低コストであることとならんで（デジタル保存は現実の保管・所蔵室を作るより本質的に安い）、さらに以下のようなヴァーチャル・ミュージアムのメリットがデジタル化によってもたらされます。

1. 無制限の保存能力：デジタル化はコレクションのモノをフラットにし、同時にすべての空間的条件から事実上独立させる。ヴァーチャル・ミュージアムには、事物のサイズや形に関する空間上の問題は存在しない。ヴァーチャル・ミュージアムは、つねに十分な展示室と保管場所を有している。〔展示への〕批判に対する言い訳だった空間不足はありえなくなる。デジタル化は、空間の無制限さと費用の安さによって、どんなモノでも保存可能にする。デジタル化によって、突然、完璧さという古き理想が新しい光の下に現れる

2. 完璧な連結：デジタル化はほぼ無制限の保存を可能にするだけでなく、コレクションのモノの間の無制限な連結も可能にする。ミュージアムのすべてのモノに共通するデジタル形式（テキスト、絵、フィルム、音など）を貫き、相互にそれらを結びつけることができる。何の問題もなく、何一つ取り残すこともなく、好みの組み合わせで結びつけることができる。このようにヴァーチャル・ミュージアムは、歴史上はじめてミュージアムのモノを空間的制限や建築上の制約を考慮することなく、無料で無制限なやり方で組み合わせ配置することを可能にした。このように、デジタル展示はオリジナルでは達成できなかった連関のなかにその姿を突如として現わすのである。

3. 高度なアクチュアリティ：ヴァーチャル・ミュージアムは、特別展と常設展のどちらのカテゴリーにも属さない。いやむしろどちらにも属する。たえず活動し、しかも持続的でもあるからだ。ヴァーチャル・ミュージアムは素早く構築し直すことができ、修正し補足することができる。保管庫と展示室の区別を拒絶しつつも、一定の「場面転換」を提供することはできる。ヴァーチャル・ミュージアムは知の変化やアクチュアリティへの対応速度を高める。ヴァーチャル・ミュージアムは時代の鼓動を伝える可能性を持っているのだ。そして魅力的なことは、すべてを変えても何も失われないという点だ。高度な保存能力が変化のどの段階をも保持し、長く保存されることを保証するからである。

4. 遍在性《ユビキタス》の原則：デジタル化は、ヴァーチャル・ミュージアムのモノを事実上「リアルタイム」で迅速に世界中どこへでも送ることを可能にする。それゆえ、それらは時間と場所の呪縛から解放され、原則上、少なくともいつでも誰でもアクセス可能になる。ヴァーチャル・ミュージアムは遍在性を持つミュージアムである。「ヴァーチャル・ミュージアムの美点は、地球全体規模で価値ある情報と来館者をつなぐ能力にある」(McKenzie 1997)。もちろん、ヴァーチャル・ミュージアムの遍《ユビ》在性《キタス》、多方面からのアクセス可能性は、現実には限界がある。その限界のなかで最も重大なのは言語である。「世界言語」である英語のヴァーチャル・ミュージアムのほうが、スワヒリ語やドイツ語のものより広く受け入れられる。

5. 生産的参加：ヴァーチャル・ミュージアムは来館者に高度に個人化された鑑賞形式を可能にするだけではない。従来のミュージアムがすべてそうであったように、ヴァーチャル・ミュージアムも来館者のとくに興味のある部分を満足させ、好みと気分のままにぶらつかせる。しかしそれだけではない。ヴァーチャル・ミュージアムはさらにもう一つの可能性を来館者に提供する。それは、ミュージアム展示に関与し、展示を修正したり補足したりしながら、ミュージアム構築とその在庫展示の構築に生産的な影響を与える可能性である。この技術の到達地点は「相互行為性」である。これによって来館者はミュージアム発展の生産的なファクターとなる。ヴァーチャル・ミュージアムの相互行為性は、従来の投書箱やゲストブック、チャット・ルームが果たしていた役割を超え、極端な場合、来館者を共同キュレーターのように活動させることになる。

大学の実習プロジェクト

ヴァーチャル・ミュージアム「デジタル世界図絵」の構想の展開と実際の構築は、ベルリンのフンボルト大学教育科学部〔正確には哲学部Ⅳの教育科学科〕の枠組みのなかで行われました。従って、インターネット上の教育ミュージアムは大学の実習プロジェクトです。このプロジェクトは、とくに「ミュージアム・エデュケーション」を専攻する学生たちに、モノの選択と展示というミュージアムの基本活動で最も重要な部分を実際に経験してみる機会を提供しています。教育ミュージアム「デジタル世界図絵」はミュージアム・エデュケーションに興味を持ち教育科学を学ぶ学生に対し、二次元の実験場でヴァーチャルな職業実習を行うのです。そこでは、ミュージアム・エデュケーションに関する課題がすべて提起され、学問的に議論され、そして、新たな創造的解決が図られます。これは、もちろん、リスクなしにはできません。一度ですべてが成功するわけではありません。未完成のものは多くあるし、早々と間違いや完全なる失敗とわかってしまうものもあります。理論的水準は十分充たしてはいるものの、画面での実現がうまくいっていないケースもあると思えば、逆に、陶治論的記述は不十分で一貫性を欠いてはいるものの、ウェブ・デザインは完璧というケースもあるかもしれません。写真の選択が悪かったり、メタファーが不適当だったりするものもあります。こうしたことすべて、そしてもっと多くのことが起こりうるし、起きるでしょう、それゆえ、隙のない完璧なミュージアムという印象はまず生じないことでしょう。教育ミュージアム「デジタル世界図絵」はインターネットを旅する人々のための文化の堅固な城塞ではなく、工房（ワークショップ）です。ここでは、おがくずが舞い、汗が吹き出ます。荒削りの試行錯誤の場なのです。あなたにとって「現在進行形のヴァーチャル・ミュージアム」で働くことは魅力的でしょうか。もしそうなら、大歓迎です。来て、見てほしい。あるいは、いっそのこと参加してほしい。

このミュージアム構築は実験的なものです。来るべきミュージアムの細部まですべて考えつくされ、単に「実行」しさえすればよいようなプロジェクト・プランはありません。われわれのミュージアム構築は、プラン達成の手段となる論理をただ辿っていくような方法を取りません。ミュージアムが将来ある日どのように見えるかはわれわれにはわからないのだから、一歩ごとに立ち止まり、何が達成されたのかを調べ、新たな姿勢で向かうしかないのです。ミュージアムに関するアイディアを実現させせようとするわれわれの手順は、永遠の自己修正と言えるかもしれません。われわれは辿り着いたばかりの地点から自分たちをひと押しすることで前へ進んでいきます。構築の仕事は、教育ミュージアムでおなじみの最小の独立した意味単位、すなわち陳列ケースから始まります。ヴァーチャルな陳列ケースの形態を決める規則はありません。インターネットが提供してくれる技術的可能性はすべて使われ、試されるべきです。内容についても、陶冶論的、教育学的根本テーマに関して、なんら制限はありません。ミュージアム展示の最小構成単位を形成する形式や内容において、共同制作者である学生の自由裁量にまかされています。実験的であらねばなりません。全員が十分考え尽くした提案を提出することが求められます。それが実現されるかどうか、インターネット上で採用されるかどうかは、ワーキング・グループ内の議論を経た後、ゼミやミュージアムの管理者が決定することになります。

文献

― Litt, Theodor: Die Bedeutung der pädagogischen Theorie für die Ausbildung des Lehrers, in: Litt, Theodor: Führen oder Wachsenlassen. Eine Erörterung des pädagogischen Grundproblems, 4. Aufl., Stuttgart, 1949, S. 110-126.〔テオドール・リット「教師養成に対する教育学的理論の意義」、『教育学の根本問題』石原鉄雄訳、明治図書、一九七一年、一二〇～一三七頁〕

― Mollenhauer, Klaus: Vergessene Zusammenhänge, München, 1983.〔クラウス・モレンハウアー『忘れられた連関』今井康雄訳、みすず書房、一九八七年〕

― Nohl, Herman: Die pädagoghische Bewegung in Deutschland und ihre Theorie, 4. Aufl., Frankfurt am Main, 1957.〔ヘルマン・ノール『ドイツの新教育運動』平野正久他訳、明治図書、一九八七年〕

― Waidacher, Friedrich: Handbuch der Allgemeinen Museologie. Wien/ Köln/ Weimar, 1993.

― Weniger, Ernst: Herman Nohl. Rede bei der akademischen Gedenkfeier für Professor Dr. phil. Dr. jur. h.c. Herman Nohl am 4. Febr. 1961, Göttinger Universitätsreden 32, Göttingen, 1961.

第2章 「デジタル世界図絵」の展示品選択基準と記述方針*

何が問題か

制度としてのミュージアムの機能に関して学問的に研究された対象は数少ないですが、コレクションの歴史と並んで、その一つに来館者行動があります。「来館者研究 Visitor studies」という見出しの下、堅実で多彩な研究が行なわれています。関連研究はすでに書棚を埋め尽くし、ビブリオグラフィを必要とするまでになっています。[†1] その問題関心は、とくに、ミュージアム来館者の来館頻度や来館者分布に

*この論文は、Orbis Digitalis--Das pädagogische Museum im Netz--Konzeptdebatte に掲載の *Zum Problem der Beschriftung Über Funktion und Inhalt der Objektkommentare im pädagogischen Museum "orbis digitalis"* (http://www.60320ffm.de/orbis/orbisdigitalis/museum/beschriftg.html) を訳出したものである。

向けられています。誰がミュージアムを訪れ、どんな期待を持ってやってくるのかを知ろうというのです。いささか短絡すぎるかもしれませんが、来館者研究の結果がミュージアム責任者にとって意味するところは、テレビ番組のディレクターにとって視聴率が意味するものと同じと言ってよいのかもしれません。成功、不成功の指標となるからです。ミュージアムの予算にとってますます重要になってきている公共的成功を高め、不成功のリスクを最小限に留める多くの方策が考えられることになるのです。その一つの方向性に展示物の記述やその最適化の問題があります。ミュージアムのテクストは素人にもわかりやすいものであるべし、というわけです。よりによってなぜ、ミュージアムにおける正しいテクスト作成が問題となるのか、すなわち、ミュージアムはモノの言葉に人を引き入れる場所であり、学校の役目であるテクスト理解の問題を補う場所ではないのに、なぜこのことが問題とされるのか。こうした疑問は不問に付されたままのように見えます。いずれにせよ、事実はこうです。大方の来館者研究は来館者の読解行為を詳細に研究し、そうすることで、ミュージアム側に合った展示物の記述に関する改善案を提供できると期待されているのです。[†2] 驚くべきことに、よりよき、すなわちよりわかりやすいミュージアムおよび展覧会のテクストをめぐる努力は、ほとんどもっぱら、活字の問題（グラフィック形式、色彩、文字種、ポイント、行間）、テクスト構成（文字数、一文の長さ、パラグラフの量、タイトル）、語彙（母音と子音の割合、外国語と日常語と学術用語の割合）、そして関心を引きつけるかたち（論争的か、物語的か、実用的か、従属文的か）という形式に関わる形態上の特性に限定されています。これに対し、記述内容はほとんど問題とされていません。単なる展示を超え、ミュージアムのモノに関して何が文字的に伝達されるべきか、このことについてまったくと言ってよいほど議論がなされていないようなのです。

ただ従来どおりのコメントのやり方にとどまっています。いくつかの変わり種はあるものの、モノの種別とそのモノを語る専有権を有する学問領域に依存しつつ、たいていの場合、当該展示品の成立（年代）と伝播（地域）について時間的空間的データを記載することで満足しています。例外的事例として、もともとどう使用されていたかに関する情報を記す場合があるにはありますが。

インターネット上の教育ミュージアム「デジタル世界図絵」の展示品のコメントならびに記述にとっては、この伝統的でおなじみの実践、すなわち年代、地域、目的に関する記述では不十分です。それは以下の二つの理由からです。

――第一に、二次元上の展示品には感覚に訴える物質の質感に欠けるという仮想空間の欠点がありますが、それが適切な記述によって補われなければならないからです。この補償の必要性が、根本的に従来の展示品と記述の関係を変えます。われわれのミュージアムにおいては、記述はもはや展示品の附属物ではなく、その構成要素です。展示品自身が画像と記述から成立しているのです。

――第二に、教育ミュージアムの特殊性が、すなわち展示品の教育的意味合いが、とくに記述を通じて浮き彫りにされなければならないからです。伝統的な現実のミュージアムのふつうの記述は、せいぜいのところ、当該対象を学問的に整理し、簡略な文化史的規定を与えることで満足しています。しかし、教育ミュージアムはこれを超えて、その対象が現実において、または歴史的において持っていた陶冶上の意義を可視化し、理解可能にしなければなりません。これは何を意味するのでしょうか。展示品の陶冶上の意義を取り出すことを意図した記述の内容とはどんなものになるのでしょうか。この問題に答えるためには小さな補論が必要となるでしょう。

小補論：陶冶（Bildung）とは何か？

陶冶と呼ばれる概念は、古典的でリベラルな教育学的諸概念およびその後継諸概念のなかでも重要概念である自己活動を前提としています。この陶冶という表現は、一八世紀後半における導入以来、教育学の中心的でドメスティックな概念に属しますが、これはドイツ特有の表現で、子どもの学びのプロセスの近代的理解が記されています。これに従えば、学びの本質は、内生的なプログラムの単なる展開ではないし〔すなわち「発達」ではない〕、外的情報やデータの単なる集積でもありません。二つのケースにおいて、学びは、最終的には、せいぜいのところ既に存在したものの持続的反復に限定されます。それが有機体の内部にあろうが、外の現実世界にあるものであろうが、そうです。個々の主体は、そのようには生じないのではないのか。もしそうだとすると、主体は投射される面、すなわち、たんなる受動的な場に縮減されてしまいます。この帰結から守ってくれるのが自己活動という概念です。この概念は学びの過程から制作的な過程を生み出しますが、ここから、文化世界のみならず、個々の主体すなわち当該主体の特殊形態が自ずと生起してくるのです。人間がみずからを形成していくのは、フンボルトが定式化したように、「人間の環境世界と内的自己が提供する素材の全量を、人間が持つ感受能力という道具を用いて」みずからへ受け入れ、それを「自己活動の全能力をもって」改変していくことによってです。[†3] 自身に影響を与える環境条件を変えることによって、「人間は自己自身の陶冶にみずから関与することになる」（ペスタロッチ）。人間は、己がつくり出す現実と同じ程度に「自分自身の活動の所産」（マルクス）であり、「自分の活動の作品」（ペスタロッチ）です。

個々の主体という観点からは「自己形成」と、文化の観点からは「制作的活動」とわれわれが呼ぶ自己活動の構造について、陶冶理論の古典的思想家たちは、かなり曖昧な言い方しかしていません。フレーベルは有名な定式の中で自己活動を、「あらゆる外的なものを内的に、あらゆる内的なものを外的にする」ことが問題となる事象だと述べています。彼らが陶冶活動について詳細に述べた多くのことが不明確で満足できるものではないものの、少なくともこの曖昧な定式で方向性が示されてはいます。この定式は観念論的表現をまとってはいるものの、一〇〇年後にジャン・ピアジェが実証的にいっそう詳細に、そしていっそう内容豊かに同化と同調という語で記述してみせたことを先取りしています。すなわち、外の感覚データを主体の操作図式の中に取り込むことと、外的な感覚データへこの図式を適応させることの二つが先取りされています。この同化と同調の交互噛み合わせ、たえず起こる外界の改変とそれと同時的な主体の陶冶は、現実においてバランスよく成就されるためには、つねに次の二つのことを必要としています。一つは、成長過程にある主体が「その生まれもった能力を強化し高める」、すなわち「自己形成[†4] sich bilden」できるための、知的・物質的対象であるところの文化的素材であり、もう一つは、世界の目の前にある素材から「可能な限り多くのものを把握しようとし、できうる限り密に自分と結びつけること[†5]」を試みながら外的文化を形成していく活動的自我です。この「自己形成という出来事」は、ヴィルヘルム・フリットナー〔一八八九〜一九九〇。精神科学的教育学の代表的学者の一人。ヘルマン・ノールにイエーナ大学で学ぶ。「市民大学」の設立・運営に尽力する。戦後はハンブルク大学教授を務めた〕が言うように、文化形成とメダルの両面を成しています。文化が自己活動的主体を必要とするように、主体は自己を陶冶するため文化を必要とます。ヴェーニガーの簡潔かつ含蓄ある言葉を使えば、「自我は文化なしでは内容を欠く。文化は自我なしでは力を欠く」。両者、すなわち自己形成していく主体と発展を遂げていく文化の両者は互いを必要とし合っているのです。両者は同じ産出活動、すなわち人間の自己活動から帰結します。陶冶と文化はこの自己活動に依拠しています。

自己形成〔＝陶冶〕という出来事、自我と文化の同時産出は、さまざまな仕方で妨げられる可能性があります。その阻害された陶冶過程の二つの原型が物差しの両端にあり、その中間において、自我と事物はその動的均衡を保ち、釣り合っています。両端では、一方の契機が他方の契機に対し優勢を誇っています。すなわち、一方では、モノが主体に対し優勢です。主体はモノに依存し、モノに自分の形成意志を強いることができません。これに対して、もう一方の端では主体はモノに対し優位性を持っています。すなわち、そのモノに自分の欲することを行い、モノが持つ特殊性を無視します。どちらの場合においても、生産的な対決に、すなわち主体と客体を変換していく習得過程には至らないのです。

それほど害のないモノへの依存形態を表現する言い方に、テレビもしくはステレオにかしずくというドイツ語表現があります。ビールグラスや靴にそういう言い方はしません。後者の場合、むしろ、それらを使用する、それらを道具として使う、という言い方をします。しかし、機械に対しては、奴隷が主人に対するように、われわれはかしずくのです。この言い方はすでに歴史的にあった事態を記憶しており、人間は機械という助力者の主人ではなく、逆に奉仕者となってしまうことを警告しています。自分が作り出したものがわれわれに対して冷淡で物的な暴力をおよぼすものに変わります。その最もよい例が自動車です。自動車が人間のためにあるということは、もう思い込みでしかないことは明らかです。自動車に帰される環境破壊と、それにもかかわらず自動車に与えるサービス行為を鑑みると、むしろ悪魔との比較がふさわしいように思われてきます。ある場所から他の場所への移動時間を短縮する便利な乗り物は、同時にわれわれにその暴力をおよぼします。それにもかかわらず、これに対する抵抗は起きません。自動車の力は少なくとも主体の力を制限するものではないように思われます。これが他の事例であると話は変わってきます。とくに限定して言えば、モノに本当に取り憑かれ、モノに釘付けされ、そのことでモノへの依存を表明しているような人の場合、モノの支配が感じられるのです。この釘付け状態は、主観的に現実化された強迫観念を表わしており、たとえばフェティシズムや貪欲というケースでさまざまに観察されます。こうしたやり方でモノに依存する者は、もはやモノを所有するのではなく、所有されており、本人もそのことを感じているのです。

逆の極端なケースはヴァーチュオーゾ（巨匠）の場合に見られます。ヴァーチュオーゾは、モノに支配される代わりにモノを支配します。しかもそれはモノの側からもはや何も言ってこないかのように支配します。ヴァーチュオーゾはモノを黙らせるのです。少なくとも、モノにもはや耳を傾ける必要がないのです。ヴァーチュオーゾはモノの抵抗を打ち破ってしまったのであり、モノをもはや自己表現の中立的な素材とぐらいしか見ていません。とは言っても、素材を相手にしたままではあります。ヴァーチュオーゾはモノとの接触を保持しなければなりません。そうでなければ、彼の表現は崩壊し、笑い者になってしまうでしょう。苦行者だけがこの運命を避けることができます。苦行者は、モノへの依存からみずからを解き放ち、最終的にはその依存を放棄することで、ヴァーチュオーゾよりももっと完璧にモノの抵抗を克服します。しかし、苦行者が世界のモノへの欲望を断つその徹底性がまさに、いかに彼がモノへの執着をいまだ持っているかを示しています。モノを失う不安から、彼は、モノとの関係を断つのであり、そのことで極端な形でのモノへの彼なりの依存を証明しているのです。極端は互いに接近します。

陶冶を促進するモノとの関係は、上に挙げた両極端を避けねばなりません。世界と向き合うなかで自分を形成していこうとする者は、モノと接触を持たねばなりません。しかし、それに依存してはなりません。モノを自由に利用し、扱い、変えていく遊戯空間を許してくれる適切な距離が必要なのだ。フリードリヒ・シュレーゲルが、いやノヴァーリスだったかもしれませんが、モノをあたかも持っていないかのように持たねばならないし、それをあたかも持っているかのように持ってはいけないと要求した時、このことが考えられていたのです。

教育学的活動分析

この少々簡略ではあるかもしれない陶冶概念についての補論の後であれば（あまりにも簡略すぎるというのは、陶冶活動の歪曲や堕落形式をただ類型的にしか素描しておらず、その特殊で経験的な現象形態を記述することも、それが歴史的文化的に拡大した理由を分析することもしていないからです）、「デジタル世界図絵」において展示を構成する重要な要素となる陶冶論的記述内容の問題については明確に答えられます。すなわち、文化的産物、日常品、教材、遊具の陶冶的意義を取り出すためには、このモノと結びついている活動が記述されねばなりません。しかもそれは、このモノを産出した活動と、それが喚起し許容する活動の双方を記述しなければなりません。《ナマ》ヴァーチャルな展示を構成する要素としての陶冶論的記述は、どんな叙述形式であろうと、もしある人がその対象を制作しようとしたり、制作後に適切な仕方でそれを理解し操作しようと思った時、ありうるはずのことに関する指摘を含むべきでしょう。どんな能力がその使用や制作に際して求められるのか。心のどの領域が刺激され、どんな社会的、認知的、道具的技能が養われるのか。もしくは、そうでないのかについても。どんな潜在能力がある特定のモノと関わるなかで利用されないままか、呼び覚まされてくるのか。何が鍛錬され、何が軽視され、何が破壊されるのか。簡潔に言いましょう。陶冶論的記述は、展示された対象とのやり取りのなかで何が学ばれるか、何が学ばれうるのか、そしてどのようにこの対象の知覚や操作や解釈が人を変え陶冶するのか、こうした問題を内容とすべきでしょう。

教育学の文献では、以前、クラウス・モレンハウアーとウーヴェ・ウーレンドルフが陶冶論に触発された活動分析に関する具体例を出版しています。彼らの共著『社会教育学的診断 **Sozialpädagogisches Diagnosen**』（一九九二年）で、彼らは体験教育的な実践プロジェクトの枠内で、心理的社会的に深刻な問題を抱える少年の問題状況に沿いつつ、彼らの陶冶過程を自分でも満足でき社会的にも受け入れられる方向へ導くにはどうしたらよいかという課題を探求しています。とくにこの目的のため構成された詳細な教育学的診断を行った後、モレンハウアーとウーレンドルフは、少年一人一人のための「教育プラン」を策定し、そのなかで、陶冶媒体として特殊な文化的産物や工具もしくは機器のたぐいを制作し操作することを提案しました。このように教育状況に埋め込まれた道具と機器はすべて、生存に必須であるという意味でエレメンタールでいわば古代にその起源を持つものであり、少年たちを彼らの根本にある心理的な葛藤に触れさせ、自分でその解決策を見つけさせるような性格を持ったものです。

こうして、対立する連中との喧嘩、麻薬やアルコールの摂取、授業拒否、集中力の欠如、目的なき徘徊などにその生活上の問題がある少年たちの教育プランで、たとえば、釣り竿を使う活動が推奨されるのです。教育的観点からするこの推奨は、少なくとも、そして直ちに、役立ち必要でもあることがわかります。この少年は適切な手ほどきを受けた後、この活動に強い関心を持ち始め、何時間も川や海のほとりに座り釣り糸を垂れるほどになりました。この時から、彼は「外に向かって本当にリラックスし、より落ち着きを示すようになった」し、「午前中の授業に関わることがいっそう容易なものに」[†8]感じられるようになりました。この少年の社会的に問題ある行動は、釣り竿のおかげで明らかに社会的に問題のない生産活動へとそのかたちを変え、餌を探したり、釣り針を準備したり、釣り竿を投げたり、うなぎの下ごしらえをしたり、魚のはらわたを取り出し薫製にしたりする行動になりました。いくつかの「逆戻り」や多くの内的外的葛藤にもかかわらず、回りから承認されうる活動のあり方への問題行動の変換は少なくてもその場においては成功したのです。陶冶過程は古代的で文化的なモノ、すなわち釣り竿の助けをかりて社会的に許容しうる軌道にのせられたのです。「提案された全活動の中で、釣り竿がその少年の人生で提起されていた問題を最もうまく終息させているように思われる。すなわち、落ち着く必要と落ち着きのなさとの間でどのようにバランスをとるか、どこでいかにして自分でいられ、他人との違いを保つ自分独自の領域を築けるか、といった問題を、である。釣り竿は、しばしば彼自身に融和しがたく感じられていた対立、落ち着きと活動性、緊張と弛緩、陶酔と現実性のあいだにあった対立を結びつけます。おそらく、彼の人生ではじめてあるグループ内で安定した領域、すなわちその『神経質な根本態度』にもかかわらず、ある活動を通じて、内面の落ち着きとある確かな『自我の安定感』が感じられる領域を自分で築くことができたのである」[†9]。

もちろん、この記述に対して、正確に言うと、釣り竿とこれに属する活動のいったい何がこうした効果のある陶冶作用を産み出したのかという疑問は出てきます。これに対しモレンハウアーとウーレンドルフは、この本のなかの「小さな活動事典」で詳細に答えています。この事典は、陶冶論的関心からするモノの記述からなっており、それは、ちょっと形式は変えねばならないものの、教育ミュージアム「デジタル世界図絵」にも使えると思われるものです。「魚釣り」の項目、これは教育ミュージアムでは項目名を「釣り竿」にしなければならないでしょうが、次のような詳しい説明がなされています。

釣り竿は、われわれを人類史における道具発展の初期段階へ戻し、古代的な幸運感情、すなわち単純な道具でだました動物に対する人間の優越感を追感させてくれるが、それだけではなく、生存に必須なエレメンタールな諸感覚、すなわちバランス感覚、視覚、触覚、筋肉や関節の自己受容感覚にも強く訴えかけてくる。それらは、視覚を例外とすれば、すでに母体のなかで発達してくるものだ。触覚と自己受容感覚が身体と心をリラックスさせるのに重要であるということが、他でもないこの釣り竿の場合にはっきりと現れてくる。水面下の世界は釣り人の視線と聴覚から隠されたままだが、この世界に入っていくことができるのは、唯一触覚を介して中間者すなわち釣り竿を使うことによってである。道具はいわば「延長された感覚器」であり、これを媒介に釣り人は自分には近づきがたい世界を手探りで進む。とくにミミズをつけた釣り竿の場合や、幾分か弱められた形ででではあるが浮きのついた釣り竿の場合、視覚は触覚の背後へ後退する。少なくとも釣り針が水面下にある場合はそうである。釣り竿を持っている時、ほぼ全身が感覚事象の担い手になる。指、両手、両腕、上体もそうだが、両足もその筋肉はリラックスしているものの、魚が餌に食いつくのを知覚するため静止状態の姿勢を取り続けている。釣り竿を繊細に持つこと、近接感覚の緊張、釣り針、釣り糸、竿を通じて自分の身体に伝わってくるほんの小さな引きに集中すること、そして最後に全身的反応の準備状態が、身体の脱緊張状態、すなわち安定しバランスのとれた姿勢を取ることを強いる。釣り竿は、過敏で、集中することに困難を抱え、多動傾向にある少年たちが、身体的なバランス感覚を獲得するのにとりわけ助けとなるが、それは、他の身体に近い道具によって支えられた活動にくらべて、私、身体、道具と客観世界との間に明確な境界を作り出すからだ。少年たちは、幅広い行動可能性のなかで自発的決断が迫られる、そうした刺激の洪水を与えられるわけではない。釣り人は、外界からわずかな、しかしその意味は明確な刺激を感覚的に受け取るのですが、そこに彼の関心は向けられている。彼は自分の他は何も動かすことができない（地面のミミズでさえだ）。水面下の世界に入っていくことはできず、行為できる可能性は水上に限られる。首尾よく獲物を得るためには、ほとんど動かず、感覚的には受容的に同じ姿勢を取り、自分の身体の知覚に集中することになる。しかし、このことで彼はほとんど自分自身と重なり合うのだ。彼が待ち望む唯一の感覚刺激がやってくるまで、彼の内面を動かす外的なものはほとんどない。少年はしたがって、釣りに手慣れた教育者を介し、ただ釣り竿や釣り糸、釣り針の扱い、目標へ正確に投げること、さまざまな魚の種類、餌、釣りのテクニックを学ぶだけではなく、「正しい態度」も学ぶのである。[†10]

モレンハウアーとウーレンドルフの陶冶作用に関する記述、すなわち、釣り竿やその他いくつかの生存に必須な道具がそのモノとしての特性に沿って使用されるときどのように陶冶作用が生じるかを彼らは記述しているわけですが、これはわれわれが教育ミュージアムの陶冶論的記述の内容を追求する時に向かわねばならない方向を示してくれています。[†11]

もちろん、社会教育的枠組みは手本として直接使うには特殊すぎます。長期にわたって何度も繰り返される施設生活、パンク的環境、売春、食物にも困るような環境におかれた少年少女の特殊な生の危機状況は、われわれの展示品を決める唯一の基準とすることはできないし、彼らの単純な道具を介した活動（盗賊が潜みそうな密林の開墾、パン焼き窯や炉の制作、そして釣り）の記述が、教育ミュージアムの全展示品が持つ陶冶論的ポテンシャルを特徴づける次元をすべて網羅することもありえません。

古代から続く道具の陶冶価値だけでなく、陶冶論的方向で取挙げられそうな対象が実際に記述されるためには、すなわちミュージアム展示を考えるためには、少なくとも次の二つの活動形態を区別し、別々に扱うことが重要であるように思われます。すなわち、知覚活動と使用行為の二つです。この二つの活動はそれぞれ、それ自体途方もなく多面的であり、多様な陶冶活動を引き起こします。実践においてこの二つは互いに関係し協調し合っていますが、それに留まらず、身体を通して有機的に一つのまったく切り離しがたい過程に織り込まれています。しかし、分析のためこの二つの活動を区別することは許されるし、そうでなければなりません。知覚活動は、使用行為とは異なる陶冶活動を引き起こします。たとえば私が、あるモノをミュージアムで鑑賞するのと、ミュージアム外の日常において自分で設定した目標に到達するためそれを実践的に使用するのとでは、陶冶作用に関して大きな違いがあります。前者では、その対象の形態や現象形式が陶冶作用の出発点ですが、後者の場合、その対象を実際に用いることが出発点となっています。
たとえば椅子は、もしそれが黄色で固く角張ったものと鑑賞されたり、デザイン作品と評価されるならば、それは知覚の対象としてあります。しかし、もし目的に応じてそれを利用し、夕食のためにテーブルのそばに置いたりすれば、それは使用対象ともなります。椅子がその用途に合う限り、知覚の対象になることはありません。利用者に不都合が生じたときにはじめて、つまり、上腕を下から押し上げたり、背中に痛みを与えたりする場合にはじめて、椅子はふたたび観察され、苦痛の原因として吟味されるのです。椅子がこうして注意を引きつけるようになるということは、その椅子がその目的を不十分にしか、あるいはまったく果たしていないことを証明しています。

知覚活動

知覚活動は対象をまず感覚的な「現れ」として、すなわちさまざまな特性、たとえば形、大きさ、色、重さ、固さ、表面の状態などを提示する現象として扱います。と言うより、対象をそのようなものとしてつくり出します。知覚活動の陶冶効果の問題は、それゆえ、当該対象の知覚や構成の際に関わってくる感性活動の特別なあり方を問うものとなります。その際、伝統的に、遠隔感覚（視覚、聴覚）と近接感覚（触覚、臭覚、味覚など）を区別してきました。ある対象を遠くから距離をもって知覚する、つまり見たり聞いたりするのと、その対象を直接、撫でたり、触れたり、愛撫したり、突いたり、指でつついたり、裂いたり、引っ掻いたり、打ったり、こねたり押したりなどするのとでは、明らかに違ってきます。陶冶活動はそのつどまったく違った経過を辿ります。至近のものの探索や触覚に特徴的なのは、自我論的（egologisch）な契機、すなわち知覚の私的な感覚です。対象への距離のなさは、遠隔感覚にはない知覚の親密性に通じます。近接感覚による知覚の場合、対象からすぐさま、マルティヌス・ヤン・ランゲフェルト〔一九〇五～一九八九。オランダの教育学者。現象学的人間学に基づく考察が特徴〕が表現しているように、「私にとって純粋に感覚的なもの」が生成してきます。たとえば、スリッパからは「毛的な何か」が生成してくるのです。†12

この違いと、それと同時に個々の感覚が持つ陶冶上の意義とを考慮しながら、陶冶論的関心に立ったモノの記述は、以下の問いを取り上げ、答えるべきでしょう。すなわち、モノの感性的現象形式、すなわちその形態、その色彩、その重さ、その大きさ、その材質、その製作法、そのデザインなどは、知覚主体にどのような作用をおよぼすか。どのような知覚の分化にきっかけをあたえるのか。どんな感覚が関わっているのか。その感覚印象はどんな種類のものか、すなわち、多様か－一様か、単純か－複雑か、対比的か－同種的か。モノの現象形式や物質的形態はどんな感覚感情を誘発するのか、すなわち、快適か－不快か、安定しバランスのとれた気分か－変化の激しい衝動や情動的なものか、はっきりしたものか－曖昧なものか。その対象を見る時どのようにそれは感じられるのか。さすったり触れたりする時は？　どんな反響を体の内側に産み出すのか。対象の触覚的知覚と視覚的知覚から、それぞれどんな欲求が解き放たれてくる、ないしは産み出されてくるのか。†13 モノは知覚者の身体とどのような関係をつくり出すのか。モノはどんな「感情」や「思い出」を呼び起こすのか。モノはその特性全体において調和的に作用するのか、それとも非調和的に作用するのか。すなわち美しく作用するのか、醜く作用するのか。それは、カント哲学の厳密な意味での美的快を産み出すのか、それともただ欲望のみを産み出すの

か。[†14]

モノの知覚は、しかしながら、けっしてセンス・データのたんなる登録ではありません。われわれは対象をつねにある特定の対象として知覚しています。すなわち、われわれは、あらかじめ持っている知識や今までの生活史の成果に基づきながら、そのモノを枠取り、そのことで、枠取られ残ったもの、すなわちそのモノの環境全体や、似た、ないしは異なる種類のモノにそれを関係づけるのです。換言すれば、われわれは、どんな対象に対しても、近接感覚や遠隔感覚でそれを捉えるその瞬間には、すでにある一つの意味を付与しているのです。樹に樹という意味を、トランプ台にはトランプ台という意味を、ティーポットにはティーポットという意味を。意味から自由で純粋な視覚、ラスキンが説いてまわったところのいわゆる「無垢な視覚」は存在しません。[†15]われわれの視覚はつねにすでに社会的に構造化されています。同じことが聴覚にも妥当します。われわれは単純に物音を聞くのではありません。われわれはいつも特定の規定されたものを聞いています。すなわち、ブレーキを踏んだときのキーという音、ドアのバタンと閉まる音、シュレッダーの断裁している音などを聞きます。どの音も、それが耳に達する瞬間、割り当てられた意味を持ってしまうのです。たとえ、万が一この意味が後から間違いだったとわかったとしても、です。簡潔に言えば、われわれの知覚活動は意味付与的な事象なのです。[†16]

知覚活動のこの意味付与的性格の最もすばらしい証拠が、映画制作者のプドフキン〔フセヴォロド・プドフキン。ソ連草創期の代表的映画監督。一八九三〜一九五三。卓越したモンタージュ手法が特徴。代表作にゴーリキー原作の『母』などがある〕が行った有名な実験です。プドフキンはデモンストレーションの目的で、まったくどうでもよいある男の顔のクローズアップを、まず空のスープ皿との組み合わせ、そして次は死んで棺に横たわる若い女の写真との組み合わせ、そして最後に遊ぶ子どもとの組み合わせで、一本のフィルムに編集しました。空の皿との組み合わせではもともと表情のない男の顔は、突然、鑑賞者に、空腹で、少なくとも考え深げな様子に見え、棺の中の死んだ女性との組み合わせでは悲しげでものうげな様子に、遊ぶ子どもとの組み合わせでは笑っているように見えたのでした。観客は男の表情豊かな演技に驚き、彼は偉大な役者かもしれないと信じました。しかし、男の顔は、いずれにおいても、同じ表情のないものだったのです。観客こそが、その男の顔に文脈の比較によって、そのつど、違った意味を与えたのでした。

この種の証拠は数えきれないくらいあります。そこでつねに示されていることは、われわれの感覚活動が心のうちで表象された文脈や外部に見いだされる文脈に依存しており、視覚可能な物体へある意味を付与しているということです。樹は遍歴者にとっては木陰を提供してくれるものですが、林業に従事している者にとっては原材料であるし、子どもにとってはよじ登る対象です。「知覚のなんたるかはたえず他なるものの圏内にあり、それはつねにある領域の一部なのである[†17]」。

知覚の内的および外的文脈への依存性によって、われわれが見るものすべて、聞くもの、触るもの、嗅ぐものすべては、意味連関の契機となります。全世界は意味作用する宇宙として現れます。そこではどんなモノも他の記号を指示する記号です。モノは、しかし、ただ知覚者の意味付与活動によってだけ記号として産出されるわけではありません。すでにその前から人間の生産活動によって産み出されています。モノは意味を担った記号として二重の仕方であらかじめ形成されているのです。すなわち、知覚器官とそのモノのなかに潜んでいる社会的活動によって形成されています。知覚の意味付与活動は、このことで同時に解釈活動になります。モノは他のモノから区別されるだけでなく、同時に意味ある現象として産み出され、それらは文化テクストの記号のように、指標として、モデルとして、メタファーとして、例示として理解され、解釈されることを求めてきます。

モノは記号であり、その知覚はつねにその解釈を含んでいることを前提とすると、陶冶論的関心から、とりわけ以下のような問いが生じてきます。モノの知覚者に要求される解釈能力はどんな種類のものなのか。すなわち、どんな結びつきを企て、何と比較し、どんなものと類比しなければならないのか。記号としてのモノを理解するためには、どんな解釈能力、どんな知識の備えを駆使しなければならないのか。そのモノは、それが生まれた文化、時代、生活世界について何を物語ってくれるのか。モノは、その形、その材質、その処理方法、その装飾で、生産や使用に関連した事柄について何を伝えてくれるのか。どの程度、そのモノはその時代の「表現」と言えるのか。教育ミュージアムの展示品の陶冶論的記述は、したがって、次世代の若者がモノの解釈的鑑賞を通じて何を優先的に学べるのかという問題に答えるべきではないでしょうか。すなわち、そのモノが生まれた文化について、その生産方式や使用法について、先人の見解や価値や視点などについて、答えるべきではないでしょうか。

どんな人間も、ですが、とくに次世代の若者がモノ環境を知覚する時、日常的に行っている解釈操作は、学問でも生じています。学問もまた、モノの情報内容や元来の価値やシンボル解釈の諸可能性に関心を持ちます。この理解過程が日常でのそれと異なるのは、標準化や形式化、また明確さの程度です。日常でのモノの解釈は、ふつうの場合、多かれ少なかれ無意識的になされ、多くの点で瞬間的です。つまり自動化されています。しかし、学問における理解過程は時間的には長くかかり、方法的で反省的になされます。学問的なモノ解釈がどんなに豊かな形を取るかは、考古学や、民族学や民俗学、そして現代の文化科学に至る関連学問領域の研究を見ればわかります。こうした専門諸科学のすべては、その方法的注意を、程度の差はあれ、もっぱらわれわれがここ最近「物質文化」と呼ぶことに慣れつつあるものに向けています。このことは陶冶論的記述に関してもたいへん興味深いものです。モノの考古学的、民族学的、民俗学的分析の際のカテゴリーや手法は、日常的知覚や対象の鑑賞において、無意識的および意識的に学ばれているものを規定するのに大きな助けとなるでしょう。こうしたたぐいの専門科学的方向性を持つモノ分析に関する事例はいくつか存在します。とくに役立つように思えるのが、ジュールズ・デイヴィッド・プローン〔一九三〇〜。アメリカ・イエール大学の美術史家。アメリカの物質文化と美術の関係を研究〕の研究です。彼は、二つのティーポット、一つは錫でもう一つは銀でできており、一つはアメリカ独立戦争の前に、もう一つはその後に作られたものなのですが、それらを調査しています。しかも、そのポットに現れている当時の社会の「価値観、理念、態度、諸前提」[18]を考察する研究になっています。この文化人類学的研究は、方法的にたいへん説得的であり、二つのトランプ台を対象としたこの分析手法の再演はもう必要なかったのではないかと思わせるほどでした。この二つの事例で、プローンは彼の出発点であるテーゼ、すなわち、「人工物は夢に似て、意図された機能に加え、隠された心性の無意識的表象である」[19]というテーゼを印象深く証明することに成功しています。素材と加工法と並んで、とりわけモノの形と様式こそが、プローンによれば、特定の時代の見解、価値観、理念をかなり忠実に表現します。必要なのはそれを正しく読むことだけです。考古学者リタ・P・ライトも彼女のテクスト「技術的様式。あるいは自然の素材を文化的客観物に変換することについて」[20]で、「モノの分析」ないしは、ひょっとしたら「モノの解釈学」とでも呼べそうな事例を説得的に展開しています。彼女の関心対象は、ハラッパの文明で生産された陶器の壺です。彼女はこの陶器の壺を、プローンのように意識されない精神態度のシンボルや隠喩としてではなく、むしろ旧来どおり、発見現場すなわち発掘現場の分析と総合することで、具体的な生産過程や労働条件や生産者の社会的関係、当時の輸送システムを正確に推論することを約束する指標とみなします。こうも言えるかもしれません。すなわち、リタ・P・ライトは、考古学者が長年そうだったように、発見物を読解することを試みるのですが、それは、発見物の形や様式や技術の特徴の分析を通じて（それは化学的組成というミクロレベルにまで至る）、もともとの生産連関や利用連関を再構成し、最終的には、過去の文化の社会的有機的全構造を可視化するためなのです。こうした「考古学的視角」もわれわれのミュージアムの陶冶論的記述に重要ですし、役に立ちます。とくに歴史的な展示品の陶冶意義を示す場合、当時の生産ならびに利用コンテクストの知識なしに、その記述は十分なものとなることはできません。

使用行為

モノは、われわれがそれを遠くから、あるいは近くから、諸感覚の相互作用や理解のなかで知覚したり解釈する時だけでなく、モノをある決まった目的達成のための手段として使用する時も、われわれを陶冶活動へと解き放ちます。この場合、モノの陶冶作用は、もはやそのモノの知覚や解釈から出てくるのではなく、実践的利用から出てきます。この実践的利用、すなわち使用行為は、程度の差はあれ、当該のモノの明確な機能規定に合わせられているでしょう。すなわち、不器用もしくは巧みにそのモノを操作するかもしれないし、目立たない物質的あるいは形式的可能性を利用したり、または無視したりするかもしれません。さらに、実験的に用いるかもしれないし、使用説明書通りに用いるかもしれません。しかし、つねに、使用行為は目的に関係しています。モノがその手段として投入されるところの活動の目的に応じ、使用行為は二つの大きなグループに分けられます。すなわち、生産的行為とコミュニケーション行為というグループです。前者の場合、モノは労働の道具ないしは材料として[†21]、後者の場合はコミュニケーションの媒体として使われます。道具としてモノが利用される場合は、われわれの物質的生活条件を変えることに利用され、それがコミュニケーション媒体として利用される場合は、社会関係、人間の相互関係を規定するものとして使われるのです。

労働素材や生産道具としてのモノについて

道具という概念で含意されていることは、道具とはある規則に従うものだということです。もし同じものであり続けることを保証する使用規則がなければ、道具は道具ではなく、生産の材料でしかないでしょう。道具は、それが同じ道具であるべきとされているあいだは、変転する状況にもかかわらず、同じ仕方で使用できるものでなければなりません。この意味で道具は、ヘーゲルが記したように、その道具がもたらす快よりも「より高きもの」です。「直接的快が消滅し忘れられるのに対して、道具はみずからを保持する[†22]」のです。道具のこの「高さ」、その地位、その恒常性は、しかし、そのマイナス側面を持ちます。道具は、人間の活動を支えるだけでなく、そしてその活動に持続性と一貫性を与えるだけでなく、この活動を固定してしまい、制限を加えてしまうことにもなります。「だから、私は、のみで突いたり、彫ったり、削り取ったり、砕いたりできるだけなのだ。私は、したがって、どんな道具を使った時でも、ある特殊な種類の活動に自分が限定されていくように感じる。もちろん、この特殊な領域を私は無限に変化させていくことができるし、素材の変化によってその作用を変えることができる」[†23]。しかし、固定化と制限は存在し続けます。規則を持つ道具使用の助けで環境世界の対象を加工し形成することで、人間は自分自身を形成し加工します[†24]。道具は、素材に形を与えるだけでなく、それを使用する人間をも遡及的に形成します。それは、語のまったく厳密な意味で、手段＝中間者（Mittel）です。ノヴァーリスはこの連関を芸術家に関係づけ次のように文章化しました。「したがって、どんな道具でも、一方では芸術家が素材へ差し向ける彼の能力と思考を制限する。また逆に、素材が芸術家へ差し出す抵抗作用を制限する」[†25]。したがって、道具の扱いは、最高度に陶冶と関連してくるのです。私がどんな人間でありどんな人間になりうるかという問題は、まさに私が毎日それを使って活動しているところの道具に依存しています。万年筆、鉋、ベルトコンベアなどは、それを扱う人間をその道具に応じた人間にします。これは当たり前のことです。しかし、問題は、この生産道具の陶冶関連性をいかに経験的な検証へと近づけるか、であり、どのように興味深く経験豊かにモノの記述を行うか、です。ひょっとしたら、ここで、ミッチェル・オーウェン・ジョーンズの論文「なぜ民俗的物品に行動的アプローチを取るのか」[†26]が少しは助けになってくれるかもしれません。ジョーンズは、この論文で、椅子の器用な仕上げ方を例に、少なくとも、どのように道具の陶冶作用が記述されうるかを示してくれています。ジョーンズは、民俗誌研究や民族学で今まで広まっていたやり方、すなわち調査された日用品を時代と様式のカテゴリーで分類し、そのシンボル性を解読することで満足するやり方とは異なり、行為に注目する新しい発想、すなわちいわゆる「行動的アプローチ」を擁護します。このアプローチに特徴的な点は、加工品の制作と使用に関連する諸活動への関心です。この活動の主体にとっての意味（これが陶冶との関連性とも言えるかもしれない）をある事例で調査するべく、ジョーンズは椅子職人のアーロンに注目します。アーロンは工芸を独学で学びました。彼はフィールド調査者との詳細な対話の中で自分が持つノウハウの情報を提供してくれています。たとえば、彼の経験知識、熟練技術、材質への好み、特別なデザインへの偏愛、大きさやプロポーションに対する感覚、組み立て方、インスピレーション、動機、質に対するイメージについてです。こうした主観的陳述が、モノが持つ客観的な陶冶意義の説明の代用になりえないとしても、そこへ向かう道は切り開かれています。また、自伝的迂回路、すなわち思い出や影響の記述、好みの列挙や動機などを経由することで、生産された対象（ここでは椅子だが）が持つ、個々の生産者にとってだけではない、主体の陶冶一般に通じる陶冶意義を示してくれてもいます。

コミュニケーション媒体としてのモノについて

モノは、事物的な加工品生産の素材としてのみならず、当然のことながら、コミュニケーションの媒体としても使われます。しかもそれは、二重の仕方で、すなわち直接、間接の仕方で使用されます。素材加工の手段としてどんな道具も必然的に従わざるをえない使用規則によって、間接的にですが、合意形成の手段ともなっています。つまり、道具の投入は、まさにそれが規則化されているがゆえに、原則的には他のどんな主体によっても繰り返され、理解されることができます。人間は、ともに「何かの上で」理解し合い合意します。ヴィトゲンシュタインによれば、理解とは、ある規則、道具使用のコード、ある「技術」をともに習得することを意味します。[27] われわれがたとえば、万年筆の使用規則を知っているからこそ、われわれは、ある人が机に向かって座り、手に万年筆をもち、白い紙の上に線を引いているとき、彼が何をしているのかわかるのです。彼は書きものをしており、間接的にわれわれに邪魔されたくないことを伝えています。万年筆の使用は、こうして見ると、手紙の相手へ向けてメッセージを産出しているだけでなく、同時に、外の人間へのメッセージを産出しています。すなわち、近づかないで、私は今書きものに集中しているのだから、と。こうした間接的メッセージは、どんな道具使用、遊具使用においても見られます。シーソーに座る者は、一言も言う必要なく、遊び相手に対し間接的にパートナーの一人になりたいことを伝えています。なぜなら、シーソーは互いに向かい合って座ることで成り立つ共同作業的な遊具だからです。これをランゲフェルトは、遊具が遊び手を相互に割り振ると表現しています。[28] モノを借りて共同で遊びたいと伝えることは、ある時ははっきりと、ある時は曖昧になされるかもしれません。たとえば、ボールの場合、あまりはっきりしない。この遊び道具で人は一人でも遊べるからです。

あるモノが間接的にだけでなく、直接的にもコミュニケーション目的に使われることを、アルジュン・アパデュライ〔一九四九年～。アメリカのインド系の文化人類学者。都市社会学者〕は、彼が編集した『物の社会的生命』と題された本のなかで示しています。自身の論稿の中で、[29] アパデュライは、一方では、マルクスとゲオルク・ジンメルに関連して商品交換のコミュニケーション機能を、他方ではブルデューとマルセル・モースに関連して相互贈与のコミュニケーション機能を指摘しています。[30] 自由な商品交換の場合、われわれは、モノを通じてお互いの意思疎通を図り、その際、自分が自由で対等で財産を持ち仕事ができる個人であることをお互い自己理解のなかで確認するため、モノを利用します。交換行為の瞬間に、製品は、社会的コンタクトを産み出し、相互承認をつくり出すコミュニケーション媒体に変わります。贈与の場合、われわれのモノの使用目的は、他人に象徴的に（たとえば「花」を贈ることで）、その他者がわれわれにとってどんな価値を持ち、その人の将来の行動に関してわれわれがどんな期待を抱いているのかを伝える点にあります。換言すれば、モノを贈ることを通してわれわれが贈った人に伝えていることは、われわれが彼をどのように思い、彼に何を期待しているかなのです。こうして贈り物はある種の要求となります。それは、ランゲフェルトが書いている空箱のケースと同じです。[†31]ニューギニアの東端のマッシム族の影響力のある男たちの場合、アパデュライがナンシー・ナンの研究（一九七七年）を参照して報告しているように、価値あるモノの相互交換は、贈与交換の複雑な体系にまで発展します。この体系はモノの循環を安定させ、そのことで自由市場を機能させているのみならず、交換されたモノの所有者に一時的名声と尊敬を付与することにも役立っています。この交換交渉の形式、いわゆるクラ・システムは、これに参加する人に、モノを社会的媒体として、地位指定のコミュニケーション・ツールとして利用する機会を提供していると言えるかもしれません。ちょっと違った形をとっていますが、この種のモノのコミュニケーション的使用は、われわれ西洋社会でも見いだせます。それは、価値あるモノを地位シンボルにまで高め、他者にその所有者が誰であり、何のためそれを持ち出してきたのかを伝える場合です。

ヴァーチャル教育ミュージアム「デジタル世界図絵」の展示記述に関しては、さしあたって以上で十分でしょう。モノの道具的そしてコミュニケーション的使用の際の経過は現実においてはもっと複雑です。しかし、ジョーンズやアパデュライの示唆を受けて、以下のように一連の問題をアトランダムに挙げることは十分可能です。そして、それらの問題への簡潔な答えをわれわれのミュージアムのモノの記述は与えてくれると期待してよいでしょう。すなわち、問題とは以下のようなものです。文化在庫の個々の道具や素材や媒体を投入する時、いったいどんな実践的能力やコミュニケーション能力が要求されるのか。期待された目的のために道具や媒体が差し向けられると、どんな水準の計画と時間的枠組が設定されてこざるをえないのか。ある道具の適用、ある特定の材料の加工は、どんなリズム、どんなテンポ、どんな継起を要求してくるのか。ふつう、どの程度の我慢、忍耐、フラストレーションへの寛容さが、道具の使用と並行しながら現れてくるのか。どんな道具使用能力、どんな社会的能力もしくはコミュニケーション能力がモノの生産と使用に関して前提とされるのか、ないしは発展、訓練されるのか。モノの使用に、どんな期待が結びついているのか。モノを実践的に操作するためには、精密な運動や大きな運動の領域でどんな調整能力を必要とするのか。モノとの接触はどのように遂行されるのか。どんな運動がモノの把握には必要なのか。たとえば、手探りの探索か、突然つかみかかることか、ゆっくり触ることか、少しずつ感情込めてすり寄っていくことか。どんな摑み方がモノにふさわしいか。しっかりなのか、ゆるくなのか、力を入れてなのか、親指で締めつけるような力で保持するようになのか等々。道具がその使用者に要求してくる身体的努力はどんな種類のものか。どんな身体の動きが、道具使用と結びついているのか。それは、規則正しいすなわちリズミカルな、もしくは不規則な、叩く運動なのか、打つ運動なのか、打ち延ばす運動なのか、引く運動なのか、突く運動なのか、削《そ》ぎ取る運動なのか、引っ掻く運動なのか、つまむ動きなのか等々。それはまたどんな動作と結びつくのか。まき散らす動作か、弧を描く動作か、閉じる動作か、開く動作か、かがむ動作か、伸ばす動作か、身構える動作か、バランスを取る動作か、維持する動作か等々。道具使用と結びついているこうした身体運動や動作には、どんな感情、気分、衝動が伴っているのか。モノの使用はどんな種類の社会関係を必要とするのか。ヒエラルキー的‐平等主義的か、協同的‐競争的か、孤立的‐社交的か。モノの使用は、どの程度、理解や相互同意に労力を費やすことを要求してくるのか。あらかじめどんな取り決めがなされねばならず、またどんな期待が相互に予期され、交わされねばならないのか。簡潔に言えば、あるモノを適切に使用するために、何ができなければならないのか。そしてこの使用を通じて何が学べるのか。以上のような問題に展示の記述は答えてくれるはずです。

注

†1　とくに以下を参照。Borhegyi, S. F., Hanson, I. A.: Chronological bibliography of museum visitor surveys. In: Larrabee, E.（Ed.）: Museums and education. Washington, D. C., 1968. S. 239-251.; David, J./ Bitgood, S.: Visitors studies in art museums: a selected annotated bibliography. Jacksonville, Al. 1991; Elliott, P./ Loomis, R. J.: Studies of visitor behavior in museums and exhibitions: An annotated bibliography of sources primarily in the English language. Washington, 1975; Hood, M. G.: Visitors studies. A bibliography of theses and dissertations, part 2. In: Visitor Behavior. 5（1990）Nr. 2, S. 4-6.; Pearce, S. M.: Museum studies bibliography. 10th. Edition. Leicester, 1991; Screven, C. G.: Educational evaluation and research in museums and public exhibits: a bibliogr. In: Curator 27（1984）, S. 147-165.; Scdeven, C. G./ Shettel, P.: Visitor Studies Bibliography and abstracts, 1993.

†2　要約的なものとしては以下を参照。Devenish, D. C.: Museum Display Labels: The Philosophy and Practice of Preparing, Written Labels and Illustrations for Use in Museum Displays. o. O.（Calcutta）, o. J.（1997）.（ICOM Golden Jubilee Publication, Indian National Committee of ICOM）. またとくに S. Bitgood と J. M. Litwak の研究も参照。展示物の記述に関するドイツの研究については、とくに Klein, H. J., Noschka-Roos, A., Weber, T. らの経験的研究がある。

†3　Humboldt, Wilhelm v.: Über Goethes Hermann und Dorothea. In: Ders.: Werke in Fünf Bände, II., Darmstadt, 1969, S. 127-128.

†4　Humboldt, Wilhelm v.: Theorie der Bildung des Menschen（1793）. In: Ders.: Werke in Fünf Bände, I., Darmstadt, 1969, S. 235.

†5　同上。

†6　Weniger, E.: "Bildung", in: Sachwörterbuch der Deutschkunde, hrsg. v. Peters, U. u. a., Leipzig/ Berlin, 1930, S. 165.

†7　ランゲフェルトはたとえば「対象はわれわれにわれわれがその対象となにごとかを成すことを要求してくる」と言っている。以下を参照。Langeverd, Martinus, J.: Dss Ding in der Welt des Kindes. In: ders.: Studien zur Anthropologie des Kindes, Tübingen, 1956, S. 95.

†8　Mollenhauer, K/ Uhlendorff, U.: Sozialpädagogische Diagnosen. Über Jugendliche in schwierigen Lebenslagen. Weinheim/ München, 1992, S. 83

†9　前掲書 S. 85 を参照。

†10　前掲書 S. 116-118 を参照。

†11　「デジタル世界図絵」のなかのニコレ・ロックヴァイラーが制作したヴァーチャル展示ケース「生存にエレメンタールなモノ」がこのことを試みている。これは直接、モレンハウアーとウーレンドルフから刺激を受けて行われたものである。

†12　Langeverd, Martinus, J.: Dss Ding in der Welt des Kindes. In: ders.: Studien zur Anthropologie des Kindes, Tübingen, 1956, S. 93. ヴァーチャル・ミュージアムでも従来のミュージアムでも、二つの遠隔感覚、とくに視覚が重視され用いられてきたことをここで想起しておきたい。近接感覚の陶冶作用は、ミュージアムで適用されている触ることの禁止によって抑圧されるのである。この事態が他でもないミュージアムでこそ可能な陶冶活動の種類に関し何を意味するかが問われなければならない。「純粋に自分を感じる感覚経験」（ランゲフェルト）はここには入らない。

†13　内面のどこかで単に触発されるのを待っているかのような欲求はまったく存在しない。欲求は、それが向かう外部の現象によっていつも部分的には少なくとも同時に産出される。一般的見解によると、コンピュータなし、車なしに今日生活できないという事実は、コンピュータや車が存在するという事実に拠っている。ここで問題となっている局面は、マルクスが生産と消費の弁証法として分析した問題である。「生産は欲求に素材を提供するだけでなく、素材に欲求を提供もする」。コンピュータへの欲求はコンピュータの知覚によってはじめてつくり出される。陶冶論的にこの連関をマルクスとともに次のように表現することができる。「したがって生産は主体のために対象を生産するだけでなく、対象のために主体も生産する」（Marx, K.: **Einleitung zur Kritik der Politischen Ökonomie, S. 624**）。

†14　カントによれば、対象の現象形式から発する二種の快作用がある。一つは美感的すなわち無関心的な適意であり、もう一つは感覚的快すなわち感覚的な快適さである。後者の場合、欲望能力が刺激され覚醒させられる。たとえば男女関係や職業上の成功を約束しながら、または永遠の若さや社会的承認を約束しながら、広告においてライター、時計、万年筆、電気ドリル、カメラ、ステレオ装置、そしてもちろん車は魅力的なもの、すなわち欲望に値するものとされる。そのモノを獲得すればこの約束が満たされるはずだというわけである。しかし広告の約束はシャボン玉のようなものだ。それを掴もうとするやいなや、約束ははじけ飛んでしまう。多くの場合デザインでも事情は同じである。イラスト入りの複製広告が生産物にたんに外的に依存しているだけであるのに対し、デザインは生産物のための広告を生産物自体のなかへ移し変える。「デザインと呼ばれる業界は、おそらくその仕事の基盤を、すでにすべてを持ち、もはやなにものも必要としない、そういう顧客を美感的現象が持つ純粋な力によって、自発的であるという意味で最も危険な依存へと導くところに持っている。すなわち欲望に置いている」（Dorschel, Andreas: **Gestaltung. -Zur Ästhetik des Brauchbaren, Heidelberg, 2001, S. 21**）。

†15　その著書 **The Elements of Drawing** で芸術家に対してジョン・ラスキンは以下のような助言を行った。「あなたが環境のなかに見るすべては、さまざまな陰影のなかの色彩のコンビネーションとして現れている。（中略）描くための技術的な能力は、無垢な眼と呼びうるかもしれないものにかかっている。すなわち、この平らな色のシミをそれが持つ意味を意識することなく子どものように知覚する能力にかかっている。それはまた、盲人が突然見えるようになった盲人のように見ることにかかっている」（Ruskin, John: **The Elements of Drawing, 1857, in; The Works of John Ruskin, hrsg. von Cock, E. T. und Wedderburn, Alexander, Bd. 15, London, 1903-**

1912, S. 27. この引用はしかし、Fineberg, Jonathan: mit dem Auge des Kindes. Kinderzeichnung und moderne Kunst, Ausstellungskatalog, München, 1995, S. 21 からのものである。)

†16 Langefeld, M.: Das Ding in der Welt des Kindes, in ders.: Studien zur Anthropologie des Kindes, Tübingen, 1956, S. 91-93 を参照。

†17 Merleau-Ponty, M.: Phänomenologie der Wahrnehmung（1945）. Übers. Und mit einem Vorwort eingef. von Rudolf Boehm. Berlin, 1966, S. 22.

†18 Prown, J. D.: The Truth of Material Culture: History or Fiction, in: Lubar, S./ Kingery, W. D.（Hrsg.）: History from Things. Essays on Material Culture, Smithonian Institution, Washington, London, 1993, p. 1 を参照。

†19 前掲書 S. 4 を参照

†20 Wright, Rita P.: Technological Styles: Transforming a Natural Material into a Cultural Object, in: Lubar, S./ Kingery, W. D.（Hrsg.）: History from Things. Essays on Material Culture, Smithonian Institution, Washington, London, 1993, pp. 242-269 を参照。

†21 この点に関しては、ランゲフェルトの「使用された」対象と「使用対象」の区別を参照。Langefeld, M.: Das Ding in der Welt des Kindes, in ders.: Studien zur Anthropologie des Kindes, Tübingen, 1956, S. 93.

†22 Hegel, G. W. F.: Wissenschaft der Logik II, Werkausgabe, Bd. 6, Frankfurt a. M., 1969, S. 453.

†23 Novalis, Briefe und Werke 3. Bd. Die Fragmente, Hrsg. v. Ewald Wasmuth, Berlin, 1943, Nr. 1810.

†24 マルクスの以下の言葉を参照。「しかしながら、生産が消費に対してつくり出すのは対象だけではない。生産は消費に対してその規定性、その性格を付与する。生産はしたがって消費者をつくり出す」（Marx, K.: Einleitung zur Kritik der Politischen Ökonomie, S. 623f.）

†25 Novalis, Briefe und Werke 3. Bd. Die Fragmente, Hrsg. v. Ewald Wasmuth, Berlin, 1943, Nr. 810.

†26 Jones, Michael Owen: Why take a behavioral approach to Folk Objects?, in: Lubar, S./ Kingery, W. D.（Hrsg.）: History from Things. Essays on Material Culture, Smithonian Institution, Washington, London, 1993, PP. 182-196.

†27 Wittgenstein, L.: Philosophische Untersuchungen, Frankfurt a. M., 1977, 199, S. 127.

†28 Langefeld, M.: Das Ding in der Welt des Kindes, in ders.: Studien zur Anthropologie des Kindes, Tübingen 1956, S. 97.

†29 Appadurai, A.: Commodities and the politics of value, in: ders.: The social life of things, Cambridge University Press, 1986.

†30 以下も参照。Davis, Natalie Zemon: Die schenkende Gesellschaft. Zur Kritik der französischen Renaissance, München, 2002. デイヴィスの研究は、一六世紀の贈与文化のなかにすでにモノのコミュニケーション的使用の全種類が、すなわち無私の贈与から贈与献金までが存在したことを示している。当時からすでに贈与の裏側が、すなわち贈与に伴う課題が嘆かれていたということである。デイヴィスは贈与と返礼によって社会的政治的生活を制御する相互義務の規則体系を記述している。拡大していくカルヴィニズムと絶対主義でさえ、これに従えば、圧倒的な贈与実践への反動として理解できる。

†31 Langefeld, M.: Das Ding in der Welt des Kindes, in ders.: Studien zur Anthropologie des Kindes, Tübingen, 1956, S. 97.

文献

—Appadurai, Arjin: Commodities and the politics of value, In: Appadurai, Arjin: The social life of things, Cambridge University Press, 1986.

—Davis, Natalie Zemon: Die schenkende Gesellschaft. Zur Kultur der französischen Renaissance, München, 2002.

—Dorschel, Andreas: Gestaltung - zur Ästhetik des Brauchbaren, Heidelberg 2001. HEGEL, G. W. F.: Wissenschaft der Logik II, Werkausgabe, Bd. 6, Frankfurt a. M., 1969, S. 453.〔ヘーゲル『大論理学〈2〉』寺沢恒信訳、以文社、一九八三年〕

—Humboldt, Wilhelm v.: Theorie der Bildung des Menschen（1793）, In: Ders.: Werke in Fünf Bänden, I., Darmstadt, 1969, S. 235.

—Humboldt, Wilhelm v.: Über Goethes Herrmann und Dorothea. In: Ders.: Werke in Fünf Bänden, II., Darmstadt, 1969, S. 127/8）.

—Jones, Michael Owen: Why take a behavioral approach to Folk Objects?, in: Lubar, Steven/ Kingery, W. David（Ed.）: History from Things. Essays on Material Culture, Smithonian Institution, Washington, London, 1993, pp. 182-196.

—Langeveld, Martinus, J.: Das Ding in der Welt des Kindes, in: ders.: Studien zur Anthropologie des Kindes, Tübingen, 1956, S. 91-105.

—Merleau-Ponty, Maurice: Phänomenologie der Wahrnehmung. Übers. und mit einem Vorwort eingef. von Rudolf Boehm. Berlin, 1966（Paris

1945).〔モリス・メルロ・ポンティ『知覚の現象学』中島盛丈訳、法政大学出版局、一九八二年〕
—Mollenhauer, K./ Uhlendorff, U.: Sozialpädagogische Diagnosen. Über Jugendliche in schwierigen Lebenslagen. Weinheim/ München, 1992.
—Novalis, Briefe und Werke 3. Bd. Die Fragmente, hg. v. Ewald Wasmuth, Berlin, 1943, Nr. 1810.
—Prown, Jules David: The Truth of Material Culture: History or Fiktion, in: Lubar, Steven/ Kingery, W. David（Ed.）: History from Things. Essays on Material Culture, Smithonian Institution, Washington/ London, 1993.
—Weniger, Erich.: "Bildung", in: Sachwörterbuch der Deutschkunde, hg. v. U. Peters u. a., Leipzig/ Berlin, 1930, S. 165.
—Wittgenstein, L.: Philosophische Untersuchungen, Frankfurt a. M., 1977, S. 127.〔ヴィトゲンシュタイン『ヴィトゲンシュタイン全集8 哲学探究』藤本隆志訳、大修館書店、一九七六年〕
—Wright, Rita P.: Technological Styles: Transforming a Natural Material into a Cultural Object, in: Lubar, Steven/ Kingery, W. David（Ed.）: History from Things. Essays on Material Culture, Smithonian Institution, Washington/ London, 1993, S.. 242-269.

訳者あとがき

本書は、凡例でも示したように、二〇〇八年までフンボルト大学（ベルリン）で一般教育学およびミュージアム・エデュケーション（美術館教育）の講座を担当していたミヒャエル・パーモンティエ教授が一九九六年から二〇一〇年にかけて発表した諸論文を著者と相談した上で選び、訳出し、一冊に編んだものである。したがって、この訳書のドイツ語版は書籍としては存在しない。訳者は二〇〇八年の夏学期間（四月〜八月）訪問研究員としてフンボルト大学に滞在したが、その間、教授の人間形成とミュージアムの関係に関する理論的、思想史的考察に感銘を受けることが少なくなかった。ミュージアム・エデュケーションに関心をもつ日本の読者にぜひ紹介したいという思いから、パーモンティエ教授にこの翻訳計画をもちかけ、このように実現する運びとなった。

パーモンティエ教授によれば、ドイツのミュージアムをめぐる状況は、日本の状況にも似て、公的補助金の削減、市場原理の導入などによって大きな変化にさらされている。その結果、確かに面白そうに見えるイヴェントが数多く催されるようになり、来館者数を増やすことになった。しかし、テーマパーク（ドイツではこれを「体験パーク Erlebnispark」と表現する）と変わらない企画も少なくない。パーモンティエ教授はこうした現状に危機感を持ち、近代の制度としてのミュージアムがもっていたはずの社会的役割を「想起」し（第I部の歴史的考察）、可能性を提示し（第II部の理論的考察）、インターネット上のヴァーチャル・ミュージアムというかたちでではあるが、具体的に実践して見せる（第III部）。

本書を一貫するミュージアム観は明快である。ミュージアムは、市民が自らの来歴と現状に関して「啓蒙」される場所、すなわち「陶冶施設」に立ち戻るべきだ、というものである。もっとも、誤解を招きがちなこの「啓蒙 Aufkläarung」という言葉で考えられていることは、ドイツ語がもつ根本的意味、すなわち「事柄を明らかにする、解明する」という意味であって、日本語の「蒙を啓く」という意味、すなわち教養のない者にミュージアム側が知識、物の見方、感じ方を教えるという保守的で教養主義的な意味なのではない。むしろ、近代ミュージアムは、その理念に従えば、自文化や異文化のモノの鑑賞と解釈を通して、どんな人も臆することなく感じたことを議論できる場、すなわち「アゴラ」や「常設会議」（ヨーゼフ・ボイス）になるべきだというのだ。

このようにミュージアムを捉える視点は、おそらく従来の博物館学（ミュゼオロジー）や美術館教育からは出てこない。その意味でパーモンティエ教授の立場は特殊かもしれない。たとえば、ドイツや日本における博物館学や美術館教育の代表的な教科書を見ると、このことは一目瞭然である。たいていの場合、近代ミュージアム（大英博物館やルーブル美術館）の成立に関する事実史的記述、前近代的コレクションと近代ミュージアムの差異、ミュージアムの機能と使命（収集、保存、修復、研究、展示など）の説明、そして展示や教育普及活動の事例紹介を内容とすることが多いからである。この違いはパーモンティエ教授の学問的背景によるところに起因する。普通、博物館学や美術館教育の専門家は、日本と同様、ドイツにおいても、美術史、歴史学、民族（民俗）学の出身者が多い。しかし、教授は、教育学、それも学校教育学ではなく、文化が人間形成に及ぼす作用を哲学的に考察するドイツ特有な「陶冶論 Bildungstheorie」という研究領域の出身だからである。このことがミュージアムを「陶冶施設」、すなわち少年少女から成人に至るまで、モノの鑑賞と解釈を通して自己反省的活動へ誘われる場所と見る視点をもたらしている。ここで「陶冶 Bildung」というドイツ特有な概念が鍵となってくるが、その思想史的背景や意味については、本書「まえがき」の「訳語解説」や著者自身の「小補論」（二三二頁以下）を参照していただきたい。ここではパーモンティエ教授の略歴紹介を行いながら、「陶冶論」とはどういう研究領域なのかだけを述べることにしたい。

ミヒャエル・パーモンティエ教授は一九四三年フランクフルト・アム・マインに生まれる。フランクフルト大学で歴史学、ドイツ文学、哲学、社会学、教育学を学んだ後、一九七九年、ゲッティンゲン大学のクラウス・モレンハウアーの下で『子どもの相互行為の構造』で博士号を取得。一九八五年には『子どもの表象世界の構造』で教授資格を取得している。ゲッティンゲン大学などで教えた後、一九九二年にはフンボルト大学（ベルリン）の一般教育学（美術館教育と美的人間形成論講座）の正教授に着任し、二〇〇八年に退職。主要著作に、Frühe Bildungsprozesse. Zur Struktur der kindlichen Interaktion, München (Juventa), 1979 や Strukturen der kindlichen Vorstellungswelt. Analyse von Rede- und Erzähltexten aus dem familialen Alltag eines vier- bis siebenjährigen Mädchens, Frankfurt（Campus）, 1989 や Einführung in die pädagogische Hermeneutik, München（Juventa）, 2005 などがある。翻訳されているものとしては、論文「美的人間形成」がある（今井康雄訳『東京大学大学院教育学研究科　教育学研究室研究室紀要　第三三号』二〇〇七年六月、一三一〜一五〇頁）。

まず、この略歴で興味を引くのは、六〇年代後半学生運動が盛んだった時期をフランクフルトで過ごしている点である。教授から直接伺ったところによると、テオドール・アドルノのゼミにも参加していたようで、本書の端々にも表れているように、フランクフルト学派（特にアドルノ）の影響は大きい。また、フランクフルト大学で、当時、批判的教育科学の代表者の一人と見られていたクラウス・モレンハウアーと出会っている点も重要である。モレンハウアーはその後ゲッティンゲン大学に移るが、教授もゲッティンゲンに移り、そこでモレンハウアーの指導の下、博士号および教授資格を得ている。モレンハウアーについては、『忘れられた連関』（今井康雄訳、みすず書房、一九八七年）、『子どもは美とどのように経験するか』（真壁宏幹、今井康雄、野平伸二訳、玉川大学出版部、二〇〇一年）、『回り道』（真壁宏幹、今井康雄、野平伸二訳、玉川大学出版部、近刊予定）といった訳書があるので、そちらの方を参照していただきたい。ここでは、伝統的に哲学の影響が強かったドイツ教育学（いわゆる「精神科学的教育学」）に社会科学的思考を導入しつつも、最終的には文化と人間形成の関係を哲学的に考察し、近代教育のミニマ・モラリアを探求し続けた戦後ドイツを代表する教育学者の一人とだけ述べておこう。このモレンハウアーから、パーモンティエ教授は、モレンハウアーが晩年精力的に取り組んだ美的経験と人間形成の考察や、陶冶論的および教育学的絵画資料解釈（特にレンブラント作品の解釈）を受け継いでいる。一九九二年からは、先にも述べたように、フンボルト大学で美術館教育にも携わることになった。モレンハウアー門下の研究者たちに共通して言えることだが、パーモンティエ教授も、教育を政治的経済的条件下で考察する社会科学的思考を尊重しながらも、日常の生活形式やさまざまな文化実践で行われる世代間の相互行為的な文化伝達を重視する。ここに現代における陶冶論的考察の特徴があるわけなのだが、パーモンティエ教授の場合、まさにミュージアムこそがこうした世代間の相互行為的文化伝達の場なのである。

ところで、ドイツのミュージアムにおける教育活動には長い歴史がある。その中でも本書でも触れられている一九世紀後半ハンブルク美術館（Hamburger Kunsthalle）の館長だったアルフレッド・リヒトヴァルクの活動は重要である。リヒトヴァルクは常にミュージアムの存在を国民の感性教育の文脈で考え、特にハンブルクの学校教師たちとの連携を重視した。これは、彼が美術史研究者になる前、小学校教員（民衆学校教員）として勤めた経験をもち、その後苦学しながら大学で美術史の学位を取ったことと無縁ではないだろう。また、同時期のドイツは、先進国イギリスの例に倣って、美術工芸博物館や技術博物館において熟練労働者のための社会教育実践を試みた経験も持っている。さらに、本書によると、ライプツィヒやドレスデンの教員連盟がその地域のミュージアム設立に積極的に関わった歴史もあるようだ。こうした点を考えると、ドイツにおいてミュージアムの教育活動の専門性はかなり以前から確立しているると言ってよいだろう。実際、現在では、「ミュージアム・エデュケーション全国連盟 Bundesverband Museumspädagogik」（http://www.museumspaedagogik.org/index.php4）も組織され、紀要（"Standbein-Spielbein"）を持ち（パーモンティエ教授も何度も寄稿している）、研究会、研修会、大会も開催されている。訳者も一度、パーモンティエ教授に誘われ、ベルリン支部開催の研究会や研修会に参加させてもらったが、本書で主張されている「アゴラ」的空間をどう鑑賞ガイドの中で実現するかが論じられ、かつデモンストレイトされていた（アメリカの例で言えば、MOMAのキュレイターだったアメリア・アレナスらが開発したギャラリー・トークをイメージしていただけるとよいかもしれない）。

日本においても首都圏には世田谷美術館、目黒区美術館、横浜美術館などをはじめとして、一九八〇年代頃から教育普及活動を地道に展開してきたミュージアムは存在するし、現在ではどのミュージアムも集客という観点から重視するようになってきている。しかし、こうした教育実践が着実にミュージアム文化の中に根づき、専門性をもった教育者が活動できるようになるためには、理論的反省が必要になってくると思われる。その時、パーモンティエ教授の本書所収の諸論考はこの理論的反省を助けてくれることだろう。ミュージアムを、名画・名品の鑑賞の場としてだけでなく、またアクティヴィティやワークショップを通じた感性体験の場としてだけでもなく、深く感受したものを言葉で伝え合う対話の空間としても捉えようとする教授のミュージアム・エデュケーション論は、インターネット時代におけるミュージアムの可能性を示唆するものとして重要だと思われる。また、教育学の方からも、この論は、学校教育にとどまらない人間形成の新たな場を提案するものとして読むことができる。是非、ミュージアムと学校教育や人間形成の関係に関心を持つ幅広い方々に読んでいただきたいと思っている。

私的なことになるが、パーモンティエ教授とベルリンのミュージアムに関する思い出を記させていただきたい。ベルリン滞在中、私にとって毎週木曜の夕方はもっとも贅沢で特権的な時間だった。ベルリンのシュプレー河中州の博物館島にあるミュージアムをパーモンティエ教授と訪問することが習慣となっていたからである。当時、この曜日のこの時間帯は入館が無料となっており、気軽に訪問することができた。夏の夕刻、日没までまだ間があるひととき、アルテス・ムゼウムやアルテ・ナツィオナル・ギャラリー、ペルガモン博物館、ボーデ美術館に所蔵されている絵画、彫刻、そしてミュージアム建築をゆっくり堪能する時間は至福以外の何物でもなかった。しかし、この至福、そこに展示されている名画だけで成立したのではない。一枚の絵の前で交わした会話があってこそ、至福の時となったのだ。絵を全身で感受し、感受することで生じた私の心的状態を教授に伝えようと言葉を探す。こうして私は反省運動に引き込まれていく。なんとか手繰り寄せた言葉を発してみる。すると、教授も自分で感受したことを言葉で規定しようと反省運動に入っていく。暫くするとまた新たな言葉が生まれる。一枚の絵を契機に私と教授それぞれの中に生まれてきた未知なるものと向き合い、言葉化し、相互行為に入っていくこのプロセスこそが、ミクロな陶冶プロセスそのものであり、これこそが至福を構成していたと言える。教授の論文を訳しながらつねに頭を去来していたのはこの経験だった。ミュージアムとは実に不思議な空間である。

自分と向き合う反省運動という点では、ネット上とはいえ、第Ⅲ部で紹介されているヴァーチャル教育ミュージアム「デジタル世界図絵」も同様である。本文で説明されているように、これはフンボルト大学の美術館教育を専攻する学生による試みで、現代において自己形成上重要だと思われる「モノ」を、それがなぜ重要なのかを示す文章（もしくは引用文）と共に展示する教育実習プロジェクトである。実は、パーモンティエ教授の許可を得て、訳者のゼミ（慶應義塾大学文学部教育学専攻眞壁ゼミ）でも、細部は変更しているものの、このプロジェクトを続行している。いわば日本語版「デジタル世界図絵」である。制作に際して学生はまず自分の自己形成上重要だった「モノ」と、その意義を端的に示すと思える引用文を探し出してくる。この段階で各自は自分の経験を想起する反省運動に入っていく。次に、それが展示に値するかどうかを決めるディスカッションをゼミ全体で行うが、そこでは相互行為的にその「モノ」と記述について意見交換がなされる。このプロセスを経ることで、最初は自分の中だけで完結していた教育と陶冶に関する反省運動は、より一般性をもった文化の集団的想起に変化していく。このように、「デジタル世界図絵」の制作は、反省運動という意味での陶冶活動を作動させる点で、現実のミュージアム空間における陶冶プロセスと共通するものがある。

さて、最後になったが、この理論的で固い内容の訳書の出版を快く引き受けて下さった慶應義塾出版会と、編集を担当して下さった宮田昌子氏に感謝したい。特に宮田氏の丁寧な訳文チェックと、読者を想定した質問や提案がなかったら、この訳書は不完全なものにとどまっただろう。感謝する次第である。

なお、本訳書は平成二十三年度慶應義塾大学学術振興資金の研究費の補助を受けてなされた研究の成果の一部である。

二〇一二年八月

真壁宏幹

ミュージアム・エデュケーション
——感性と知性を拓く想起空間

2012年9月20日　初版第1刷発行

著　者————ミヒャエル・パーモンティエ
訳　者————眞壁宏幹
発行者————坂上　弘
発行所————慶應義塾大学出版会株式会社
〒108-8346　東京都港区三田2-19-30
TEL〔編集部〕03-3451-0931
〔営業部〕03-3451-3584〈ご注文〉
〔　〃　〕03-3451-6926
FAX〔営業部〕03-3451-3122
振替00190-8-155497
http://www.keio-up.co.jp/
装　丁————耳塚有里
組　版————株式会社キャップス
印刷・製本——中央精版印刷株式会社
カバー印刷——株式会社太平印刷社

Printed in Japan ISBN978-4-7664-1967-2

著者

ミヒャエル・パーモンティエ（Michael Parmentier）

1943年生まれ。2008年までフンボルト大学（ベルリン）教授。専門は、ミュージアム・エデュケーション、一般教育学（とくに美的経験と陶冶の問題）。

主要業績は、Ästhetische Bildung, in: Dietrich Benner/Jürgen Oelkers（Hrsg.）Historisches Wörterbuch der Pädagogik. Beltz, 2004, S.11-32（＝「美的人間形成」今井康雄訳、『東京大学大学院教育学研究科　教育学研究室　研究室紀要』第33号，2007年，pp. 131-150）、Einführung in die pädagogische Hermeneutik. Wissenschaftliche Buchgesellschaft, Darmstadt 2001など。

訳者

眞壁宏幹（まかべ　ひろもと）

1959年生まれ。慶應義塾大学文学部教授。慶應義塾大学社会学研究科単位取得退学。専門は、陶冶論（美・芸術と人間形成）、ドイツ教育思想史。

主要業績は、論文、訳書：Generatives Hören. Mimesis und “Symbolischer Prägnanz”, in: Yasuo Imai/Christoph Wulf（Eds.）, Concepts of Aesthetic Education, Münster/New York/München/Berlin（waxmann）、2007, クラウス・モレンハウアー『子どもは美をどのように経験するのか』（共訳）玉川大学出版部、2001年など。

事項索引

サ行

タ行

ナ行

ハ行

マ行

ヤ行

ラ行

人名索引

ア行

カ行

サ行

タ行

ナ行

ハ行

マ行

ヤ行

ラ行

付録

ここでは、第Ⅲ部で論じられているフンボルト大学教育科学部で実践されたヴァーチャル教育ミュージアム「デジタル世界図絵」のインターネット上のサイトの一部を制作者の許可を得た上で紹介する。アクセスは http://www.60320ffm.de/orbis/orbisdigitalis/

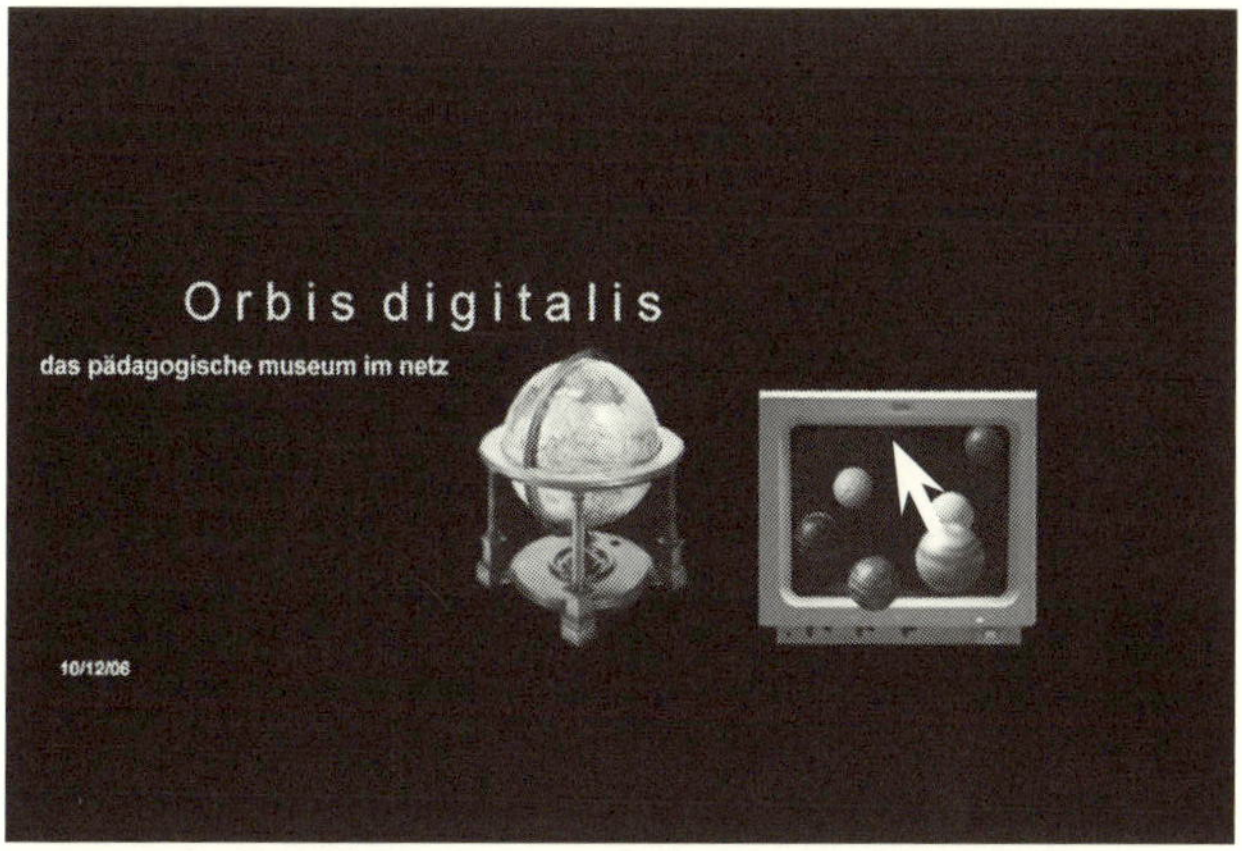

ヴァーチャル教育ミュージアム「デジタル世界図絵」の初期画面。
矢印をクリックすると……

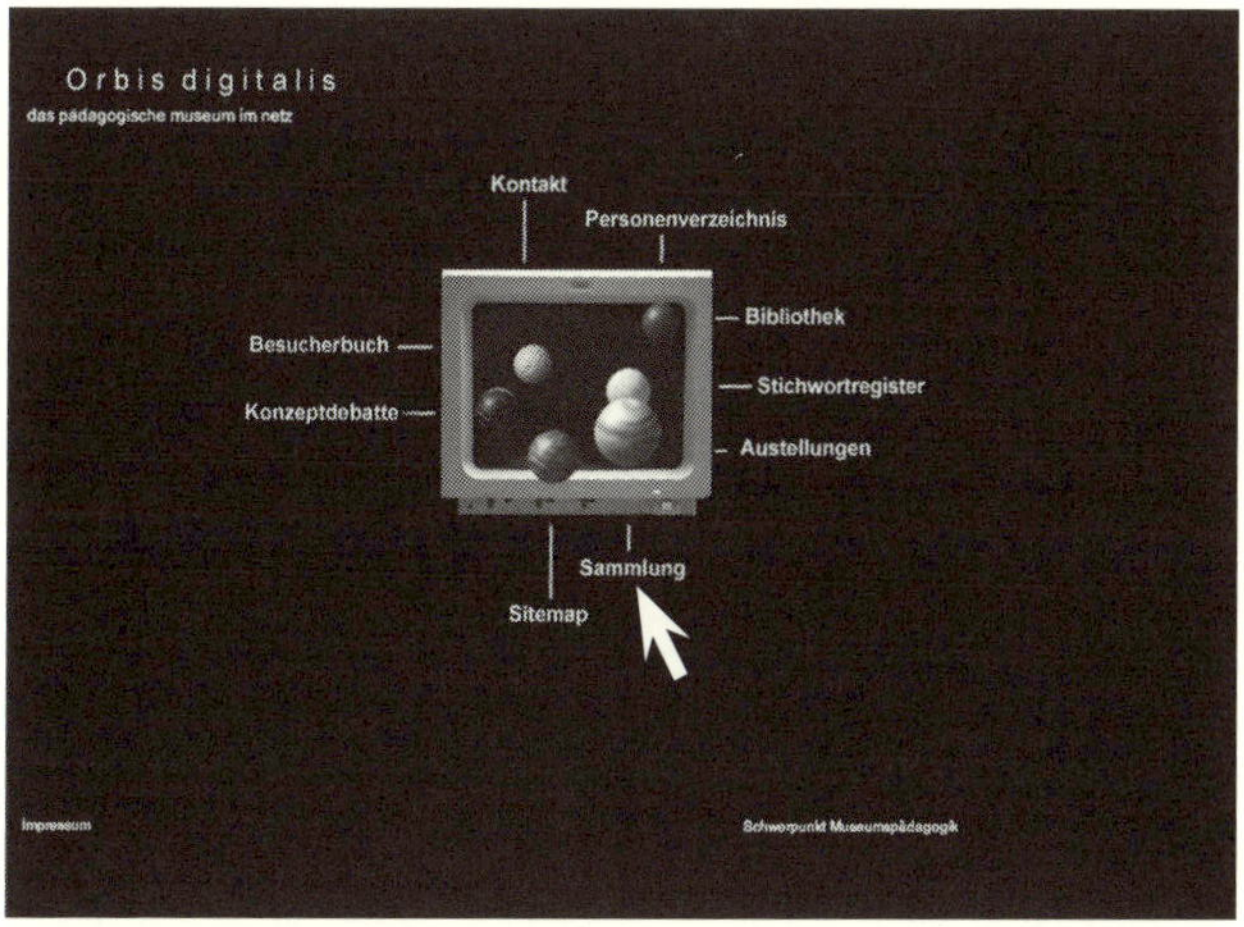

本の目次に相当する画面が現われる。制作者紹介、文献案内、事項索引、展覧会情報、関連論文 etc...。 矢印は「コレクション（Sammlung）」を意味する。
矢印をクリックすると……

「デジタル世界図絵」で取り挙げられたモノのリストが展示ケースを見立てた枠に入っている。ここでは矢印の「サヴァイバル用品」をクリックしてみる。（他には、乳母車、スニーカー、Tシャツ、遊具などがある。）

「サヴァイバル用品 Elementare Dinge」をクリックすると、以下の画面が自動的に次々と現われる。

登山靴

ザイル

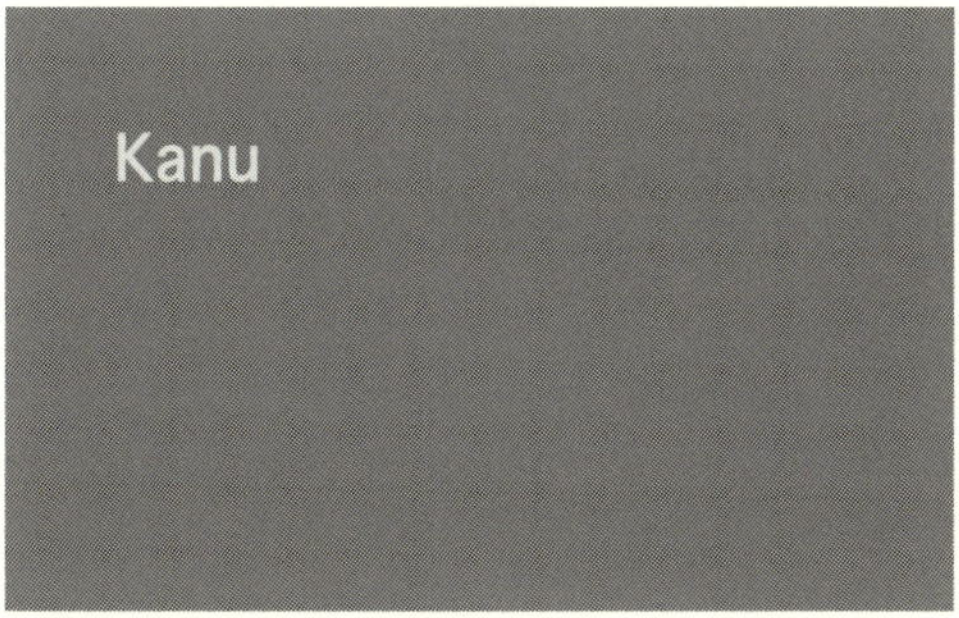

カヌー

釣り竿

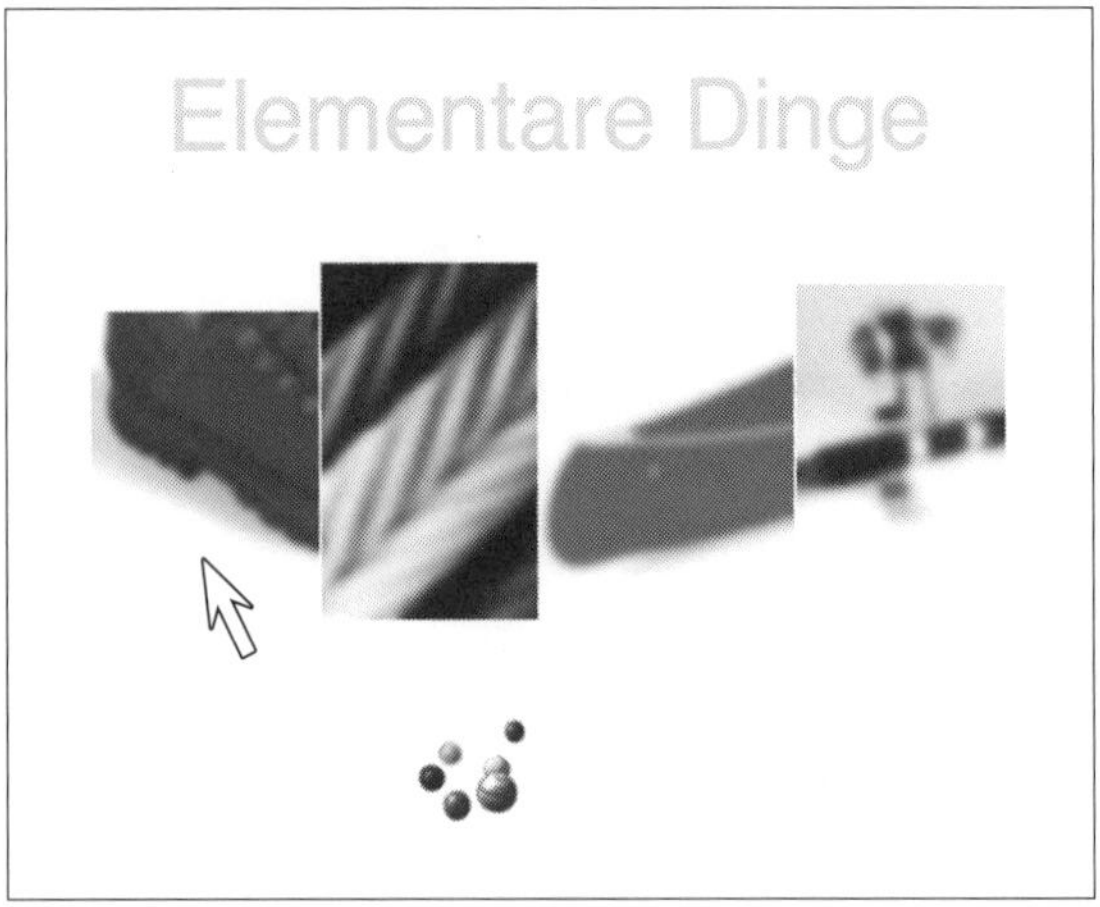

最後にこの画面に落ち着く。この四つのモノをひとつずつクリックしていくと次ページ以下の説明が現われる。

Der Wanderstiefel

Das Bergwandern ist eine nur wenig intrumentell gestützte Tätigkeit, denn der Leib selbst ist alleiniges Mittel zur Überwindung von Steigungen, Gefällen, Bächen, Geröllfeldern sowie längeren Raumdistanzen und dabei gleichzeitig Träger aller lebensnotwendigen Dinge. Weil die Tätigkeit des Wanderns fast ausschliesslich auf den eigenen Körper und seine Bewegung in einem Naturraum Bezug nimmt, ermöglicht sie mehr noch als andere ein direktes, unmittelbares Spüren eigener Stärken und Schwächen; Kraft wird dabei nicht nur in Augenschein genommen wie beim Anblick einer Kurbelstange, sondern als leibliche Bewegung erfahren.

Dadurch, dass sich diese Art der Fortbewegung auf reine Selbstbewegung beschränkt, bekommt der Raum eine subjektive Tiefe: er wird leiblich erlebt, im Unterschied zum Zugfahren, bei dem man transportiert wird. Der Passagier nimmt die Landschaft durch das Fenster seines Abteils lediglich in Augenschein, sie riecht und schmeckt nicht mehr, zieht wie auf einer Leinwand an ihm vorüber und wird schließlich monoton (Waldenfels 1985). Sie büßt auf diese Art und Weise ihre Dichte und Hintergründigkeit ein, das Gefühl für Distanzen geht verloren. Der Wanderer hingegen weiß dies alles zu schätzen, er genießt den Anblick auf eine Landschaft, weil er sie mit allen seinen Sinnen wahrnimmt und in ihr selbst Entfernungen zurückgelegt hat, "Anschauungs-, Stimmungs-, und Handlungsraum" (Waldenfels 1985) sind noch eins; er kann sich in ihr auch nicht verlieren, da er immer einen festen Standpunkt einnehmen kann, seine Betrachtung ist Reflexion eines "leibhaften Weltbewohners".

Im Wandern kann man geradezu einen gegenkulturellen Habitus der Fortbewegung erkennen, auch im Hinblick auf moderne Konzepte von Bildungsbewegungen in Form von Lernzielen, Curricula und empirisch erfassten Lernfortschritten. Das Wandern ist eine "zielentlastende Bewegung" (Waldenfels 1985), der Weg und das Schreiten sind wichtiger als das Ziel, die Gegenwart bedeutender als die Zukunft, auch wenn man irgendwo ankommen will. Der Raum wird nicht geographisch objektiviert und durchmessen, vielmehr erschliessen sich dem Wanderer immer neue unvorhergesehene Horizonte. Dabei ist die Zeit keine Faktor, den es optimal zu nutzen gilt, sondern in viel stärkerem Maße ein Fortschreiten von Gegenwart zu Gegenwart, das auch zeitweiliges Innehalten erlaubt. [..]

Ganz nebenbei entstehen auch – unterstützt durch die gleichmäßige Bewegung, Lockerung des Körpers und die Beanspruchung aller Sinne – Gespräche über wichtige Lebenserfahrungen und Lebensfragen; Nicht ohne Grund wird in der Literatur von einer positiven Wirkung des Gehens auf das Denken verwiesen.

登山靴

山登りはほんの少しばかり道具によって補助された活動である。というのも身体自身こそが、傾斜、勾配、流れ、岩場、そして長い距離を克服するためのただ一つの手段であり、その克服の際に生きるため必要になってくるモノを運ぶ担い手だからである。山歩きの活動はもっぱら自分の身体と自然空間におけるその運動に関係するので、他の活動よりも自分の強さと弱さを直接、無媒介に感じ取ることを可能にする。力はその時、機械の連結部分の部品が検査されるときのように、実地検分されるが、それだけでなく身体運動としても感じ取られるのである。

こうした種類の前進運動は純粋な自己運動へ限定されるが、そのことで空間は主観的深さを増す。すなわち、輸送される列車移動とは違って、空間は身体的に体験される。列車の乗客は風景を席の窓越しにただ眺めるだけである。風景はもはや匂いがしたり、味がしたりすることはない。乗客の前のキャンバスのように、風景はつぎからつぎへと過ぎ去っていき、最後はモノトーンに終わる（Waldenfels 1985）。風景はこうしてその深さと背景を失い、距離感は失われていく。これに対し、登山者はこう

したすべてを尊重するすべを心得ており、風景を享受する。なぜなら登山者は風景を全感覚で知覚し、風景そのもののなかに距離感を残しておくからである。「鑑賞空間」「気分空間」「行為空間」（Waldenfels 1985）はまだ一つである。しかし、登山者は自然に没入することはできない。つねに確固たる立脚点を持つことができるので、登山者の鑑賞は「身体を持つ世界居住者」の反省行為である。

山歩きには前進運動が持つほとんど反文化的と言ってよいようなハビトゥスを認めることができる。陶冶活動の近代的諸概念、すなわち学習目標、カリキュラム、経験的に把握される学習上の進展といった概念に関してもそうであるかもしれない。山歩きは「目標負荷の少ない運動」（Waldenfels 1985）なので、それがたとえどこかに辿り着こうというものであっても、道を歩むことが目標より重要で、現在のほうが未来より意味を持つ。空間は地理学的に客観化されたり、測量されたりはしない。むしろ、山歩きをする者に、いままで見たことのない地平を切り開いてみせる。そのとき時間は、最適に利用することが重要ではなく、現在から現在へ強度の経験の中で歩みを進める活動となる。ときどき歩みを止めることも許す活動であるのだが。

まったく副次的にだが、規則的な運動、身体のリラックス、全感覚の使用に支えられつつ、生活上の重要な経験や問題について対話も生まれる。文学で歩くことが思考におよぼす肯定的作用が指摘されることがあるが、それも理由のないことではない。

（Mollenhauer, Klaus/ Uhlendorff, Uwe: Sozialpädagogische Diagnosen: Über Jugendliche in schwierigen Lebenslagen - Juventa, 1992, S. 130ff. より）

ザイル

当然のように私たちはどんな椅子であってもそれに座り、階段があれば昇り、どんな交通手段であっても乗り込む。疑いようもない自明性へと変化してしまっているモノの確かさがその信頼性を獲得するためにはかなり長いプロセスがあった。その事実に気づかされるのは、おそらく子どもたちを観察しているときや、日常のルーティンのかなたにある状況においてである。こうしたプロセスがどれほど多層的であるかは、たとえば、とりわけ登攀の際やザイル下りの際に明らかとなる。ザイル、ばねリング〔リュックサックの負い紐などにつける環〕、安全ベルトといったモノが安全であるという確信もそうだが、ここにさらに二つの事態が付け加わってくる。すなわち、パートナーに身をゆだねることができることと、自分の身体能力と力への感覚である。

〔…〕山登りの独特なところは、わけても次のような点にある。「どんなザイル・パートナーであっても交互に相手の生命と健康に責任を持ちつつ、他方では互いに同じような仕方で相手に身をゆだねなければならない」(Antony/Herkert 1989)。〔…〕登攀とザイル下りは、信頼が学ばれうるものだと教えてくれる。この活動は、若者たちと〔彼らが抱えている〕困難について信頼関係の中でさりげなく語るのに適している。登攀とザイル下りの場合、自分自身への信頼、相手への信頼、モノへの信頼、この三つの領域が別々に経験され、考察されるからである。登攀の場合では、どちらかといえば自己信頼性が、自分の安全にかかわるザイル下りの場合では、モノの安全性への確信が重要となる。〔…〕ザイル下りは、社会関係が明確かつ速やかに身体感覚の形態をとって現れる稀な機会なのである。

(Mollenhauer, Klaus/ Uhlendorff, Uwe: Sozialpädagogische Diagnosen: Über Jugendliche in schwierigen Lebenslagen - Juventa, 1992, S. 121ff. より)

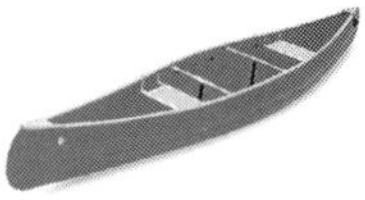

Das Kanu

Die Angewiesenheit auf den Anderen lässt sich in kaum einer Situation so gut nachempfinden wie beim gemeinsamen Anlegen mit einem Kanu an einer Uferstelle bei starker Strömung, womöglich noch kurz vor einem Gefälle oder Wehr. Nicht ohne Grund ist die Metapher "Wir sitzen alle im gleichen Boot" als Aufforderung gedacht, sich angesichts der ernsthaften Lage zurückzunehmen und auf das gemeinsame Ziel einzuschwenken: beim Kanufahren können divergierende Interessen unter Umständen für die Beteiligten feuchte Folgen haben. Beim Paddeln ist dies eine Sache der Abstimmung der Motorik auf den jeweils anderen. Allein schon um das Boot auf Kurs zu halten, ist ein gelicher Rythmus und gleich starker Paddelschlag erforderlich [...] an Bord geht es nicht darum, sich und dem anderen zu beweisen, dass man stärker ist, jeglicher Wetteifer und -streit würde nur dazu führen, dass man sich im Kreise dreht, sondern um beidseitiges Kräftegelichgewicht, um die Abstimmung der Eigenbewegung mit der des Partners. Das Vorwärtskommen hängt nicht unbedingt vom Maximum des Kräfteeinsatzes ab, sondern davon, ob es gelingt, die eigenen Anstrengungen mit dem Kräfteeinsatz des anderen und den Naturbedingungen vor Ort in das rechte Verhältnis zu bringen, und zwar angesichts leiblich erfahrbarer Steuerungsprobleme. Paddeln zwingt zu Rücksichtnahme und gemeinsamen Absprachen. [...]

aus: Mollenhauer, Klaus, Uhlendorff, Uwe: Sozialpädagogische Diagnosen : Über Jugendliche in schwierigen Lebenslagen - Juventa, 1992, S. 121ff.

カヌー

他人に頼らざるをえない状況が身にしみて感じられるのは、激しい流れのなかでカヌーを接岸しようと試みる場合をおいて他にはない。流れが急になる直前とか、何かから身を守らねばならない場合にそういう状況は起こる。「われわれみな運命をともにしている（同じボートに乗り合わせている）」という比喩表現は、慎重を要する状況に直面した時、自分を抑え共通の目標に向かって方向転換することを要求するものと考えられるが、こういう表現をとるのも理由があるからなのだ。すなわち、カヌーを操る場合、関心の方向が別々だと、場合によっては、当事者がぬれてしまう結果をもたらす。パドルを漕ぐ時、動作をそのつど相手の動作に同調させることが重要になる。ただカヌーの航路を維持するためだけにも、同じリズム、同じ強さのパドリングが必要となるからだ。

乗船している時、自分のほうがより強いことを示すことは重要でない。もしそうなったとしたら、競争心や対抗心は結局のところ堂々巡りに帰着することにしかならないだろう。重要なのは、両者でなされる力の均衡化であり、自分の動きをパートナーの動きに同調させることである。前へ進むために必要なことは、最大限の力を投入することではない。自分の努力を相手の力の投入や現場の自然条件と正しく関係づけること、それも身体的に経験される操縦上の困難に直面したときこのことを行うことなのである。

（Mollenhauer, Klaus/ Uhlendorff, Uwe: Sozialpädagogische Diagnosen: Über Jugendliche in schwierigen Lebenslagen - Juventa, 1992, S. 121ff. より）

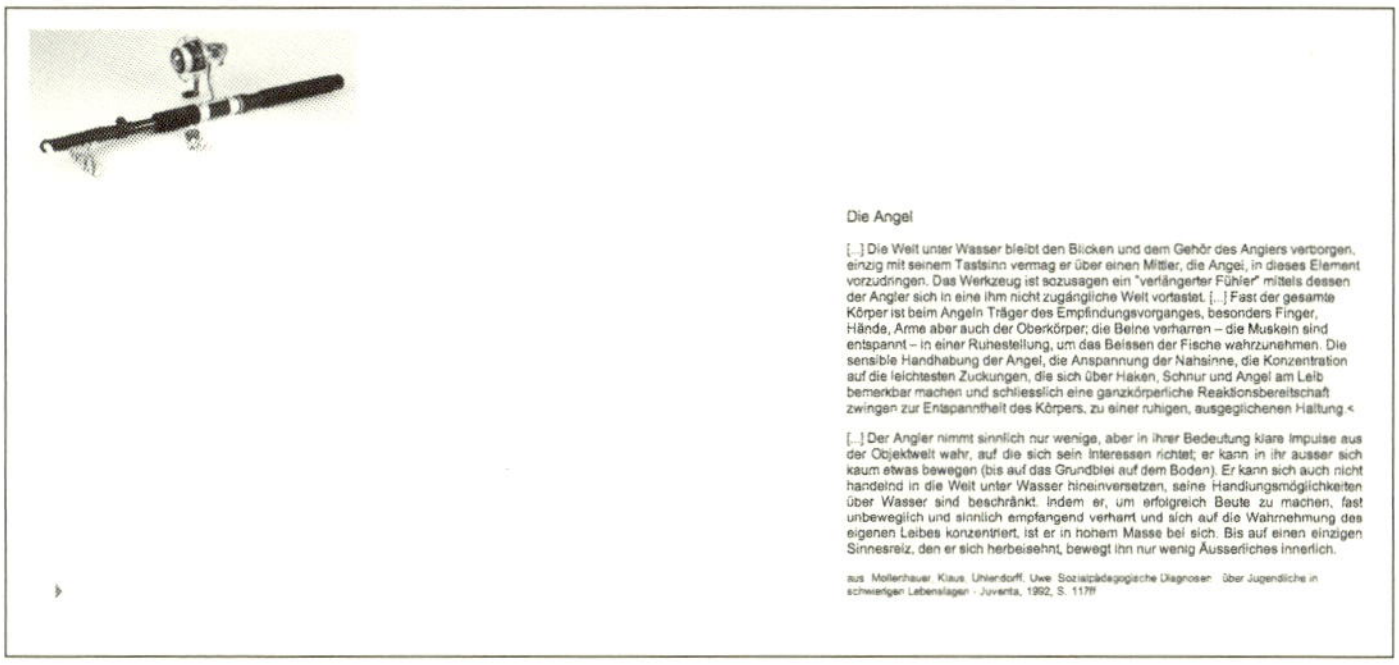

Die Angel

[...] Die Welt unter Wasser bleibt den Blicken und dem Gehör des Anglers verborgen, einzig mit seinem Tastsinn vermag er über einen Mittler, die Angel, in dieses Element vorzudringen. Das Werkzeug ist sozusagen ein "verlängerter Fühler" mittels dessen der Angler sich in eine ihm nicht zugängliche Welt vortastet. [...] Fast der gesamte Körper ist beim Angeln Träger des Empfindungsvorganges, besonders Finger, Hände, Arme aber auch der Oberkörper; die Beine verharren – die Muskeln sind entspannt – in einer Ruhestellung, um das Beissen der Fische wahrzunehmen. Die sensible Handhabung der Angel, die Anspannung der Nahsinne, die Konzentration auf die leichtesten Zuckungen, die sich über Haken, Schnur und Angel am Leib bemerkbar machen und schliesslich eine ganzkörperliche Reaktionsbereitschaft zwingen zur Entspanntheit des Körpers, zu einer ruhigen, ausgeglichenen Haltung.<

[...] Der Angler nimmt sinnlich nur wenige, aber in ihrer Bedeutung klare Impulse aus der Objektwelt wahr, auf die sich sein Interessen richtet; er kann in ihr ausser sich kaum etwas bewegen (bis auf das Grundblei auf dem Boden). Er kann sich auch nicht handelnd in die Welt unter Wasser hineinversetzen, seine Handlungsmöglichkeiten über Wasser sind beschränkt. Indem er, um erfolgreich Beute zu machen, fast unbeweglich und sinnlich empfangend verharrt und sich auf die Wahrnehmung des eigenen Leibes konzentriert, ist er in hohem Masse bei sich. Bis auf einen einzigen Sinnesreiz, den er sich herbeisehnt, bewegt ihn nur wenig Äusserliches innerlich.

aus Mollenhauer, Klaus, Uhlendorff, Uwe: Sozialpädagogische Diagnosen über Jugendliche in schwierigen Lebenslagen - Juventa, 1992, S. 117ff

釣り竿

〔…〕水面下の世界は釣り人の視線と聴覚から隠されたままだが、この世界に入っていくことができるのは、唯一触覚を介して中間者すなわち釣り竿を使うことによってである。道具はいわば「延長された感覚器」であり、これを媒介に釣り人は自分では近づきがたい世界を手探りで進む。〔…〕釣り竿を持っている時、ほぼ全身が感覚事象の担い手になる。指、両手、両腕、上体もそうだが、両足もその筋肉はリラックスしているものの、魚が餌に食いつくことを知覚するため静止状態の姿勢を取り続けている。釣り竿を繊細に持つこと、近接感覚の緊張、釣り針、釣り糸、竿を通じて自分の身体に伝わってくるほんの小さな引きに集中すること、そして最後に全身的反応の準備状態が、身体の脱緊張状態、すなわち安定しバランスのとれた姿勢を取るよう強いる。

〔…〕釣り人は、外界からわずかな、しかしその意味は明確である刺激を感覚的に受け取るが、そこに彼の関心は向けられている。彼は自分の他は何も動かすことができない（地面のミミズでさえもそうだ）。水面下の世界に入っていくことはできず、行為できる可能性は水上に限られる。首尾よく獲物を得るためには、ほとんど動かず、感覚的には受容的に同じ姿勢を取り、自分の身体の知覚に集中することになる。しかし、このことで彼はほとんど自分自身と重なり合うのだ。彼が待ち望む唯一の感覚刺激がやってくるまで、彼の内面を動かす外的なものはほとんどない。

（Mollenhauer, Klaus/ Uhlendorff, Uwe: Sozialpädagogische Diagnosen: Über Jugendliche in schwierigen Lebenslagen - Juventa, 1992, S. 117ff. より）